LEMURIA

Die kosmische Liebe und Einheit

Clarissa Widmer

Clarissa Widmer

Erinnere dich wer du wirklich bist.

Das Licht der Liebe ist in dir drin.

Bibliografische Information der Deutschen Nationalbibliothek: Die Deutsche Nationalbibliothek verzeichnet diese Publikation in der Deutschen Nationalbibliografie; detaillierte bibliografische Daten sind im Internet über dnb.de abrufbar.

1. Auflage 2021

2. Auflage 2022

Covergestaltung Curdin Prevost

ISBN: 978-3-7597-4345-9

Verlag: BoD · Books on Demand GmbH, In de Tarpen 42, 22848 Norderstedt

Druck: Libri Plureos GmbH, Friedensallee 273, 22763 Hamburg

INHALT

3

1
EINLEITUNG

Mit meinem feinen Gespür nehme ich Schichten, Frequenzen und Töne wahr, die aus den unsichtbaren Ebenen und Dimensionen bis in unsere Welt hineinreichen. Dann sehe ich Bilder aus der Zukunft und aus vergangenen Zeiten und erkenne dadurch eine neue Wahrheit, die für die gesamte Erdheilung bestimmt ist. Dann kann ich mit meinem Geist in anderen Dimensionen reisen, kann mich telepathisch mit verschiedenen Lichtboten in Verbindung setzen und gewinne Einblicke in das kosmische Wissen. Aus reinster Liebe zur Erde Gaia möchte ich dieses heilige Wissen weitergeben. Durch das Lesen dieses Buches verbindet sich dein Geist mit der lichtvollen Zeit Lemurias und teilweise Atlantis. Dein Bewusstsein wird dabei erhöht, deine Seele fängt an sich zu erinnern und sendet deinen Zellen Impulse, die zu deiner eigenen lichtvolleren Existenz führen. Verborgene Geheimnisse werden aufgedeckt. Um zu erkennen was dir Energie raubt werden in diesem Buch auch die destruktiven Zustände aufgedeckt, die schon zur Normalität geworden sind. Was ist auf der Erde und mit der Menschheit passiert ist? Warum gibt es überhaupt so viele unschöne Zustände? Dieses Buch beantwortet diese Fragen mit aufschlussreichen und zuweilen überraschenden Erklärungen zur gegenwärtigen Weltsituation. Durch dieses Buch erfährst du die positiven kosmischen Gesetze und lernst die Unterschiede besser erkennen, wo manipuliert wird. Ich möchte dich nicht zu sehr irritieren mit dem, was ich mit meiner Wahrnehmung durchschauen kann, und doch kann ich auch kein rosiges Bild vermitteln, denn in der jetzigen Welt gibt es noch eine Schwingung, die in den niedrigsten Abgründen vorhanden ist.

Darum möchte ich dich unterstützen, durch den Nebel der Täuschung zu schauen, Trickserei und Betrug zu erkennen, zu verstehen und zu entmachten. Dieses Wissen helft dir zu Selbstermächtigung. Durch das Lesen dieses Buches wird sich dein Geist teilweise an dem noch vorhandenen morphogenetischen Feld Lemurias anknüpfen können. Du verbindest dich somit mit der reinen Liebe von Lemuria, und mit deinem Herzen wirst du an die ursprüngliche Reinheit des menschlichen Daseins angebunden bleiben. Dein ganzes System erinnert sich an diese Reinheit, und somit verändern sich deine Zellen wieder zu einer ursprünglichen Essenz. Deine neue Realität wird wundervoll sein. Durch das Wissen, dass es auf der Erde Menschen gab, die eine reine Liebe in sich trugen, hast du die Möglichkeit, dich daran zu erinnern und deine Existenz auf dieser Reinheit aufzubauen. Durch deine neue Realität werden sich neue Dimensionen öffnen. Wenn wir es zulassen und nach unseren Herzentscheidungen leben, ist unser Leben eine ständige Inspiration. Die meisten definieren die Liebe nach einem äußeren Erscheinungsbild und wollen, dass ihr Ego geliebt wird. Egal wen du als Person darstellst, dieses Buch spricht weniger deinen Verstand an, sondern es wendet sich direkt an dein liebendes Herz.

2
DIE ENTDECKUNG VON LEMURIA

Mit meinem Geist durchreiste ich die Geschichte der Menschheit. Die Vergangenheit lief bei mir innerlich wie ein Film ab mit Bildern, Gerüchen, Tönen und Emotionen, Energien und Frequenzen, und ich sah die Lebewesen, wie sie damals zusammenlebten. Ich sah, wie sich die Menschen kleideten, wie sie miteinander umgingen. Ich nahm die Energie dieser Atmosphäre wahr, als wäre ich physisch als Zuschauerin dort. Um den Ursprung zu erfahren, ging ich mit der inneren Zeitreise bis zu dem Zeitabschnitt von Atlantis. Für das, was ich suchte, reichte es aber nicht aus. Nicht einmal in Atlantis fand ich, wonach ich suchte. Ich spürte, da gibt es noch mehr! Es erstaunte mich, dass ich die Frequenz von Reinheit und Einheit nicht in der Epoche von Atlantis fand. Ich war überzeugt, dass ich es dort finden würde. Mir fiel auf, dass sich die reine, einheitliche Lebensweise in Atlantis schon mischte mit gegenseitigem Wettstreit, jeder wollte den anderen übertreffen, und das Streben nach Anerkennung war bei vielen Bewohnern bereits sehr ausgeprägt. Die Frequenz war auch nicht mehr so hoch, wie ich es erwartet hatte, die Veränderung vom Bewusstsein der Einheit fiel also in der Atlantis-Epoche in die Dualität. Viele technische Hilfsmittel wurden in Atlantis entwickelt, es gab eine sehr weit entwickelte Technik. Die heutige Technik wirkt geradezu lächerlich im Vergleich zu dem Wissen, das die Bewohner von Atlantis hatten. Ich wollte aber eine Zeitepoche finden, in der die Menschen noch über eine so hohe Energie verfügten, dass sie allein mit der Kraft und Manifestation ihrer Gedanken innert Kürze ihre Umgebung verändern konnten, ohne technische Hilfsmittel. In der die Menschen noch in Vollkommenheit lebten und ihre Seele, die aus reiner Liebe bestand, das Dasein steuerte, in der sie sich nicht von ihrem Ego leiten ließen. Schon lange haben wir Menschen vergessen, dass unsere Seele aus reiner Liebe besteht. Und meine Seele wusste, dass es eine Zeit gab, zu der die Menschen auf der Erde in vollkommener Einheit lebten. Ich wollte es selbst sehen und reiste mit meiner Fernwahrnehmung noch tiefer durch Atlantis. Plötzlich stieß ich auf Menschen, die eine äußerst liebevolle, engelhafte Ausstrahlung hatten, umgeben von einer lichtvollen Aura, die den Körper mit sanften Farben umspielte, die bis weit in die Ferne sichtbar waren. Von Herzchakra und Kronenchakra ging ein Lichtstrahl aus, der ins Unendliche reichte. Es war ein wunderschöner Anblick, der mich zutiefst berührt. Die ganze Frequenz im Umfeld dieser Menschen strahlte reine Liebe aus, alle Pflanzen waren umgeben von wunderschönen strahlenden Farben; die ganze Frequenz in diesem Umfeld war verglichen mit anderen Regionen von Atlantis mehr in der Stille und im Sein statt im Tun. Im Gegensatz zu anderen Bewohnern von Atlantis bewahrten sie die unberührbare Pflanzenwelt und kamen mit wenigen technischen Hilfsmitteln aus. Sie waren gar nicht sehr begeistert über die vielen technischen Errungenschaften in Atlantis und über eine Veränderung durch technische Entwicklung, die eine natürliche Umgebung verdrängte. Ihre Ausstrahlung war sehr fein und anmutig, ihnen ging es weniger um die Erfindung von neuer Technik, sondern eher darum, um ihre eigene feine Schwingung aufrecht zu erhalten und die Lichtenergie in Atlantis auszubreiten, um einen Niedergang zu verhindern. Ihre Ausstrahlung war voller Liebe und Hingabe für die Erhaltung der Natur, und doch war schon eine gewisse Wehmut in ihrem Umfeld. Sie vermissten ihre ursprüngliche Heimat. Sie gaben sich die beste Mühe, die hohe Energie von Reinheit und reinster Liebe aufrechtzuerhalten, und doch verbreitete sich eine gewisse Wehmut in ihren Atmosphären. Sie hatten etwas verloren, ihre Heimat, viele Seelen, Tiere und

Menschen, die sie vermissten und liebten. Was war geschehen? Ich beobachtete sie lange und ich empfand tiefe Liebe für diese Menschen, die alles taten, um die reinen kosmische Prinzipien aufrechtzuerhalten im Gegensatz zu vielen anderen Bewohnern von Atlantis, bei denen das Ego schon die größere Rolle spielte als das reine Herz. Plötzlich sah ich es: LEMURIA! Diese Bewohner, die sich voller Liebe und Hingabe für die Erhaltung der reinen Pflanzen- und Tierwelt einsetzten, kamen ursprünglich aus Lemuria, von der versunkenen, fast vergessenen Insel, die anscheinend nicht so bedeutend war wie Atlantis. Und dort vertraten die Bewohner noch andere Werte, die für unser eingeschränktes Vorstellungsvermögen beinahe nicht mehr erfassbar sind. LEMURIA – eine Zeitepoche, die ich besser verstehe als die jetzige. In der die weibliche Energie noch vollkommen war, in der das Bewusstsein von der eigenen Lichtseele noch vorhanden war und in der die Menschen deswegen in der Einheit leben konnten. Mein ganzer Körper kribbelte, denn ich wusste, hier finde ich die Antworten, hier finde ich die ursprüngliche Reinheit, ein Wissen, dass unglaublich wichtig ist, um unsere Seele und unser ganzes System zu reinigen. Die Insel ist zwar schon lange versunken, aber die lichtvolle Atmosphäre über diesem Ort ist immer noch da. Menschen, die über eine feine Wahrnehmung verfügen, nehmen die örtliche Energie wahr, weil die Energie in der Atmosphäre immer noch vorhanden ist, obwohl die Geschehnisse schon Äonen von Jahren zurückliegen. Ich nehme viele Lichttempel und Lichtstätten wahr, die im Ätherreich ab der 5 Dimension immer noch existieren. Es ist eine unbeschreiblich schöne Atmosphäre, die wir in dieser Weise auf der Erde nicht mehr kennen, voller Licht und wunderschönen Farben, die mit unglaublich reiner Lichtenergie geladen sind und mit der Sonne zusammen ein schönes Regenbogen-Farbenspiel ergeben. Die Erde war einst ein lichtvoller Planet, jede Pflanze, jedes Lebewesen reflektierte dieses Licht, verbunden mit dem Universum und der Erde. Sie fühlten sich dauerhaft in großer Liebe verbunden mit der Seele der Erde, die sich Gaia nennt. Als ich mit meinem inneren Auge die wunderschönen

Pflanzen, Landschaften, Wälder mit riesigen Bäumen, Seen und Wasserreiche sah, kam auch bei mir eine große Wehmut auf. Wie unberührt, rein und klar die Erde doch früher war. Ich spürte die reine Frequenz von Harmonie und Liebe. Ich konnte riechen, wie frisch und blumig der Duft war. Die Gewässer waren rein, die Luft war rein, ich nahm einen tiefen Atemzug aus dieser reinen Luft und verbreitete sie in meinem ganzen Körper. Die Erde mit ihren Bewohnern war ein Planet der Fülle und Erholung, unglaublich atemberaubend! Wie bezaubernd, wunderschön dieser Planet war. Ja, WAR! Was ist mit der Menschheit geschehen, dass sie ein solches Paradies auf Erden zerstört und immer weitermacht? Durch den menschlichen Zerstörungsdrang blieb nur noch wenig von der damaligen wunderschönen Pflanzenwelt erhalten. Das stimmte mich sehr traurig. Unfassbar, dass wir Menschen seit Äonen von Jahren in einem Dämmerzustand und in einer künstlich aufgebauten Welt leben, die aus Masken und Schleiern besteht. Die Natürlichkeit wird nicht mehr verstanden und verdrängt. Dabei verspürt doch jeder Mensch tief in sich eine Sehnsucht, in Vollkommenheit und Harmonie zu leben.

Während ich dieses Buch schrieb, war ich häufig auch nachts hellwach und bekam in der Ruhe der Nacht die Informationen, die ich brauchte. Wenn ich mich der Zeitreise nach Lemuria hingab, war ich häufig mit einer wundervollen starken reinsten Schwingung gesegnet, die farblich von Lila, Hellblau, Gelb, Silberweiß und Goldschimmer changierte.

Der Kontinent Lemuria wird dem Pazifikraum zugeordnet. Er soll von 100 000 bis 11 000 v. Chr. existiert haben und untergegangen sein. Der Untergang wurde ausgelöst durch Einschläge, risse grosser Meteoritenbrocken, die dann Erdbeben, Eruptionen und Zusammenbruchs sehr grosser unterirdischer Hohlräume verursachten.

3

EINHEIT UND DUALITÄT

Die Seelen, die in Lemuria lebten, hatten keine eigene Erkenntnis von Gut und Böse, auch eine Dualität zwischen den Geschlechtern gab es damals nicht. Die Seelen hatten beide Anteile in sich, denn damals lebten die Menschen im Sein. Für sie war es selbstverständlich, das auszuleben, was ihre Seele war. Ihr Bewusstsein war ausbreitend und ohne jede Beschränkung durch die Vorstellung, was ein Mann oder eine Frau zu sein beinhaltet und wie sie sich verhalten sollten. Es gab keine Konditionierung, dass der Mann dominant sein sollte, um seine »Stärke« durch Grobheit unter Beweis zu stellen. In den Bildern, die bei mir auftauchen, kann ich fast keinen Unterschied zwischen Männern und Frauen erkennen, weil beide Geschlechter eine ähnliche Energie aussenden; die Energie der Männer war um einiges liebevoller, sanfter und auch anmutiger als heute. Den Menschen war bekannt, dass nur die Körper mit ihren Organen und Funktionen sich voneinander unterscheiden. Die Seele ist weder weiblich noch männlich, sie trägt beides in sich. Das, was wir heute leben, ist eine Illusion. Da viele Menschen sich mehr auf das Körperliche reduzieren, erkennen sie sich als männlich oder weiblich und leben häufig nach Verhaltensmustern wie ein Mann oder eine Frau sein sollte. Wir leben nach konditionierten Mustern, die nicht zu unserer Seele passen, und unterdrücken unser wahres Sein. Auf den Bildern von Lemuria, die ich sehe, erkenne ich Männer, die eine sanftere Erscheinung als gewisse Frauen haben. Lustigerweise strahlen einige Frauen eine unglaubliche innere Kraft aus, sie scheinen sehr verwurzelt mit der Erde und mit viel Weisheit ausgestattet, sodass manche Männer sogar sanfter wirken als sie. Die Frauen, die auf mich wie Göttinnen wirken, sind umgeben von einer Schutzenergie, die sie von ihrer inneren Stärke über die ganze Gemeinschaft aussenden. Diese Göttinnen schützen durch ihre innere Kraft auch die männlichen Mitglieder. Ich sehe Männer, die sich grazil und achtsam zwischen den Sträuchern bewegen, um beim Durchschreiten keinen Ast zu brechen, Männer, die hingebungsvoll ein Instrument spielen, das einer Harfe ähnlichsieht. Sie spielen sehr sanfte Töne, die im Einklang mit den Natur- und Tiergeräuschen stehen. Ihre Mimik ist sehr fein, ohne jeden Ausdruck von Härte, wie ich ihn in meiner heutigen Umgebung bei Menschen beobachte. Diese Männer senden ein großes Vertrauen aus, sie sehen aus wie Götter, sie strahlen regelrecht, sodass ich mich am liebsten zu ihnen gesellen möchte. Und ich würde mich bestimmt vollkommen wohlfühlen in ihrer Mitte. Diese Seelen leben in völliger Unschuld, Reinheit und Harmonie im ständigen Austausch mit der kosmischen Quelle. Das Energiefeld dieser Menschen ist mit wunderschönen zarten Farben versehen; ich sehe kein störendes Feld, das auf dem farblichen Energiefeld wie ein wirres Durcheinander oder wie dunkle Flecken aussehen würde. Die Menschen hatten noch keine Lasten und keine Schuld auf sich geladen und lebten im JETZT, in ihrem Sein. In reinster Energie war die Erdatmosphäre kristallklar mit allen Lebewesen, Dimensionen und auf allen Ebenen mit der universellen Sphäre im Austausch. In solch einer reinen Atmosphäre konnten keine negativen Gedanken entstehen. Dafür war kein Raum, weil die ausstrahlende Energie aus reiner Liebe bestand. Die Erde, vor allem das Gebiet von Lemuria, war ein goldenes Land der Einheit, bevor die Erde zu einem Raum der Dualität wurde. Die Dualität von Mann und Frau, Hass und Liebe, Schlecht und Gut, Böse und Lieb, Angst und Vertrauen gab es damals nicht. Wir leben heutzutage in einer Illusion, die Energie von Liebe braucht den Hass nicht, das Gute braucht das Schlechte nicht, die reine Liebe kann ohne Hass existieren. Die Energie von Hass benötigt aber Liebe, um sich zu heilen und zu transformieren, und genauso ist es mit der

Angst, sie braucht Vertrauen und schlussendlich Liebe. Jede Heilung führt zur tiefen Liebe. Es braucht keine Kriege, um danach Frieden zu erreichen. Es ist ein Irrtum zu glauben, wir müssten uns zuerst bekriegen, um dann Frieden zu erlangen. Frieden und Liebe treffen wir in unserem Herzen an. Unsere Seele ist Frieden und Liebe. Wenn du das erkennst, musst du keine mühsamen Übungen machen wie, vor dem Spiegel zu stehen und dir zu sagen: «Ich liebe mich, ich liebe mich, ich liebe mich …» Auf diese Weise kannst du nicht vollständig in das Gefühl von Liebe kommen. Liebe ist ein Gefühl und eine Energie. Du bist es schon, du bist Liebe!

Affirmation: Meine Existenz ist reinste Liebe. Ich bin Liebe!

Weil die Liebe eine Energie ist, kannst du sie nur erfühlen und nicht mit dem Verstand erklären.

Übung:

Suche etwas in der Natur, zum Beispiel eine schöne Blume (oder ein Tier, einen Baum, ein schönes Blatt), und betrachte es. Betrachte die wundervollen Muster und Formen. Nun bringst du dich in dein Herz und stellst eine Verbindung vom Herzen zu der Blume her. Und dann sendest du von deinem Herzen der Blume deine absolute Liebe, bis es ein Austausch von Liebe wird. Du spürst dann die Liebe der Blume. Dein Herz ist jetzt in einem Gleichklang wie die Blume. Nehme diese Schönheit und Vollkommenheit der Blume auf und bringe dich in das Gefühl von sein, verteile diese Schönheit in deinen Zellen, stelle dir vor, wie die Zellen mit der Schönheit und Vollkommenheit der Blume genährt werden. Alles rundherum ist unwichtig, du nimmst in diesem Moment nur dich, deine Liebe und die Blume wahr. Die Pflanze, die du bewunderst, hat sich jetzt mit deiner Seele, deinem Wesen verbunden. Diese winzige Pflanze ist ein Teil des Universums und somit bist du auch ein Teil von ihr.

Die *Lemurier mit ihrem Einheitsbewusstsein würden jetzt sagen: »Ich bin die Blume. Ich bin du und du bist ich.« Sie kannten keine Trennung.

*Um die Beschreibung zu vereinfachen, wird in diesem Buch die männliche Form (Lemurier) verwendet. Selbstverständlich ist damit auch die weibliche Form berücksichtigt.

.

4

MANIFESTATION MIT DER KRAFT AUS LIEBE

Durch die tiefste Liebe im Herzen vollbrachte jeder Lebensstrom das, wofür er gekommen ist. Wir Menschen sind immer mit dem Universum verbunden und tragen schöpferische Kräfte in uns, durch die wir fähig sind, mit unserer reinen Vorstellungskraft und Gedanken unsere Umgebung zu verändern, sogar neue Welten zu erschaffen.

In Lemuria kommunizierten die Menschen mit einem Objekt, das sie verändern oder an einen anderen Platz befördern wollten, auf der molekularen Ebene. Das heißt, sie waren in der Schwingung von Liebe für die Gesamtheit und verbanden sich energetisch mit dem Objekt, um es zu bitten, sich in eine andere Form umzuwandeln. Aus großem Respekt vor dem Willen eines jeden Objekts und Lebewesens veränderten sie ein physisches Objekt nur dann, wenn es auch dazu bereit war. Es war ein energetisches Zusammenspiel mit dem Objekt. Weil jedes physische Objekt aus Molekülen und Energie besteht, ist ein Objekt keine tote Materie, sondern es besitzt auch ein gewisses Bewusstsein. Zu dieser Zeit bestanden die Objekte noch aus sehr natürlichen Substanzen, die wie Lebewesen waren, mit denen sie auch kommunizieren konnten. Die Objekte hatten noch ein höheres Bewusstsein als aus Kunststoff hergestellte Materialen. Die Bewohner von den Plejaden, Arcturus, Venus, Sirius und andere Wesen, die in einer höheren Dimension leben, verwenden eine ähnliche Struktur von molekularem Gewebe und benutzen diese Version einer Umwandlung der molekularen Stoffe. Weil sie im Zusammenspiel mit ihrem Geist und dem Gewebe die

Moleküle ständig verändern können, brauchen sie deswegen sehr wenig an Material. Aber auch unsere Materialen können durch den Geist verändert werden, es sind ja molekulare Strukturen, und somit kann die Farbe und Form verändert werden oder ein Gerät nur mit dem Geist ausgeschaltet werden. Es funktioniert am besten, wenn wir dies aus liebender Schöpferkraft tun. Wenn etwas mit dem Verstand erzwungen wird, werden sich die beteiligten Objekte verschließen, und es fühlt sich wie ein Energieraub an. Die Materialen, die auf uns wie feste Struktur wirken, sind nicht fest, sie setzen sich aus molekularer Struktur zusammen und sind daher veränderbar. Somit können wir auch die Energie verändern, wir können zum Beispiel ein Glas Wasser gedanklich darum bitten, sich unserem Körper anzupassen, und verbinden uns mit dem Wasser. Wir können uns mit dem Wasser über unser Befinden austauschen und ihm kommunizieren, was wir von ihm brauchen. Das Wasser kann sich unserem Körperbefinden anpassen; sofern wir eine liebevolle Verbindung aufbauen, ist es auch gewillt, mit unserem Wirken seine Moleküle zu verändern. Du kannst dir auch vorstellen, dass du mit dem Wasser eine Verschmelzung eingehst und dein Körperwasser sich absolut mit dem getrunkenen Wasser verbindet. Mache es mit deiner Liebe und somit bist du in Einheit mit dem Wasser und es wirkt noch besser in deinem Körper. Alles was du deinem Körper zufügst, solltest du mit der Kraft der Liebe tun. Du kannst das Wasser auch bewusst an bestimmte Organe senden, die gereinigt werden sollen, und visualisieren, wie dein Organ gereinigt wird. Die Lemurier taten alles bewusst, sie vereinten sich immer aus reinster Liebe mit der Nahrung, die sie aufnahmen, sie ließen die frische Luft auf sich wirken und bewusst durch den Körper fließen. Sie verschmolzen mit der Luft und empfingen die Informationen der Luft durch ihren Körper. Die Luft ist Leben und gibt uns durch die Einatmung Lebensenergie, und durch die Ausatmung können wir bewusst loslassen, was wir nicht brauchen. Der ganze physische Körper und Astralkörper war bewusst im Austausch mit allem, was sie umgab. Wenn die Lemurier ins Wasser gingen, verschmolzen sie mit dem Wasser und reinigten mit ihrer geistigen Vorstellung sämtliche Organe und Zellen des Körpers. Sie spürten ihren Körper nicht mehr, weil ihr Köpergefühl eins wurde mit dem Wasser. Wenn sie sich auf die Erde legten, steuerten sie bewusst in reinster Liebe eine Verschmelzung mit der Erde, der Seele Gaia an und nutzten die Kraft der Erde, um ihre eigene Anbindung an sie zu stärken. Die Ebene der Menschen war damals sehr kosmisch, sehr luftig, ihr Gehen war sehr leicht, fast schon ein Schweben, sie füllten darum ihren Körper gerne mit der Erdkraft auf, um sich mehr mit ihr zu verwurzeln. Wenn sie an einer Blume rochen, saugten sie bewusst durch die Nase den wundervollen Duft ein. Die Umgebung war voller Blütenstaub, den sie bewusst durch die Nase oder den Mund einatmeten. Das gab dem Körper eine zusätzliche gesunde, heilende Nahrung. Durch den vielen Blütenstaub konnten sie Nahrung über die Luft aufnehmen.

Die Luft ist Leben und gibt uns unsere Lebenskraft. Gehe vermehrt in die Natur und atme die frische Luft tief und bewusst ein. Stelle dir vor, wie rein die Luft ist und wie sie dich mit Lebensenergie erfüllt, im ganzen Körper verteilt wird und alles reinigt. Sauge die wunderbaren Düfte der Natur ein, rieche vermehrt wieder an Blumen, Bäumen, Moos, Gräsern usw. Die aromatischen Düfte wirken sehr positiv und reinigend auf dein gesamtes Wohlbefinden. Bedanke dich auch jedes Mal bei der Pflanze, die dir mit ihrem wundervollen Aroma ein Dufterlebnis schenkt. Mit deiner Beachtung der Pflanze und deiner Dankbarkeit ihr gegenüber und der Luft, die du einatmest, kommst du in das Gefühl der Einheit. Atme die Luft bewusst wieder aus. Mit jeder Ausatmung kann etwas, was du nicht mehr brauchst, losgelassen werden. Lasse alles los, was du nicht mehr brauchst, und spüre, wie reinigend die Atmung auf dich wirkt. Alle Anhaftungen lässt du mit der Ausatmung los.

Die Lemurier konnten über Töne, Klang und farbige Musterbilder mit ihrer Vorstellungskraft etwas Neues entstehen lassen. Zuerst entsteht ein Energiefeld aus schönen Klängen und farbigen Mustern, und dann wird die Materie hinzugefügt bis es eine Form erreicht.

Mit dem Einklang der Natur wurden runde Häuser und Tempel gebaut, die immer in das Bild der Natur passten. Dafür kam sehr wenig Körperkraft zum Einsatz. Ihr Wirken geschah vor allem von der Plasma-Dynamik aus, mit ihrer Imagination und mithilfe von Lichtwesen, Elementarwesen und anderen Wesen. Ihre Wahrnehmung war mindestens auf der fünften Dimension. Auf dieser Ebenen konnten die Lemurier mit ihren Gedanken leicht für eine Veränderung einwirken, die Menschen konnten sich telepathisch ihre Vorstellungen von Mustern und Farben zusenden und kreierten auf diese Weise gemeinsam etwas Neues. Die Energie von Liebe trägt auch eine Farbe, Muster und Ton in sich.

Auf der Erde und im Universum gibt es eine heilige Geometrie, die für die Gründung alles Irdischen sorgt und sich mit dem Universum zusammenfügen kann bis ins Unendliche. Wie zum Beispiel die geometrische Darstellung der Blume des Lebens. Die Blume des Lebens hat eine viel tiefere Bedeutung als »nur« eine Harmonisierung deines Organismus. Indem du die Symbolik der heiligen Geometrie verwendest, verbindest du dich mit der reinsten Frequenz des Universums. Deine Zellen und dein Energiekörper erkennen augenblicklich die ursprüngliche Ordnung dieses Codes und beginnen sich auf diese Ordnung hin zu programmieren und übergeben deiner Seele harmonisierende Impulse, die deiner Seele Frieden schenken.

Die Atmosphäre der Erde war auf einer hohen Ebene und die Lebewesen blieben dauernd auf einer reinen Frequenz. Darum war es damals leichter, mit ihrer noch reinen Energie und Gedankenkraft neue Veränderungen herbeizufügen, als es zurzeit bei uns möglich ist. Eine Gedankenkraft bewegt sich umso schneller, je reiner die Schwingung ist, und es kann daher klarer etwas manifestiert werden. Es gab nichts, was sie in ihrem Umkreis in eine niedrig schwingende Ebene bringen konnte. Die Lemurier lebten mit den universellen Gesetzen im Einklang und richteten ihr Leben nach diesen Gesetzen aus. Jeder spürte in seinem Herzen, was seine Handlungen auslösten. Ihre reinen Herzen waren noch voller Freude und Liebe, sie handelten immer aus tiefster Liebe. Ihre Gedanken und Handlungen galten der Unterstützung des großen Ganzen, um alles in Harmonie zu erhalten. Das gab ihnen immer ein tiefes inneres Glücksgefühl. Die liebevollen Handlungen wirken im Energiefeld wie eine Kettenreaktion. Jemand empfindet tiefe Liebe, und durch seinen Energiekörper sendet er dies in die Welt und das Universum aus. Jemand anderes empfängt es und teilt diese wundervolle Energie, bis er es mit seiner Ausstrahlung an den nächsten weitersendet. Das Energiefeld von Liebe wird somit vervielfacht und ist für jeden ewig abrufbar. Zusätzlich zu deinen Gedanken beeinflussen deine eigene Schwingung und dein Energiekörper das Manifestieren.

Zu den Zeiten von Lemuria war die Energie auf unserem Planeten so hoch und rein, wie es danach nie mehr erreicht wurde. Da die Seele der Erde sich entschieden hat, von der dritten auf die vierte und schlussendlich auf die fünfte Dimension zu steigen, haben wir jetzt die große Chance, die Atmosphäre von Lemuria in ihrer ganzen Reinheit zu aktivieren. Alles was wir tun können, ist, uns zu erinnern, wie es ist, in Liebe, Freude und Frieden zu leben. Viele Menschen sind immer noch auf der Suche, besuchen ein Seminar nach dem anderen, schauen täglich im Internet Videos an, um Antworten zu finden. Sie vergessen dabei aber einen wesentlichen Punkt: auf ihre eigene innere Stimme zu hören, die immer lauter wird, wenn sie keinen Platz findet, weil das ganze Tun nur eine Ablenkung ist. Wir sollten uns viel Ruhe gönnen und uns von vielem lösen, was uns immer wieder in Unruhe versetzt.

Willst du Frieden, so erinnere dich daran, wie es sich anfühlt, friedlich zu leben. Ganz tief in deinem Inneren kannst du das Gefühl von Frieden, Glückseligkeit und Liebe finden. Gehe tief in dein Herz, in dein Inneres, gehe durch all die Verletzungen, die sich anfangen zu schälen wie die Schichten einer Zwiebel, und finde deine Seele, die wie ein wundervoller Diamant in allen Farben leuchtet. Die Seele möchte gehört und wahrgenommen werden. Deine Seele möchte wieder geliebt werden, und zwar von niemand anderem als von dir selbst. Du bist Frieden, du bist Liebe. Die Seele, dein wunderbarer Diamant, fängt wieder an zu strahlen, wenn du deine Heilung aktivierst und dir selbst die größte Liebe gibst.

5

SCHUTZ DER GÖTTINNEN

Um in deine Stärke zu kommen, ist es wichtig, die ursprüngliche weibliche Energie kennenzulernen, und zwar zu dem Zeitpunkt, an dem sie noch rein war, ohne Verletzungen und ohne Vermischungen durch Manipulation und Veränderung des reinen Codes. Hinter jeder universellen lichtvollen Entstehung verbirgt sich ein Code, der wie ein schönes belichtetes Muster aussieht, ähnlich wie die Blume des Lebens. Und zusätzlich verbirgt sich hinter dem wunderschönen Farbenmuster ein Zahlencode, der seit Erschaffung des Universums zugrunde liegt. Bereits vor der Gründung von Lemuria befand sich Leben auf der Erde. Für außerirdische Zivilisationen war die Erde ein beliebter Treffpunkt, um sich auszutauschen und neue Ideen zu entwickeln. Die Erde war schon seit Anbeginn ein Planet für Besucher, die sich eine Weile dort aufhielten und dann wieder zurück zu ihrer Heimat reisten. Die außerirdischen Völker hatten großes Interesse an der Gestaltung der Erde und brachten verschiedene Pflanzen und Tiere mit. Jedes Geschöpf war gleichwertig und fügte sich in die Kultur von Lemuria ein. Verbunden mit der kosmischen Intelligenz war es immer ein Austausch, ein Geben und Bekommen. Auch auf Lemuria lebten verschiedene Zivilisationen. Niemand fühlte sich dem anderen unterlegen, es herrschte eine natürliche Balance zwischen den verschiedenen Zivilisationen, jeder brachte sein tiefstes Wissen mit, und wie die Teile eines Puzzles konnten sich die verschiedenen seelischen Begabungen eines jeden zusammenfügen, dadurch erst ergab es eine große Einheit. Die Wesen mit dichteren Körpern nutzten ihre physische Kraft, um runde Häuser zu bauen.

Natürlich besaßen sie die Fähigkeit, durch reine Lichtnahrung über den Austausch mit der kosmischen Quelle ihrem Körper Energie zuzuführen. Sie brauchten sehr wenig Nahrung, die neben der Lichtnahrung aus pflanzlicher Kost bestand. Ihre fortgeschrittene Technologie nutzten die Lemurier nur, wenn es notwendig war. Ihnen war es wichtiger, aus ihrer eigenen inneren Kraft etwas zu erschaffen. Und es war ihnen wichtiger, ihre eigene energetische Schöpfungskraft einzusetzen im Einklang mit der kosmischen Quelle. Denn ihnen war bewusst: Wenn sie sich zu sehr auf die technischen Hilfsmittel verließen, dass sie dann Einbußen an ihren eigenen Fähigkeiten erleben würden, weil sie so das Urvertrauen verlieren konnten, mit ihrer eigenen inneren Kraft energetisch Materie zu verändern. Sie lebten am liebsten im Einklang mit der unberührten Erde und ließen sich von ihrer starken inneren Führung und Intuition leiten, mit einer tiefen Verbindung zur kosmischen Quelle. Die Atmosphäre von Lemuria war nährend, erhaltend, äußerst liebevoll und voller Mitgefühl wie Gaia, die Seele der Erde. Diese Region wurde vor allem von Göttinnen mit einer sehr hohen Ethik geleitet und beschützt. *(Ich nenne sie gerne Göttinnen, weil sie auf mich mit ihrer hohen Schwingung wie Göttinnen wirken.)* Die Göttinnen von Lemuria wurden später in Atlantis verdrängt und gerieten in Vergessenheit. Die Göttinnen hatten großen Einfluss auf die Bevölkerung, sie verkörperten höchste Reinheit, mit ihrer sanften, weiblichen Energie von Liebe stellten sie zur Erhaltung dieser Frequenz ganz Lemuria unter ihren Schutz. Die ursprüngliche weibliche Energie ist nämlich auch sehr beschützend, sie kann ihr ganzes Umfeld vor Fremdeingriffen durch ihre innere energetische Kraft schützen. Schon damals versuchten niedrige Wesen, Landteile für ihre Nutzung zu erobern. Sie fanden auf Lemuria keinen Einlass. Die Göttinnen ließen Kristall-Tempel erbauen, die vor allem als Speicher und Kommunikation von reiner Energie galten. Diese hohe Energie nutzten sie um eine reine Atomsphäre für die Erde und den Kosmos auszusenden. Sie nutzten die Tempel auch um ihren Körper mit der Kraft des Kristalles zu regenerieren. Ihnen war es sehr wichtig in der Reinheit zu bleiben und die reine Herzliebe zu erhalten. Niedrige Wesen fühlten sich in Lemuria deswegen nicht wohl, denn die hohe Energie zeigte ihnen ihre Schwächen auf. Und außerdem wurden ihre Absichten durch die universelle Fähigkeit der Lemurier sofort durchschaut. Die Lemurier hatten ja ein reines Bewusstsein darum konnte eine Täuschung damals nicht zustande kommen. Eine Täuschung kann nur dann länger existieren, wenn der andere kein reines Bewusstsein mehr hat und somit eine gewisse Vernebelung seiner Wahrnehmung und der Wahrheit vorliegt. Die Vernebelung der Wahrheit hatte ihren Ursprung in der Zeit, als Atlantis nicht mehr in der vollen Fülle von Lichtenergie stand. In Atlantis wurden mehr das Äußerliche, Materielle und die technischen Errungenschaften gefördert. In Lemuria waren die Bewohner in der Einheit mit allem. Alles geschah zuerst durch die Seele und dann im Geist, bevor sie es in der äußeren Welt materialisierten. Deshalb sendeten sie vor der Materialisation immer zuerst ihr inneres Licht voraus und verbündeten sich mit anderen Lichtkörpern und Lichtfrequenzen, um wie bei einem Puzzle diese Teile zusammenzufügen und etwas Wundervolles entstehen zu lassen.

Viele Außerirdische in Atlantis arbeiteten mit Genmanipulation und veränderten vieles, um es ihren Umständen anzupassen, denn Wesen, die von anderen Planeten kamen, hatten große Schwierigkeiten, in der Erdatmosphäre länger im physischen Körper zu existieren, und veränderten ihren Körper durch leichte Genmanipulation, um sich an die Matrix der Erde anzugleichen. Auch lichtvolle Wesen, die sich entschieden, länger auf der Erde zu leben, mussten ihren Köper der Matrix der Erde angleichen. Auch die weibliche Energie wurde durch Manipulation des Codes verändert, dadurch geriet die ursprüngliche reine weibliche Energie schnell in Vergessenheit. Am Anfang wurde nur ein kleiner Teil verändert; als die niedrigen Wesen immer mehr Einfluss bekamen, veränderten sie Schritt für Schritt immer mehr, und die Menschen gewöhnten sich an diese Umstände. Um zu erkennen, wo unsere wirkliche Kraft liegt, ist es wichtig, unsere ursprüngliche weibliche Energie zu erkennen.

6
DIE URSPRÜNGLICHE WEIBLICHE KRAFT

Die männlichen und weiblichen Energien sollen wie zwei Bäume sein, jeder wächst separat mit seinen starken Wurzeln und die zwei Bäume sind in einem ständigen Austausch. Sie können sich umschlingen und ergänzen, alles bleibt in natürlicher Balance. Die weibliche Energie wurde aber durch die lange Unterdrückung entwurzelt und wächst daher nun auf den Wurzeln des männlichen Baumes. Somit gibt es keine starke Verwurzelung, die zu Ausgleich und innerer Stärke dienen könnte. Die weibliche Energie ist abhängig von der männlichen geworden. Dies sorgt für Verwirrung und Unausgeglichenheit der beiden Energien. Die reine weibliche Frequenz kann sich nicht richtig entfalten, wenn die Wurzeln aus männlichen Strukturen bestehen. Die weibliche Kraft kann sich am besten entfalten, wenn sie eigene Wurzeln hat. Das, was heute als weiblich bezeichnet wird, hat aber seine Wurzeln verloren, weil es den Menschen ausgetrieben wurde, bis es in Vergessenheit geraten ist und die Frauen sich unterdrücken ließen. Vieles, was mit reiner Weiblichkeit zu tun hat, wird heute immer noch belächelt und auf Verstandesebene als naiv eingeordnet. Eine Weiblichkeit, die aus männlichen Wurzeln besteht, kann nie ihre innere Kraft erreichen. Wir können uns das so vorstellen; Es gibt einen männlichen Baum mit männlichen Wurzeln und einen weiblichen Baum mit weiblichen Wurzeln. Die Äste der beiden Bäume verschlingen sich ineinander. Jeder ist sich bewusst, was er für Wurzeln hat und dass die daraus zu ziehende Kraft zu ihm gehört. Jeder kann mit seiner eigenen Wurzel-Kraft die Äste des anderen berühren und umschlingen. Es entsteht eine schöne Einheit, ohne sich an den anderen zu verlieren, mit dem Bewusstsein von der eigenen, freien Wurzel-Kraft. Aufgrund einer manipulativen Hierarchie ist die weibliche Kraft seit Atlantis der männlichen untergeordnet. Ein Baum kann nicht wachsen, wenn er keine eigenen Wurzeln hat und sich mit den Wurzeln eines anderen Baumes verbinden soll. Es entsteht eine Hilflosigkeit, Abhängigkeit und Schwäche. Es ist offensichtlich, dass daraus ein mühsames Wachstum resultiert und nicht die große ausgeglichene Kraft, die dem weiblichen Baum zusteht. Der weibliche Baum sollte separat seine wunderschönen eigenen Wurzeln erkennen, sie pflegen und behalten. Dieser Baum kann dann selbst entscheiden, ob er seine Äste weithin ausbreiten oder sich mit einem männlichen Baum zusammentun möchte, wobei die Äste einander umschlingen und zusammen hoch hinaus wachsen. Die Kraft des weiblichen Baumes bleibt unverändert, egal ob er allein seine Äste ausbreitet oder mit dem männlichen Baum zusammen. Viele Dinge, die auf der Erde entwickelt wurden, sind aus männlichen Einflüssen entstanden, und es herrscht daher eine gewisse Einseitigkeit. Es wurden Maschinen entwickelt, die einen zerstörerischen Einfluss haben, und nicht die Energie der Erhaltung der Natur in sich tragen. Da die weibliche Kraft seit Äonen von Jahren unterdrückt und zerstört wird, sollten wir Frauen uns auf einen energetischen Nullpunkt bringen, unsere sämtlichen Überzeugungen ablegen und eine neue Wurzel wachsen lassen. Erinnere dich zurück, was ist dein Ursprung? Was ist deine Aufgabe auf der Erde? Jetzt ist der Zeitpunkt da, der weiblichen Kraft ihre ursprüngliche reine Energie zurückzugeben, um zu einer wunderschönen Blume heranzuwachsen. Die Frequenz von alles heilender Liebe kann sich immer mehr auf der Erde ausbreiten.

Ich habe mich gefragt, wie lebten die Frauen, die noch die ursprünglichen weiblichen Eigenschaften in sich trugen? Mit meiner Fernwahrnehmung tauchte ich in das Leben der Frauen ein. Vor meinem inneren Auge tauchten Bilder auf, wie sie lebten, was sie taten und was sie beschäftigte. Sie waren umgeben von einer wunderschönen Mystik und strahlten Frieden, Liebe und tiefste Freude aus. Sie lebten immer aus ihrer Schöpferkraft heraus. Alles was ich wahrnahm, hatte nicht mehr viel mit unserem jetzigen Leben zu tun. Wir haben uns so sehr davon entfernt, dass ein Leben integriert mit den heilenden, urweiblichen Eigenschaften den meisten fremd ist. Die Frauen lebten mit allem in Reinheit, sie hatten ein reines Verhältnis zu ihrem Körper, sie waren in reinster Liebe in Einheit mit der Mutter Erde, der Natur und mit allem, was aus der kosmischen Quelle entstanden ist. Sie empfanden sich als Göttinnen, die aus der Schöpferkraft der kosmischen Quelle auf die Erdatmosphäre positiv einwirkten. Sie lebten noch ohne seelische Verletzungen und waren in ihrer ausdrucksstärksten inneren Kraft. Wenn auch wir unsere weibliche Seite anerkennen und sie voll ausleben, kann dies bei gewissen Menschen auf großen Widerstand stoßen. Wie kann es auch anders sein, wenn es schon Äonen von Jahren in Vergessenheit geraten ist und mehr das grobe Verhalten unterstützt wird. Die sanften, übersinnlichen, mystischen, lieblichen Eigenschaften werden immer noch belächelt und bekämpft, als gäbe es keinen Platz für Liebe und Sanftheit. Was man nicht kennt, wird bekämpft und zerstört. Eine der weiblichen Energien ist: Annahme. Viele können nicht annehmen, was gerade ist, und versuchen sogar dagegen anzukämpfen. Statt dagegen anzukämpfen, ist es sinnvoll, zuerst anzunehmen, was ist, und dann zu handeln. Das Herz der Lemurier war in universeller Dankbarkeit und strahlte Liebe und Frieden aus. Ihr Herzfeld leuchtete regelrecht in wunderschönen Farben.

Durch die Unterdrückung der ursprünglichen weibliche Energie gibt es zurzeit keinen Ort auf dieser Erde, an dem die weibliche und männliche Energie im Ausgleich ist. Natürlich gibt es überall auf der Erde vereinzelte Menschen, die eine Balance für sich gefunden haben. Die Unterdrückung ist aber trotzdem noch überall auf der Erde im Energiefeld vorhanden. Wenn die DNA und das morphogenetische Feld noch nicht gereinigt und geheilt sind, bleibt die Unausgeglichenheit weiter bestehen. Um geheilt zu werden, ist es wichtig, sein ganzes Energiefeld zu heilen. Das Misstrauen gegen die weiblichen, mystischen Eigenschaften liegt immer noch in den Genen und im Energiefeld vieler Menschen. Es ist für die Menschheit wichtig, dass sie ihren weiblichen Teil wieder annimmt, um sich mit dem Herzen und der inneren Liebe mit der neuen Schwingung der Erde im Goldenen Zeitalter zu vereinigen.

Die niedrigen Mächte konnten die natürliche weibliche Kraft jahrtausendelang unterdrücken. Eben weil ihnen bewusst war, wie stark die weibliche Energie war. Menschen, die sich schon von der ursprünglichen inneren Kraft lösten, konnten sie zuerst manipulieren und locken, bis diese dann in der Mehrheit waren. Mit einer Arroganz belächelten sie die anderen, die noch eine liebevolle Verbindung zu sich selbst und zur Mutter Erde hatten. Immer mehr Menschen ließen sich in den Sog von Künstlichkeit hineinziehen, bis ihre natürliche Ursprünglichkeit schlussendlich in Vergessenheit geriet.

Die ursprüngliche weibliche innere Kraft strahlt eine transformative Schutzkraft aus. Bist du mit der Mutter Erde und deiner Seele wieder tief verbunden kehrt diese Stärke auch zu dir wieder zurück. Hast du deine tiefste Liebe wieder erreicht, wird dir bewusst, dass du eigentlich niemanden an deiner Seite mehr brauchst, der dich schützen soll, weil du in deiner standhaften Stärke bist und dich selbst schützen kannst. Bist du in deiner inneren weiblichen Kraft, kannst du dich selbst schützen. Mit deiner Schutzenergie hast du die Fähigkeit, deine Kinder, deine Umgebung und sogar deinen Mann zu schützen. Die weiblichen Licht-Göttinnen können die ganze Erde mit ihrer inneren Kraft heilen und schützen. Fühlst du dich als weibliches Wesen vollkommen in deiner Seele und in deiner inneren Kraft, brauchst du keinen starken Mann an deiner Seite, der dich durch seine Körperkraft beschützen muss. Du hast dann eine standhafte, innere Kraft, dass ein Angreifer sofort zurückschreckt, wenn du diese Kraft zum Ausdruck bringst und keine Angst hast. Die ursprüngliche weibliche Energie kennt keine Angst, sie bleibt immer in der inneren Stärke und reiner Liebe und kann damit niedrige Frequenzen transformieren. Löse dich von sämtlichen Vorstellungen, wie eine Frau sein sollte, sie sind verfälscht, um uns klein zu halten. Es ist eine verfälschte Codierung, die von den patriarchischen Regierungen ausgeht und immer noch aufrechterhalten wird, um ihre Macht über die Frauen zu erhalten. Eben weil ihnen bewusst war, wie stark die weibliche Energie sein konnte, hatten sie Angst vor diesen Göttinnen, die alles durchschauten und mystische Kräfte in sich trugen. Die am stärksten verbreitete Codierung ist, dass die Frau dem Mann untergeordnet ist und der Mann über sie verfügen darf. Die Frau soll das Objekt des Mannes sein. Und diese Codierung ist bei den Menschen tief im Zellgedächtnis verankert, denn sie wurde von Generation zu Generation weitergegeben. Darum haben wir ein großes Problem zwischen den Frauen und Männern. Viele Männer tragen im Zellgedächtnis, dass sie mächtiger sind als die Frau und über sie verfügen dürfen. Viele Frauen haben im Zellgedächtnis, dass sie schwächer sind als der Mann, ihn bedienen sollen und ein Objekt des Mannes sind. Es gibt sogar noch alte Schriften, in denen steht; Die Frau soll sich dem Mann zur Verfügung stellen und gilt als Objekt des Mannes. Wenn wir die Welt beobachten, können wir diese verfälschte Codierung an vielen Orten und Menschen beobachten. Es ist wichtig, beide Seiten heilen zu lassen. Nach dem reinen kosmischen Gesetz gibt es keine Hierarchie, niemand ist dem anderen unterstellt. Im kosmischen Gesetz gibt es den Unterschied von feinstofflicher Schwingung und dichterer Schwingung, lichtvollerer Schwingung und weniger lichtvoller. Aber dass ein Wesen sich einem anderen unterstellen muss, gibt es nicht, denn jedes Wesen, das einen Funken Licht in sich trägt, verfügt über einen freien Willen und akzeptiert den Willen des anderen. Nur Wesen, die eine dichtere Schwingung haben, eine niedrige Frequenz, möchten den Willen des anderen brechen, um ihre eigenen Interessen ohne Rücksicht auf die anderen durchzusetzen.

Ursprünglich anerkannten sich die Menschen vor allem als Seelen und nicht als Frau oder Mann. Eine Frau brauchte eigentlich keinen Mann an ihrer Seite, sie ging nur mit einem Mann eine Liebes-Partnerschaft ein, wenn sie eine tiefe Seelenverwandtschaft zu ihm verspürte. Sie liebte die Seele des Mannes so sehr, wie sie sich selbst liebte und mit ihm die gemeinsame Liebe zum Austausch brachte. Ein Mensch, der in reiner Liebe zu dem Ganzen und zu sich selbst ist, braucht eigentlich keine Beziehung mehr, weil er keinen Gegenpol mehr benötigt, um glücklich zu sein. Ein Mensch, der die reine Liebe in sich trägt, kann aber auf Wunsch trotzdem eine Partnerschaft eingehen, weil er eine starke Liebe zu der anderen Seele verspürt und er den Seelenpartner gerne in seiner Nähe hat. Die Frauen von Lemuria waren frei von Zweifeln, frei von Ängsten, frei davon, sich kleiner zu fühlen gegenüber den Männern, frei von Sorgen, frei von einer Opferrolle. Sie setzten ihr inneres Heilwissen durch, weil sie wussten, das, was sie taten, war richtig für sie und ihre Umgebung. Nie hätten sie sich von Männern schlecht behandeln lassen, denn sie lebten aus ihrer Seele heraus und waren darum frei von Abhängigkeit. Ihre tiefste Liebe zu sich selbst, zur Erde, zur Natur und den gesamten Bewohnern der Erde sorgte dauernd für ein harmonisches Umfeld. Ihre tiefe Liebe reichte über die Galaxie bis ins Unendliche. Sie erkannten sich als menschliche Lichtseele an und darum war ihre Selbstliebe unendlich. Sie konnten immer in ihrer Seele der Frequenz von SEIN bleiben. ICH BIN LIEBE.

Erinnere dich daran, wie eine Welt ohne Zweifel aussieht. Wir leben in einer Illusion, denn es ist eine Illusion zu glauben, eine Frau wäre schwächer als der Mann. Dies wurde uns eingeprägt, um uns zu schwächen, und weil die Menschen nicht mehr an ihre eigene innere Stärke glauben, lassen sie sich durch das Ego und den Verstand in eine Illusion von Unwahrheiten ein. Weil die Lemurier sich ihrer vollkommener Lichtseele bewusst waren, zweifelten sie nie daran, dass sie von anderen geliebt wurden. Sie waren ständig umgeben von der Frequenz der Liebe. Sie lebten aus ihrer Seele heraus und es war ihnen bewusst, auf der Erde in einem physischen Körper zu leben und aus einem Bewusstsein zu schöpfen, das nicht von der Erde herkommt. Damit erfüllte sich die Schöpfung in der Weise, wie es das höchste Sein wünscht. Sie lebten somit frei und ungebunden als Lichtseelen auf der Erde. Die ursprüngliche weibliche innere Energie hat eine alles heilende, transformierende Kraft in sich. Durch ihre tiefste Liebe zu allem wird alles um sie herum transformiert, was noch nicht in das Feld der reinen Liebe passt. Wenn du dein wahres Selbst repräsentierst, kannst du die Quelle allen Seins durch dich sprechen und handeln lassen. Dein Handeln kommt aus der Seele heraus und du erfährst deine Stärke, es gibt keine Trennung von weiblichen und männlichen Eigenschaften mehr. Wenn du in deiner eigenen Glückseligkeit und tiefsten Liebe bist, dann wird dir bewusst, dass du eigentlich keinen Partner an deiner Seite brauchst, der dir Liebe und Zuneigung geben soll. In Lemuria gab es keine Aufteilung der Arbeit an Frauen und Männer, wie es bei uns üblich ist. Weil den Bewohnern von Lemuria ihre Seelenaufgabe bewusst war, gingen sie unabhängig vom Geschlecht ihrem Seelenruf und ihren Begabungen nach. Ihr Geist war völlig frei von irgendwelchen Konditionierungen, was männliche und weibliche Aufgaben sein sollten. Jeder hatte die Möglichkeit, frei zu entscheiden, was er auf der Erde bewirken wollte. Die Menschen lebten nach dem Gesetz des freien Willens und gaben daher anderen auch nicht vor, was sie zu tun hatten. Die tiefe weibliche Kraft, strahlt eine enorme Schutzenergie aus, die eine ganze Familie schützen kann, ohne körperlichen Einsatz, sondern nur mit einer tiefen energetischen Kraft. Es war die weibliche Power, die eine ganze Gemeinschaft schützen konnte. Die Frauen konnten diese innere Kraft länger halten, weil sie vom Körperbau her weniger Kraft als die Männer hatten und sie darum auch mehr anwendeten.

Als die Männer anfingen, ihrer körperlichen Kraft vermehrt Vertrauen zu schenken, verlernten sie, ihre innere Kraft zu nützen. Später verloren sie ihr Vertrauen in ihre eigene innere Stärke und nutzten sogar Waffen, um sich zu schützen. Menschen, die Waffen benützen, sind voller Angst und sehr schwach. Sehr viele Männer in Atlantis verloren ihre innere Kraft und ließen sich darum leichter durch die niedrigen Kräfte manipulieren. Für Menschen, die ihre innere Stärke verloren hatten, war es unerträglich zu erkennen, dass andere noch über eine ausserordentliche innere Kraft verfügten. Die Menschen, die ihre Verbindung zur ihrer eigener Lichtseele verloren hatten, fingen an, gegen die anderen anzukämpfen.

Werde dir bewusst; Deine Seele besteht aus Liebe und du verfügst über eine enorme Kraft. Darum kannst du dich selbst ohne irgendwelche Waffen schützen. Wenn du merkst, du bist nicht in der Stärke und brauchst Schutz, so bitte deine Lichtbegleiter und Engel, dich zu schützen.

Übung:

Um angebundene Programme, Glaubensmuster und noch mehr zu heilen:

Ich erlaube mir jetzt und allen Lichtwesen, die mir helfen können, meine Seele, meinen Energiekörper, meinen Geist, meinen Körper, jeden eigenen schädlichen Abdruck, den ich hinterlassen habe, und alles, was zu meiner gesamten Existenz gehört, zu heilen. Ich bitte alle Lichtwesen, die mir helfen können, um eine absolute energetische Reinigung meiner Seele, meines Geistes, meines Körpers und all dessen, was zu meiner gesamten Existenz gehört.

Hiermit entledige ich mich energetisch aller niedrig schwingenden Elemente und Wesen, die mich auf irgendeine Weise destruktiv beeinflussen, manipulieren und mir Schaden zufügen.

Jetzt in diesem Moment lasse ich eine absolute Reinigung zu, die alle destruktiven Programme, Belastungen mit allen existierenden, energetischen Abdrücken, Kopien, Duplikate, einkodierte und sich wiederholende Programme von der gesamten Existenz meiner Seele sich in allen Zeiten, Räumen, Dimensionen, Zwischendimensionen, der gesamten Ahnenlinie lösen kann. Meine gesamten Zellen werden gereinigt und finden wieder zu ihrem gesunden Ursprung. Mein Energiekörper wird gereinigt und leuchtet wieder in seiner vollen Kraft von Liebe. Alles löst sich von mir, was nicht zu meiner lichtvollen Existenz gehört.

Ich bitte um absolute Reinigung meiner Seele und meiner Seelenanteile.

Ich segne mich und meine Seele mit reinster Liebe auf allen Ebenen meiner Existenz.

Ich segne meinen wundervollen Körper in heilender reinster Liebe.

Ich durchleuchte mit reinem Licht alle Zeiten und Räume und verschobenen Realitäten meiner gesamten Existenz. Ich lasse nur die Frequenz des Positiven, der Liebe und des Lichts zu mir. Für mich schädliche und destruktive Frequenzen finden keinen Zugang zu mir. Ich entscheide mich jetzt für die Heilung von allem, was nicht zu mir gehört in meiner gesamten Existenz. Ich bin absolut an die heilende Kraft der Erde und des Universums angebunden. Ich bitte alle Lichtwesen und Engel, die mir helfen können, um absoluten Schutz meiner Seele, meines Körpers, meines Geistes, meines Energiekörpers. Ich bin unendlich dankbar für die energetische Reinigung, für den Schutz und die Heilung. Danke, danke, danke. In Liebe, ich sende euch meine Liebe zu.

Stelle dir vor, wie alles geheilt und alles von dir gelöst wird, was nicht zu dir gehört. Du kannst diese Übung so oft wie möglich anwenden. Sie wirkt sehr gut, wenn du dich erden möchtest und dich negativ beeinflusst fühlst oder weniger Kraft hast. Es ist immer wichtig, deine eigene Energie zu bewahren und zu schützen; gehe also achtsamer mit dir um, beobachte dich und schenke dir Geduld, Liebe und Mitgefühl.

7

DIE SCHÖPFERISCHE KRAFT DER VENUS

Die Bewohner des Planeten Venus sind höchst sanfte und fröhliche Wesen. Sie verfügen über die ursprüngliche Weiblichkeit, die Grundeigenschaften dieser Wesen sind: sanft, anmutig, mystisch, tragen viele Weisheiten in sich, sehr intelligent, kreativ, fröhlich und spielerisch. Sie sind in Leichtigkeit und verfügen über eine enorme energetische Kraft, die eine Energie von Schutz ausstrahlt, verbunden mit inniger Liebe zu allem. Da die Bewohner auf einer höheren Ebene sind, können sie mit einer dreidimensionalen Wahrnehmung nicht wahrgenommen werden. Kämpfe kennen sie nicht, sie regeln Disharmonie vor allem mit ihrer innigen Liebe und erzeugen damit den Ausgleich. Auf ihrem Planeten gibt es daher keine Disharmonie, denn jede Meinung des anderen fügt sich immer in das harmonische Feld des gesamten Universums ein. Niedrige Mächte versuchten auch auf dem Planet Venus einzudringen. Mit dem kollektiven aussenden von Lichtenergie konnten die Bewohner eine Art Schutzhülle um den Planeten schaffen, die den niedrigen Mächten den Zugang dauerhaft blockierte. Sie haben sich ohne zu kämpfen vor Besetzung geschützt, nur allein mit ihrer hohen Frequenz konnten sie eine Art Schutzschicht um ihren Planten schaffen, die alles zuerst transformiert, was dort durchdringen möchte. Entweder wird die Frequenz zuerst transformiert, wenn sie nicht in das Feld passt, oder der Frequenzkörper kann nicht durch die Schicht dringen, wenn er nicht in das vorhandene harmonische Feld passt. Alles bleibt draußen, was sich nicht in das harmonische Feld einfügen kann. Nur wenn ein kleiner Teil im Feld bereits eine

Anziehung oder eine Gleichheit zur niedrigen Frequenz hat, bekommt diese Frequenz einen Durchgang und kann sich mit dem vorhandenen Teil vermehren. Es ist bewundernswert, wie die Bewohner der Venus sich dauernd in einem Zustand von Licht, Liebe und Harmonie halten können. Auch sie handeln wie alle Lichtwesen immer aus reinster Liebe, um in Harmonie mit dem gesamten Universum zu bleiben. Die Venus schwingt auf einer sehr zarten Frequenz. Die Kraft kommt von innen und strahlt zart und anmutig nach außen. Diese grazile Schwingung hat nichts mit Zerbrechlichkeit zu tun, sondern ist sehr machtvoll und magisch. Die Bewohner der Venus unterstützen mit ihrer magischen Ausstrahlung andere Zivilisationen und senden ihnen Stabilität und Heilung zu. Sie wirken im Hintergrund mit energetischer Unterstützung, um negative Einflüsse zu transformieren. Die Venus ist der ursprüngliche Heimatplanet von vielen Künstlern und sehr kreativen Menschen, die auf der Erde inkarnierten. Die Venus verfügt wie die Erde über mehr weibliche Anteile und hat schon seit der Entstehung unserer Galaxie ein liebevolles Verhältnis zur Seele Gaia. Aus Liebe zur Gaia geben die Venus und ihre Bewohner bei deren Reinigung ihre volle Unterstützung. Es ist ihnen ein Anliegen, dass sie mit Gaia wieder in einem ungestörten Austausch voller Liebe und Freude sein können.

Das Gestein auf der Venus hat einen beige- bis orangefarbenen Ton, die Venus ist weniger abwechslungsreich in der Vielfalt des Gesteins wie die Erde. Die wundervolle Vielfalt an Gebirge und Gestein auf der Erde ist einzigartig. Wenn ich mit meinem Geist und multidimensionaler Wahrnehmung auf den Planeten Venus reise, nehme ich dort eine heilsame Stille wahr. Ich sehne mich häufig nach Naturgeräuschen ohne störende Motorgeräusche, denn ich gebe mich gerne den ungestörten Naturgeräuschen hin, die ich auf der Erde selten finden kann. Darum reise ich gerne auf die Venus, um die wunderbaren, lieblichen Geräusche aufzunehmen, und bringe sie mit meiner inneren Vision auf die Erde. Das ist ein Teil meines heilsamen Wirkens, das ich für die Reinigung der Erdatmosphäre durch Energieheilung tun kann.

Es sind sanfte Geräusche voller Liebe, Harmonie und Ruhe, verbunden mit wunderschönen Farbenmustern, die mit den Tönen mitschwingen. So wie ich sehnt sich die Erdseele Gaia nach dieser Stille und wünscht sich, dass diese Liebe von den Bewohnern wieder zurückkehrt. Eine Stille, die wir auf der Erde nicht mehr haben, fast überall wird die Ruhe der Natur mit störenden Motorgeräuschen übertönt. Es sind Motorgeräusche, die nicht in die ursprüngliche, harmonische Atmosphäre der Erde passen. Sie können sich weder mit ihrer Form noch mit ihrem Ton in die geometrische Form der Erdatmosphäre eingliedern, im Gegensatz zu den lichtvollen Bewohnern anderer Planeten. Die Geräusche, die ich durch meine geistigen Reisen auf der Venus wahrnehme, kommen hauptsächlich von den Bewohnern, von Gewässern, Gestein und Natur. Ab und zu höre ich wunderbare Klänge, die sie mit ihren Instrumenten spielen. Die Bewohner der Venus sind begabte Musiker und Künstler; alles, was sie tun, ist eine wundervolle Kunst. Ihre Bewegungen gleichen eher einem Tanz, einem fröhlichen schwebenden Tanz. Wesen, die eine hohe Leichtigkeit in sich tragen, bewegen sich gerne auf diese Weise fort. In meinem Garten und in der Natur hüpfe ich auch freudig über die Wiesen, wie ein Kind, das auch seine Leichtigkeit in sich trägt. Da fühle ich mich unbeobachtet von kritischen Blicken und kann darum besser ausleben, was ich bin. Würden die Menschen sich mehr hüpfend und singend durch die Straßen bewegen, könnten sie leichter von ihrer tragenden Schwere ablassen.

Auch auf der Venus gibt es die physische Dualität von weiblich und männlich, die aber eine harmonische, natürliche Dualität ist. Die reinste Quelle hat Seelen entstehen lassen, die sich in weiblichen und männlichen Körpern inkarnieren und auf unterschiedlichen Planeten leben dürfen. Der Plan ist ein spannendes Wechselbad von

Dualität, die miteinander verschmelzen kann, um zusammen eine kollektive harmonische Einheit zu bilden und dadurch ein unbegrenztes, prachtvolles Musterbild zu formen das sich mit der wundervollsten Schöpferkraft im ganzen Kosmos ausbreiten kann. Jede Seele gibt ihre Gabe in das kosmische Feld ab und tanzt spielerisch im magischen Spiel mit der Dualität des anderen, um daraus zusammen etwas neues Schöpferisches entstehen zu lassen. Es ist ein Spiel miteinander wie ein Flirt, ohne zu kämpfen. Für diese Zeit hat die höchste Quelle einen Plan entwickelt, um der Erde Heilung durch ihre Bewohner zu senden. Es sind insbesondere Seelen, die im weiblichen Körper jetzt auf der Erde leben, die eine große Revolution mitbringen und Altes transformieren können. Die Bewohner der Erde sollten bei der Heilung aktiv mitwirken, sonst kann keine Reinigung der gesamten Erde stattfinden. Durch die magischen weiblichen Elemente kann die Befreiung der ursprünglichen Anmut und Natürlichkeit aus der Gefangenschaft unter den unnatürlichen männlichen Elementen gelingen. Die kosmische Liebe kehrt durch solche Seelen zurück, die nur hier inkarniert sind, um für Freiheit und Liebe zu wirken, denn sie kamen schon mit einem kosmischen Wissen auf die Erde und tragen daher keine Energie von Gefangenschaft mit sich. Solche Seelen erheben Millionen von Menschen, die auf die energetische Befreiung warten, aus der Gefangenschaft, sobald die Menschen dazu bereit sind. Seelen im weiblichen Körper können jetzt ihre Liebe wieder emporheben und durch ihre wahre weibliche Power wirken.

Bahnt euch euren Weg durch die Unterdrückung, hebt euch empor, geht mutig voran, getrieben von eurer inneren, zähen Kraft, und schiebt jene von euch, die euch daran hindern wollen. Als sanftes, weibliches Wesen hast du eine überaus zähe Kraft in dir, lass diese Kraft hochsteigen, sie wirkt evolutionär und löst eine heilende Wirkung auf das ganze weltliche Geschehen aus. Erinnere dich daran, du bist nie allein. Wenn deine Absichten der Freiheit und Liebe gelten, hast du jetzt unzählige Helfer, die dir beistehen. Es gibt unzählige Lichtwesen, die den Menschen ihren kosmischen Schutz und ihre Liebe zur Unterstützung anbieten.

Verbinde dich auch energetisch mit anderen Frauen, so bekommst du mehr Unterstützung im Hintergrund. Alle Frauen wollen ihre Freiheit erlangen und schon durch das Wissen, dass es Millionen auf dieser Welt gibt, die das Gleiche möchten, fühlst du dich unterstützt. Wir sind alle untereinander verbunden und können darum im kollektiven Bewusstsein einen evolutionären Quantensprung erreichen. Wenn du in deiner Liebe und Stärke bist, so sende es an andere Frauen weiter, um sie daran zu erinnern. Löse dich von dem Konkurrenzdenken, sonst machst du dich klein und es kostet dich Kraft, denn jede Frau ist einzigartig. Die ursprüngliche weibliche Kraft ist liebevoll, und wenn die natürliche weibliche Liebe wieder in voller Blüte steht, wird die Erde wieder von dieser heilenden Liebe durchdrungen sein.

Viele junge Männer sind auf dem Planeten Erde inkarniert, um die weiblichen Anteile als männliche Wesen durchzubringen, denn ihnen ist bewusst, dass sie einen natürlichen Ausgleich an weiblichen und männlichen Anteilen in sich tragen. Ihnen ist bewusst, dass sie die unnatürliche Härte, die von Generation zu Generation weitergetragen wurde, jetzt loslassen dürfen. Es gibt immer mehr Männer, vor allem jüngere, die bereit sind, den Frauen zu helfen, dass sie wieder in ihrer vollen Liebe und Kraft erstrahlen können. Viele Männer haben erkannt, dass sie den Frauen Wertschätzung entgegenbringen sollen, statt abschätzig über sie zu sprechen und zu denken. Ist jemand ohne Wertschätzung anderen gegenüber, so hat er seinen Wert auch noch nicht erkannt und bringt sich selbst auch keine Wertschätzung entgegen. Jede Handlung fällt immer auf dich zurück. Behandelst du jemanden schlecht, so bekommst du dieselbe Energie zurück. Immer mehr Männer wollen wieder ihr Herz öffnen und sich der echten Liebe hingeben. Sobald Männer ihre veralteten Gedankenmuster und Programmierungen über das Weibliche, die sie von Generation zu Generation in sich tragen, verwerfen, werden sie wieder den Zugang zu dem femininen Anteil in sich erhalten und dies nicht mehr abwerten. Dann können sie vieles bei sich ausgleichen und ihre Natürlichkeit wieder ausleben. Wenn es allen Frauen auf diesem Planeten gut geht, erlebt die gesamte Bevölkerung riesige Schritte in Richtung Goldenes Zeitalter.

Es gibt immer mehr Männer, die ihre Verletzlichkeit zulassen; dies bringt Blockaden wieder zum Fließen, und sie können die unnatürliche Härte und Abwehr loslassen. Wenn die Männer das erreichen, werden sie wieder in ihrer vollen Kraft, die von innen kommt, erstrahlen. Beide Anteile haben Sanftheit in sich, auch die Männer dürfen ihre Sanftheit zum Ausdruck bringen und müssen sie nicht mehr unterdrücken. Durch die Unterdrückung des Weiblichen haben die Männer sich selbst Schmerz und Blockaden zugefügt, die jetzt geheilt werden dürfen. Wenn die Männer den Frauen ihre echte Wertschätzung zeigen, wird eine Paarbeziehung für beide qualitativer, stabiler und liebevoller sein. Viele Männerherzen sind noch versteinert und in Abwehrhaltung. Lasst die Liebe zu, du hast es verdient, aus dem Herzen zu lieben und geliebt zu werden.

8

DIE KOSMISCHE WAHRNEHMUNG DER LEMURIER

Die Geschichten über unsere Urahnen, die wir in der Schule anhören mussten, entsprachen für mich nie der Wahrheit. Der Mensch wurde als geistig völlig unterentwickeltes Wesen dargestellt. Für viele ist es bequemer, diese Unwahrheiten zu glauben, statt sich einzustehen, dass wir uns zurückgebildet haben und ältere Kulturen viel größere Weisheiten und intuitives Wissen besaßen als wir heute. Ständig wird uns vorgegaukelt, wie fortschrittlich wir doch mit den technischen Mitteln sind. Doch unsere Schritte gingen fort von unserem Herzen. Die Menschen in Lemuria und Atlantis lebten in einem lichtvollen Bewusstsein, verfügten daher über eine viel feinere Wahrnehmung und konnten auf verschiedenste Arten kommunizieren. Mit unserer mehrheitlich verbalen Kommunikation haben wir die Fähigkeit, uns auf verschiedene Weise auszudrücken, verlernt. Die Lemurier drückten sich nicht in Worten aus, sondern vor allem auf telepathische Weise. Ihre Stimme nutzten sie eher, um Töne von sich zu geben. Diese Töne waren so klangvoll wie eine schöne Melodie. Sie nutzten ihre Stimme, um Klänge und Rufe auszudrücken. Es war eher ein intuitives Singen, als dass sie sich in Worten unterhielten. Meistens imitierten sie mit ihren Klängen Tierlaute. Die unterschiedlichen Ausdrucksweisen kamen sehr tiefgründig und ehrlich aus dem Herzen heraus.

Die Menschen sangen fröhliche, liebliche Melodien, mit denen sie ihre Fröhlichkeit auf sämtliche Wesen der Erde verbreiteten. In solchen Momenten waren sie umgeben von Tieren und anderen

Wesen, die sich durch die schönen Klänge angezogen fühlten. Die Tiere stimmten mit ihren Stimmen ein. Es war ein fröhlicher, verspielter Austausch. Besonders die Vögel fanden große Freude daran, ihre wunderschönen Gesänge mit den Menschen zu teilen. Es bereitete allen große Freude, sich auf verspielte Weise mitzuteilen. Wenn ich die Bilder wahrnehme, kommen mir die Bewohner von Lemuria wie erwachsene Kinder vor, die in unglaublicher Reinheit und Unbeschwertheit im Sein lebten.

Wenn die Lemurier einem Vogel zuhörten, nahmen sie neben dem Vogelgesang auch die Schwingung und die Stimmung des Tieres wahr; sie nahmen immer bewusst wahr, was das Tier vermitteln wollte. Sie sahen den Ton-Schall in Farben ausstrahlen. Wir können es uns vorstellen wie eine Aurafarbe, die sich mit dem Ton-Schall bewegt und den Vogel umgibt. Die Frequenz, die alles umgab, nahmen die Menschen in wunderschönen Farbtönen wahr. Wenn sie einem Vogel zuhörten, so verbreiteten sie mit ihrer Vorstellung die Töne und die wunderschönen Farbnuancen weiter oder sendeten ihre eigenen Töne und Farbnuancen an den Vogel zurück, kommunizierten auf diese Weise mit den Tieren. Die Lemurier waren noch wie Kinder, die ihre Leichtigkeit und Verspieltheit mit anderen Wesen teilten. Wir können uns das wie einen Erdspielplatz vorstellen. Alle bewegten sich in ausgiebiger Fröhlichkeit hüpfend, tänzerisch und schwungvoll vorwärts und trotzdem besaßen sie eine tiefe Weisheit und trugen tiefes kosmisches Wissen in sich. Alles, was sie taten, war mit einer spielerischen Leichtigkeit verbunden. Weil die Menschen in innerer Ruhe waren, nahmen sie alles mit einem Sinneseindruck wahr, bei dem es immer wieder unbeschreibliche, magische Momente gab. Für sie hatte alles, was sie auf der Erde beobachteten, eine wunderschöne Magie. Sie sahen neben der Schönheit der Erde auch Farbenspektakel, die sich in mehrere Dimensionen aufteilten. Die Frequenz war für sie immer sichtbar als wunderschönes, wandelbares Gebilde, das holografischen Bildern ähnelte, als würden mehrere Mandalas die

Umgebung in mehrere Dimensionen verwandeln. Die Körper der Lemurier waren gleichzeitig vom schönsten Strahlen durchleuchtet. Zur Erkennung anderer war der Körper weniger wichtig für die Lemurier, sondern eher die Farbenmuster, die sich wie energetische geladene Strukturen um den Körper bildeten. Seit ich das mit meinem inneren Auge wahrnehme, begleiten mich diese wundersamen farbenprächtigen Effekte oder ich lade mich immer wieder damit auf.

Übung:

Um deine Wahrnehmung zu verfeinern:

Hole dir die magischen Momente wieder zurück; beobachte, wie sich die Äste einer Tanne im Wind bewegen, wie die Blätter eines Laubbaumes im Wind tanzen und ein Rauschen von sich geben. Wie hohe Gräser mit dem Wind tanzen, wie ein Stein durch das Sonnenlicht zu glitzern beginnt. Betrachte die Käfer und Insekten genauer, was für eine Farbenvielfallt sie haben. Überall auf der Erde gibt es wundervolle Muster in der Natur zu beobachten. Sobald du auf der Erde all die Muster, Farben und Töne wieder vermehrt bestaunst, wird sich deine Wahrnehmung weiten und für die kosmische, dimensionale Wahrnehmung öffnen.

Musik und Gesang war für die Lemurier sehr wichtig, und es war auch eine Möglichkeit zu kommunizieren. Es gibt unzählige Arten zu kommunizieren. Die Lemurier benutzten *die Seelen-Kommunikation*: Sie konnten einander tief in die Augen schauen und erreichten damit die andere Seele. Mit ihrem direkten Augenkontakt erfuhren sie, was die andere Seele mit sich bringt, woher sie kommt, was sie in sich trägt, was sie verbindet und wieso es die gegenseitige Begegnung gab. Eigentlich konnten sie schon durch das Energiefeld des anderen erkennen, was er mit sich brachte. Und viele konnten schon im Voraus wahrnehmen, auf was für eine Seele sie in der nächsten Zeit treffen würden, und ließen sich durch ihre Intuition dorthin führen.

Kommunikation mit sämtlichen Wesen: Es war für die Lemurier ganz natürlich, mit allen Wesen, die sie wahrnahmen, zu kommunizieren. Dazu gehörten Pflanzen, Pflanzenwesen, Tiere, Menschen, Lichtwesen, die Erde, andere Planeten, Elementarwesen, mit dem eigenen Körper zu kommunizieren, das Universum usw. Mit allem, was existierte, waren sie regelmäßig in Kommunikation.

Zeichnungen – Zeichen: Die Menschen hatten die Fähigkeit, neben der Zeichnung auch die ganzen Emotionen des Zeichners wahrzunehmen. Sie konnten die Energie darin erkennen und sahen mit ihrer kosmischen Wahrnehmung, wie das Bild entstand und durch wen und was er dabei fühlte, selbst wenn die Entstehung der Zeichnung schon Jahre zurücklag. Sie konnten darum sofort erkennen, was die Symbole und Zeichnungen ausdrückten. Solange die Menschen heute nur eine dreidimensionale Wahrnehmung haben, kommen sie nie ganz hinter die Rätsel alter Symbole. Viele Forscher zerbrechen sich dabei ihre Hirnzellen, weil sie nie auf eine präzise Antwort stoßen. Sie nutzen mehrheitlich ihr Wissen, den Verstand und vielleicht noch einen kleinen Bruchteil ihrer Intuition, um alte Symbole zu deuten. Mit der heutigen Vorgehensweise der Forschung wird vieles ein Geheimnis bleiben. Nur mit reinem Herzen und reinen Absichten können wir uns an die Energie der Entstehung anschließen und mehr erfahren. Mit unserem Herzen können wir uns mit dem kosmischen Wissen in Verbindung setzen und erfahren dadurch, was wir aufnehmen können. Je reiner wir sind, desto mehr öffnet sich unser Kanal, und wir können durch das Herz intuitiv erkennen, was die Botschaft ist. Unser reines Herz öffnet sich für die vielfältige Kommunikation und nimmt Feinstoffliches wahr, das für unseren Verstand nicht erklärbar ist. Durch das reine Herz mit unserer Erinnerung können wir vielleicht neben den Symbolen auch die Umgebung wahrnehmen und erkennen, was für Absichten die Menschen damals hatten. Alles Wissen ist abrufbar und in unserem tiefsten Inneren verborgen; es zeigt sich, wenn wir in Stille und dazu bereit sind.

Bist du in reiner Liebe, so hast du den Frieden in dir schon erreicht. Bist du in reiner Liebe, brauchst du die Suche nach Freiheit nicht mehr, du kannst dich von der Vorstellung der Freiheit lösen, denn du bist dann schon frei und es ist für dich völlig natürlich. Deine Seele fühlt sich frei.

Kommunikation über Lichtenergie: Wesen, die über eine hohe Reinheit verfügen, können durch die Lichtenergie auf telepathische Weise kommunizieren. Sie brauchen keinen Wortschatz, sondern senden einander Lichtgebilde zu. Für mich ist diese Kommunikation absolut natürlich und ich habe eher Mühe mit der verbalen Kommunikation, weil sie mich einschränkt, und ich gewisse Dinge nicht mehr erklären kann. Und häufig sorgt die verbale Kommunikation für Missverständnisse. Die Lichtkommunikation kann nicht von allen Wesen verstanden und empfangen werden. Wenn zum Beispiel ein Lichtwesen einem Menschen in Lichtform etwas mitteilt, so bleibt das im Feld bestehen, und falls der Mensch es zu diesem Zeitpunkt noch nicht empfangen kann, so wird er es empfangen, wenn seine Sensoren dazu bereit sind. Das kann also auch Jahre später geschehen oder auch erst, wenn die Seele den Körper verlässt.

Die Lemurier konnten mühelos jede Schicht der Realität und jeden einzelnen Quadranten des physischen Universums gesondert betrachten und das was sie von Universum wahrnahmen auf der Erde projizieren. Aus diesen Ebenen entstanden auch wieder Töne, Klänge und wunderschöne Farbenmuster, welche die Lemurier in einer Art von Imagination zuerst innerlich aufnahmen und die sie Naturwesen, Pflanzen, Tieren und der Erde spielerisch zusendeten. Überall, wo es auf Sternen und Planeten Leben gibt, das aus der feinen Intelligenz des Universums entstanden ist, ertönen wundervolle Klänge. Im Universum gibt es Farbenmuster, die sich ständig verändern und andere Formen bilden, dazu spielt in Harmonie der ewige Klang der Schöpfung eine endlose Symphonie. Aus diesen Ursprungsklängen, die sich so unbeschreiblich wundervoll anhören, entfaltete sich ein Bewusstsein voller Komplexität und doch simpel gestaltet. Mit ihrem Vorstellungsvermögen und Manifestationen verwendeten die Lemurier die Ursprungsklänge um auf der Erde neue Materie zu gestalteten. Sie nahmen die Ursprungsklänge, und Frequenzen zusammen und stellten sich dabei eine Form vor, die gebildet werden sollte. Weil die Schwingung der Erde auf der fünften Dimension war, konnten die Lemurier spielerisch mit visualisieren und manifestieren eine neue Materie erschaffen.

Lass uns vergessen, was für Leid auf der Erde war und immer wieder neu entsteht. Lass uns lieber wieder Zuhörer solcher Klänge sein und lass uns aus der wundervollen Schwingung voller Liebe wieder etwas Neues schaffen, wie es uns die Lemurier vormachten und wie andere lichtvolle Wesen auf anderen Sternen und Planeten es absolut selbstverständlich tun. Vor allem die Vögel, Delfine und Wale geben eine solche Sphärenmusik weiter und reinigen ständig die momentane destruktive Atmosphäre, in der etliche Störfelder existieren. Viele fragen mich: Wie hört sich die Sphärenmusik an? Dann antworte ich: Höre zuerst die Musik hier auf der Erde, die uns die Tier- und Naturwelt täglich zur Verfügung stellt, und löse dich von der künstlichen Welt, die eine solche Schönheit zu übertönen versucht, es aber nie erreichen wird. Die Klänge sind überall in der Naturwelt zu hören, es ist das gleiche Lied, das ewig im Universum spielt und dein Herz zutiefst berührt. Es ist das Lied der feinsten Liebe.

Es wird niemals genügend wissenschaftliche Daten geben, um dies in der dreidimensionalen Wahrnehmung zu messen, zu erklären, geschweige denn zu beweisen. Im Universum ist nichts zu beweisen, auch nicht in einer feinstofflicheren Dimension als der dichten dritten, denn es ist alles immer wieder veränderbar. Dem deduktiven, logischen Denken fehlen die Intelligenz und der Sinneseindruck des Herzens. Der Verstand ist kalt und kalkulierend, es mangelt ihm an Ehrfurcht, die nur durch die Seele, mit dem Herzen, unseren Sinnen und unserem Körper erfasst werden kann. Die Ehrfurcht und Liebe vor alledem ist unser wahrer Weg in die Einheit. Bei allem Respekt vor den Wissenschaftlern und leidenschaftlichen Erforschern des Alls möchte ich darauf hinweisen, dass sie die Multidimensionalität nicht wahrnehmen können und auch keinen Zugang zu ihr haben. Und das aus einem ganz simplen Grund: Sie hat in einem logischen, mathematischen Verstand keinen Platz.

Der Verstand des Menschen sucht aber immer nach einer Erklärung und nach Beweisen, und dies schränkt ihn dabei ein, das Universum zu erfassen. Die Weisheit liegt in der Verbundenheit der Herzen mit allem, was existiert. Die Wissenschaftler suchen nach dem Ursprungs - Code, der reinsten Quelle, durch die das sämtliche Leben entstand. Ihnen ist aber nicht so ganz bewusst, dass sie mit ihrer Vorstellung und Erwartung ihre Ergebnisse beeinflussen, denn jeder Gedanke ist eine Manifestation, die sie ins Feld senden. Je reiner das Herz und der Geist ist, desto mehr kann er in die Tiefen des Universums reisen und zu Wahrheiten gelangen. Diese Reise kann der Geist unternehmen, wenn er alles, was ihn begrenzt, hinter sich lässt und wie ein unwissendes Kind auf Entdeckungsreisen geht, ohne irgendwelche Vorstellungen, wo er hinkommt oder wie es dort aussehen sollte, nur durch die Führung der reinen Intuition. Wie ein Samen des Löwenzahns, der sich mit dem Wind treiben lässt, ohne zu wissen, wo er hinkommt. Er hat nur ein Ziel vor sich, das er voller Hingabe erreichen möchte, nämlich wieder als einen neuen wundervollen Löwenzahn heranzuwachsen. Auf dem Weg dorthin lässt er sich führen, wirbelt mit dem Wind herum und bleibt sehr geduldig. Solange die Menschen noch nicht die tiefe Bewunderung und Ehrfurcht haben vor den natürlichen Wundern, die auf der Erde täglich geschehen, können sie nie das Universum verstehen. Die Erde und die Natur sind ein Abbild des Universums, durch die Beobachtung der Natur kannst du auch kosmische Wahrheiten finden, und mit diesem Verständnis bekommst du ein besseres Verständnis für das große Ganze, das Universum. Du musst nicht weit reisen, um eine Antwort zu finden, es ist alles in deiner unmittelbaren Nähe und kann dir auch zufliegen. Das Wort unbewiesen trifft auf so ziemlich alles im Universum zu. Wenn du das Universum verstehen möchtest, so denke aus dem Herzen in Kategorien wie Energie, Frequenz, Vibration, Farben, Formen und Zahlen und richte dich mehr nach deiner Wahrnehmung als nach dem Denken. Nehme es als Duft, Laut, Töne, Klänge, Bilder, Spüren, Einfühlen wahr. Verbinde alles miteinander. Das alles ist ein Ausdruck der bestehenden Schwingungen, es sind Frequenzen von einer bestimmten Wellenlänge der reinsten Quelle.

9
HERZHAFTE ZEREMONIEN IN LEMURIA

Auch in Lemuria gab es Zeremonien, die aber vor allem auf Dankbarkeit beruhten. Da den Lemurier der Tatsache bewusst war, dass echte, vom Herzen kommende Dankbarkeit eine wunderschöne, machtvolle Energie ist und buchstäblich Universen bewegen kann, beruhte ihre ausstrahlende Eigenenergie auf dauernder Dankbarkeit. Mit jedem Tun und jeder Zeremonie konzentrierten sich die Menschen darauf, Ströme von Dank auszusenden, und vergaßen nie, was es in ihrem Leben alles Wunderbares gab. Ihre Dankbarkeit sendeten sie durch einen Strom von innerer Energie aus, die aus dem Herzen kam. Worte benützten sie dafür nicht, denn mit Worten kann man nie die gleiche machtvolle Dankbarkeit aussenden. Ihre Gebete waren eine Art von Gesang, den sie durch tänzerische Bewegungen voller Leichtigkeit und Fröhlichkeit zum Ausdruck brachten. Die Menschen strahlten zusammen ein regelrecht friedvolles Licht aus. Unter solchen Gegebenheiten zogen sie noch mehr Gutes an. Sie brauchten keine pflanzlichen Drogen, um sich in Ekstase zu versetzen; angesichts ihrer Fröhlichkeit und lichtvollen Wesens wären solche Substanzen eher störend gewesen und hätten sie in eine niedrige Schwingung gebracht. Da sie die Verbundenheit und ihre Dankbarkeit an die Erde mit der natürlichen Umgebung feiern wollten, fand ihre Zeremonie meistens in freier Natur statt. Sie legten Steinkreise an, die Steine richteten sie mit großer Achtung sorgfältig zu einem Kreis. Weil sie mit allem kommunizieren konnten, baten sie die Steine um Erlaubnis, die Zeremonie mit ihnen zu feiern. Nie kam ihnen in den Sinn, ein Naturelement nur für ihre eigenen Zwecke zu benützen. Sie spürten die Energie, wenn sie einen Stein in Bewegung setzten, und wenn der Stein gegen diese Veränderung war, ließen sie ihn dort, wo er war. Schließlich sorgten sie immer für eine Harmonie und wollten keine Disharmonie ins Feld bringen. Um eine Zeremonie zu gestalten, sollte die Energie für alle auf einer willkommenen Frequenz bleiben. Für alles, was sie verwendeten, sangen sie ein Danklied oder segneten es mit Liebe und Dankbarkeit. Der Steinkreis ergab einen Resonanzraum, und diesen nutzten sie, um Töne hervorzubringen und einen wunderschönen Klang mit ihren Instrumenten auszusenden. Sie nahmen die Schwingung der Steine auf und nutzten dies, um sich mit den Steinen in ein sogenanntes Magnetfeld zu bringen. Also für einen Austausch von Frequenzen, der die gemeinsame Schwingung in harmonische Gleichschwingung brachte. Sie tanzten fröhlich um die Kreise herum und nahmen auch bewusst wahr, was für Informationen sie über ihre nackten Fußsohlen empfingen. Die Steinkreise waren auf verschiedene Sterne ausgerichtet und nutzten somit die Kraft des Heimatsterns, der Zentralsonne, des Mondes oder anderer Sterne.

Nach den friedvollen Zeremonien, die voller Licht und Freude für die Menschen und das Ganze waren, blieben sie noch gerne zusammen und verweilten in der Stimmung von Zusammengehörigkeit und tiefem Frieden. Angezogen von den lichtvollen Klängen und der Energie des Rituals gesellten sich auch Tiere hinzu und badeten gemeinsam mit den Menschen im prächtigen Licht.

10

TEMPEL, GEBÄUDE, KRISTALLE

Kristalle spielten in der Zeit von Lemuria und Atlantis eine außerordentliche Rolle. Sie dienten als Speicherplatz von Informationen und Wissen. Große Kristall- Wissensskulpturen wurden errichtet die als Antennen und Bibliothek fungierten und mit dem kosmischen Wissen und Heilwissen der Weisen Seelen gefüllt wurden. Menschen, die Hinweise brauchten, verbündeten sich mit den Säulen, und so flossen ihnen auf eine schnelle Weise Informationen zu. Auch dienten die Kristallsäulen einer schnelleren Kommunikation zwischen verschiedenen Völker auf der Erde, auf anderen Sternen und Planeten. Nach und nach wurde die Erde immer mehr von den niedrigen Mächten besiedelt, und diese verfolgten habgierige Absichten, sie nahmen die Kristalltempel zuerst für sich in Beschlag und zerstörten später die Kristallsäulen, weil sie durch ihr niedriges Bewusstsein keine Kommunikation zu den Kristallen aufbauen konnten. Sie zerstückelten die Kristalle und benützten sie dazu, eigene Statusgebilde daraus zu erbauen, das heißt, sie bauten ihr eigenes Abbild in Statuen aus Kristallen nach. Später wurden Statuen von Machthabern in den Städten errichtet, überall auf der Erde gibt es solche Statuen, die kein schöner Anblick sind und Macht, Hässlichkeit und Gewalt aufzeigen. Zu Zeiten von Lemuria gab es keine Statuen, um sich selbst zu lobpreisen. Den Menschen war es wichtiger, in Verbundenheit mit dem Natürlichen zu leben, und sie wussten, dass jede eigene Tat in der kosmischen Bibliothek abrufbar und gespeichert ist, sie brauchten keine Statuen, um sich in Erinnerung zu behalten. Die reine Essenz in der Seele ist immer noch an das Wissen der gigantischen Kristallsäulen angebunden. Jeder von uns trägt noch einen Teil der Essenz in sich, egal durch welche Inkarnationen wir gegangen sind und was wir für ein Leben führten.

Frühere Aufzeichnungen, wie unsere Geschichtsliteratur und die Bibel, sind durch die niedrigen Mächte manipuliert worden, um uns in dem Glauben zu lassen, dass es normal ist, ängstlich um seine Existenz zu kämpfen und in Schmerz und andauernder Trennung zu leben. Da die Erde immer mehr von niedrigen Mächten besiedelt wurde, konnte sich eine Schwingung von Angst, Macht, Gier und Unterdrückung ausbreiten. Die ursprünglich reinen Menschen hatten die Angst des kollektiven Bewusstseins übernommen und steckten immer mehr mit diesem mutlosen Bewusstsein an. Um die menschlichen Gemeinschaften zu schwächen, hetzten die niedrigen Mächte ganze Familienverbünde gegeneinander auf. Ihr Ziel war es, die menschlichen Gemeinschaften auseinanderzureißen, um sie zu schwächen. Denn für einen einzelnen Menschen war es schwieriger, sich gegen die Machthaber aufzulehnen. Vereinzelte starke, reine Seelen zogen sich entweder in abgelegene, naturbelassene Gegenden zurück, um die reine Frequenz aufrechtzuerhalten, und nahmen ein unscheinbares Leben an oder sie versuchten anderen zu helfen und setzten sich mutig vor den Machthabern für die Freiheit ein. Doch die wahre Freiheit kann durch einen Kampf nicht erreicht werden. Nur mit der Transformation aus Liebe entsteht Freiheit. Die reinen, schönen Seelen glaubten immer weniger an ihre eigene Vollkommenheit und fingen an, sich zu ängstigen, und steckten sich mit der Macht der Erniedrigung an. Später gründeten die niedrigen Mächte die Kirche und preisten sich als Priester an. Die Priester wurden lobgepriesen und Jesus, der sich mit seinen Helfern für die reine Liebe einsetzte, wurde wie eine Trophäe an ein Kreuz gehängt, um den Menschen zu zeigen, was mit ihnen geschieht, wenn sie sich gegen die Priester richten. Ein Kreuz war früher das Symbol von Unendlichkeit, weil es sich in vier Richtungen ausbreitet. Ein Kreuz, das einen von Folter gezeichneten Körper trägt, hat nichts mit reiner

Göttlichkeit zu tun und sollte vernichtet werden. In dieser Zeit wurden unzählige Heiler und Musiker gefoltert und gekreuzigt. Bei vielen Menschen sitzt dieses Trauma noch tief in der Seele und im Zellgedächtnis; es sind Menschen, die Heilkräfte in sich tragen, aber gleichzeitig eine große Blockade durch dieses Trauma haben und deswegen ihr Potenzial noch nicht vollständig ausschöpfen können. Menschen, die jetzt auf der Erde inkarniert sind, können dieses Trauma nun heilen. Priester, die gegen die reine Liebe ankämpften, waren mit den niedrigen Mächten verbunden. Die reine Liebe ist Licht und kommt von der universellen Quelle. Wer auf irgendeine Weise gegen diese reine Liebe ankämpft und sie zerstören möchte, trägt noch niedrige Schwingung in sich und hat noch nicht den vollständigen Glauben an die eigene Vollkommenheit erreicht. Lerne die reine Liebe durchzusetzen, lebe für den Frieden in dir und werde dir bewusst, du trägst Reinheit im Herzen. Die reine Liebe nährt uns mit kosmischer Energie und durchleuchtet unsere Existenz.

Den Lemurier war die Reinheit sehr wichtig, große Tempel, unzählige Pyramiden und Kristallsäulen erbauten sie daher zur Reinigung, Heilung und vor allem als Informations-Träger zur universellen Quelle. Es gab unzählige Tempel. Weil ich mich aber dem Thema reine Liebe und ursprüngliche weiblichen Kraft widme, werde ich den Tempel der Liebe und Vereinigung beschreiben. Dieser Tempel diente um die Schwingung der reinen Liebe auf der gesamten Erde aufrechtzuerhalten. Viele Tempel wurden aus Kristall gebaut. Die Sonnenstrahlen reflektierten in allen Farben und erzeugten schöne Regenbogenmuster. Wunderschöne Muster waren in den Wänden eingraviert, sie ähnelten den Mandalas und Kornkreisen. Wiederum reflektierten auch diese Muster im Sonnenlicht. Es gab Öffnungen, um den Blick zu den Sternen und zum Universum freizuhalten. In der Mitte des Tempels gab es eine ewige Flamme, die durch die Lichtstrahlen der Kristallwände violett bis lila schimmerte. Sie war ein Symbol der unsterblichen reinen

Liebe. Die Menschen gingen in diese Tempel, um ihre Liebe in Verbindung mit dem ganzen Universum zu zelebrieren und segnen zu lassen. Der Ausdruck von Liebe zwischen zwei Menschen war heilig, denn sie war immer auch ein Ebenbild der Liebe zur reinsten Quelle. Die Menschen zelebrierten mit Ritualen und Feste aus höchster Dankbarkeit, ihre Einklangs-Seele gefunden zu haben. Die Menschen lebten für die Liebe und nicht gegen die Liebe, wie es mir in der heutigen Zeit und der Vergangenheit erscheint.

Es war ein großes Ereignis, wenn sich Einklangs-Seelen entschieden, zusammen ihre Liebe zum Ausdruck zu bringen, und sich vereinigen wollten. Mit großer Freude wurde die Zeremonie der gegenseitigen Liebe gefeiert. Die Paare sahen mit ihrem Naturschmuck und Blumengeflechten geradezu majestätisch aus.

Einklangs-Seelen empfinden eine starke reine Anziehung im Empfinden inniger Liebe zueinander. Die Lemurier sahen ihre eigene unendliche Liebe immer auch im anderen, es gab keine Dualität. Die Paare wollten die weiblichen und männlichen Kräfte zusammenbringen, die im Zusammenspiel zweier liebender Seelen beiden eine enorme lichtvolle Power gab. Verbunden durch ihre beiden Kräfte konnten sie die Energie der Liebe noch verstärken, um im Einklang mit der Erde ein Paradies entstehen zu lassen. Alles, was sie gemeinsam erschufen, entstand aus der Energie der Liebe, verbunden mit der Erde und dem Universum. Die reine Liebe zueinander und zur eigenen Seele war der Kraftmotor und die Motivation, um zusammen die Energie von Liebe auszubreiten.

Die Menschen von Lemuria waren nicht dem Stress ausgesetzt, den wir bewältigen müssen, und nahmen sich auch mehr Zeit füreinander und für sich selbst. Sie hatten mindestens das Bewusstsein der fünften Dimension und sahen sich als kosmische Botschafter mit einem Einheitsempfinden zur Mutter Erde. Sie ehrten sich selbst und somit war es für sie selbstverständlich, den Partner auf gleiche Weise zu ehren. Die Eigenliebe und die

Anerkennung der eigenen Lichtseele waren sehr ausgeprägt. Nie zweifelten sie an ihrer eigenen Liebe und ihrer Vollkommenheit. Sie waren Liebe, und sie wurden unendlich geliebt.

Viele von uns haben Liebe durch Eltern und andere Menschen nie richtig erfahren, und wir haben in der Kindheit nicht gelernt, wie wir trotzdem in die Energie der Liebe kommen können. Wir müssen es erst wieder lernen. Viele Menschen gehen deswegen Beziehungen ein, um ihre eigenen Bedürfnisse zu befriedigen, ohne aber mit dem Herzen dabei zu sein. Solche Beziehungen werden früher oder später scheitern. Die Beziehungen und der Ausdruck des Liebesspiels reflektierten ein Bewusstsein in Lemuria, das viel weiterentwickelt und gereifter war als das Verständnis der heutigen Gesellschaft. Viele Menschen haben ein Verständnis der verschiedenen Formen von Liebe. Häufig wird das Wort Liebe missbraucht, um die eigenen Bedürfnisse zu befriedigen. Bei Menschen, die schon ein erweitertes Herzbewusstsein haben, ist das Gefühl von Liebe immer gleich. Als Erstes spüren sie tiefe Liebe dauerhaft im Herzen, so fühlt sich die Eigenliebe an, dann senden sie dieses Gefühl an die kosmische Quelle und sind somit auch verbunden mit dieser freudvollen hohen Energie. Dann senden sie die gleiche Liebe an die Mutter Erde und ihre Bewohner aus. Alle Tiere, Pflanzen und andere Wesen werden auf gleiche Art geliebt. Es gibt keinen Unterschied, ob es sich um ein Haustier oder ein anderes Tier handelt. Das gleiche Gefühl von Liebe senden sie zu ihren Kindern aus, vermischt mit einem stärkeren Schutzgefühl für ihre Kinder. Und die gleiche reine Liebe gilt auch dem Partner – mit einem kleinen Unterschied: dem Empfinden von Anziehung und dem Wunsch, sich mit dem Partner zu vereinigen. Wenn sich zwei Lemurier dem Liebesspiel hingaben, war es immer auch einen Liebesaustausch und ein Austausch ihrer und der universellen Energie. Auf diese Weise konnten sie ihre kraftvolle Energie immer halten. Wenn wir etwas aus reiner Liebe mit reinen Absichten tun, gewinnen wir immer an Energien. Menschen, die ein hohes

Bewusstsein und eine starke Wahrnehmung für all diese Feinheiten und Schönheiten haben, führen immer ein spannendes Leben. Für sie gibt es unglaublich viel zu entdecken und zu beobachten, dass sie wenig brauchen um in Freude und Ekstase zu kommen. Sie erleben eine Verschmelzung mit dem Partner auch ohne einen sexuellen Akt, denn es gibt unglaublich vieles, was sie zusammen erleben können, dass eine genauso große Verbundenheit bewirkt und sogar noch eine innigere Sinnlichkeit, weil die Liebe die größte Rolle spielt und nicht die eigenen Bedürfnisse.

Menschliche Beziehungen sind schon seit Langem aus dem Gleichgewicht geraten und die Sexualität dient vielen dazu, ihren eigenen Bedürfnissen nachzugehen. Nach dem Untergang von Lemuria wurde die Energie von Einheit schwächer und die Dualität verbreitete sich auf der ganzen Erde. Viele Beziehungen haben größtenteils unterschiedlichste Ebenen des Schmerzes und der Sehnsucht verursacht. Sehr viele Menschen erwachen jetzt aus den verzerrten Auffassungen und negativen Programmierungen und öffnen ihre Herzen immer mehr, um eine Ausbalancierung der männlichen und weiblichen Polaritäten innerhalb ihres wahren Seins zu erreichen. Das Bewusstwerden von Eigenliebe und die Erkenntnis, dass wir in erster Linie uns selbst lieben sollten, steuern unsere Heilung an. Mit unserem liebenden Herzen finden wir Zugang zu unserer Seele und kommen in die ursprüngliche Kraft zurück. Wir sind nicht angewiesen auf die Liebe anderer Menschen, die Energie der Liebe war schon immer da, wir finden diesen Goldschatz tief in uns: Es ist unsere Seele, und sie wird vor Freude Luftsprünge machen, wenn sie endlich wieder erhört wird, es ist wie ein Heimkehren. Die Seele und die tiefe Eigenliebe sind wieder vereint.

11

BEZIEHUNGEN UND LEBEN DER LEMURIER

Ungewollte Schwangerschaften gab es zu jener Zeit nicht. Weil die Menschen das Gefühl von Begierde gar nicht hatten, vereinigten sie sich durch ihr Liebesspiel nur mit einem Partner, bei dem die Anziehung aus reiner Liebe bestand. Es war verpönt, Kinder zu bekommen, wenn das Paar noch nicht reif dafür war. Um Kinder zu empfangen, hatten sie damals eine Art von Reifeprüfung zu bestehen, und natürlich spürten sie selbst, wann der Zeitpunkt richtig war und mit welchem Partner sie diesen Weg aufrichtig gehen wollten. Ihre starke, unverfälschte Intuition wies ihnen den Weg, und sie wussten schon im Vornhinein, mit welchem Partner sie ein glückliches, leichtes Leben haben werden. Auch wenn damals die Seelen noch keine Traumen erleben mussten wie wir und darum eine unschuldige Schwingung hatten, gab es auch dort Verbindungen, die nicht dazu geeignet waren Kinder zu bekommen. Solche Seelen blieben innige Freunde. Sie wussten das sofort beim Kennenlernen, weil sie direkt in die Seele des anderen hineinblicken konnten und erkannten, was der andere für Geninformationen mitbrachte. Es gab Beziehungen, die blieben lange Zeit kinderlos, weil sie spürten, dass sie beide noch am Lernen waren, und zuerst etwas anderes gemeinsam erleben wollten. Nur Paare, die eine hohe spirituelle Reife erlangten, war es in dieser Gesellschaft gestattet, einer anderen Seele neues Leben auf der Erde zu gewähren. Auf diese Weise blieb eine erleuchtete Zivilisation erhalten. Das Liebesspiel konnten sie ohne Besorgnis einer Schwangerschaft genießen, denn da die Menschen in hohen Dimensionen lebten, konnten sie mit ihren Gedanken und eigenen Energien Wünsche manifestieren. Durch das Manifestieren konnten sie ihr inneres System so steuern, dass ihr Körper nicht empfängnisbereit war. Beim Liebesspiel erlebten sie die Verschmelzung auf einer viel feineren, sinnlichen, geistigen Ebene, verbunden mit der universellen Energie. Es war tatsächlich ein feines Liebesspiel mit sanften Berührungen und immer mit tiefster Liebe, die aus dem Herzen kam. Da sie eine hohe Schwingung hatten, berührten sich manchmal ihre Hände kaum; es war eine Ebene von gegenseitigem Energieaustausch, mit ihren feinen, klaren Sinneseindrücken konnten sie den anderen auch ohne körperlichen Kontakt sehr innig spüren. Sämtliche Chakren leuchteten in wunderschönen Farben und verschmolzen miteinander. Insbesondere in der Herzgegend fand ein Liebesaustausch statt, ein Liebesspiel der Farben und erhöhten Frequenzen. Ihre Herzen leuchteten einander an, bis sie im Einklang die gleiche leuchtende lichtvolle Farbe erreichten. Die Lemurier gingen nie Beziehungen nur aus körperlicher Anziehung ein, wie es bei uns üblich ist. Ihr Ziel war es, eine *Einklang-Seele zu finden und mit ihr einen Raum der Liebe zu gestalten. Diese Menschen waren wie Kinder voller Liebe, trugen das Licht und die Unschuld in sich. Diese Aura stellte eine wunderschöne Ausstrahlung aller Farben der reinen Liebe dar, mit einem goldenen Licht, das umgeben war von verschiedenen Klängen. Für die Lemurier waren solche Klänge hörbar. Alles was existiert besteht aus einer Energie und es gibt immer einen Klang von sich. Gleichzeitig zeigte das Aura-Feld schöne geometrische Muster von sehr hoher Schwingung. Das Aura-Feld eines Menschen passte in das Feld des anderen, und bei Paaren gab es ein unglaublich schönes Zusammenspiel der beiden Energiefelder. Obwohl jeder seine eigenen geometrischen Formen und Farben mitbrachte, konnten sie ihre Farb- Energien zusammenfügen, und es ergab sich durch ihre beiden Aura-Farben ein wunderschönes harmonisches, lichtvolles Muster. *Ich habe ein neues Wort erfunden für Seelen, die im Einklang miteinander sind. Ich nenne sie: Einklang–Seelen*

Heute gibt es selten Paare, die ein solches Harmoniefeld um sich haben, weil häufig Paare eine Beziehung eingehen, die eigentlich eine Dualität ausleben und darum diese Einheit nicht miteinander erleben. Da die Erdatmosphäre aber auf eine lichtvollere Ebene aufsteigt, werden sich immer mehr Menschen finden, die eine tiefe Herzensliebe miteinander ausleben und frei sind von Dualität gegeneinander, die für beide anstrengend ist. Paare, bei denen die Herzensliebe im Vordergrund steht, können sich gegenseitig auf eine feinere, höhere Ebene bringen. Wenn sich Einklangs-Seelen zusammentun, werden sie eine wundervolle Leichtigkeit miteinander erleben, und verstehen sich häufig auch ohne Worte. Die Menschen werden viel mehr solche Partnerschaften anstreben wollen, weil sie wieder an die Liebe und Harmonie glauben.

Es gibt sie, diese Begegnungen, bei denen beide wissen: Sie sind nicht nur von hier und jetzt, nicht nur in diesem Leben in diesen Körpern. Sie sind Seelen, die eine tiefe liebevolle Verbindung haben. Diese Begegnungen, in denen beide spüren: Da wird das Herz berührt, das weit darüber hinausgeht, es weitet sich bis ins Unendliche hinaus. An dieser Stelle, wenn beide Herzen sich ganz für die Liebe öffnen, in größter Neugier und tiefer Verletzlichkeit, ist er plötzlich da, dieser Raum. Der Raum, der diese zarte Begegnung hält und würdigt, im Wissen, dass genau dieser Berührungspunkt den Raum des Herzens zu öffnen vermag. In diesem Tanz zwischen Raum und Begegnung verschmilzt das scheinbare ICH und DU so sehr, dass nur noch die Einheit von stiller Liebe übrigbleibt: Intimität in ihrer ursprünglichen, reinsten Form. Jede Seele, die vom Licht kommt, trägt wunderschöne, strahlende Lichtmuster in sich. Wenn sich zwei Seelen zusammentun, können sie die gemeinsamen Lichtmuster wie in einem Puzzle zusammenfügen und ihre Liebe vergrößern.

12

DIE LIEBEVOLLE VERSCHMELZUNG DER PAARE

Die Verschmelzung war vor allem eine Verschmelzung des Geistes, des Energiekörpers, der Seelen der Menschen miteinander und mit der Urquelle.

Menschen, die eine reine Intimität miteinander erleben, müssen nichts verbergen, weil das, was sie tun, aus reinster Liebe geschieht und sie sich somit völlig natürlich verhalten. Die Sexualität, die viele Menschen heute noch ausleben geschieht vor allem aus körperlichen und egoistischen Bedürfnissen und beinhaltet häufig eine Missbrauchs-Schwingung. Auch da und insbesondere, wenn es um die Sexualität geht, hatten die niedrigen Mächte großen Einfluss genommen, dass es schon zur Normalität geworden ist, andere für die eigenen Bedürfnisse zu missbrauchen, und die meisten Menschen schon gar nicht mehr den Unterschied erkennen können. Doch das Leben auf diesem Planeten bewegt sich jetzt auf ein Bewusstsein vollkommener Wahrheit und absoluter Offenheit hin. Menschen, die schon ein feines Bewusstsein mit einem reinen Herzen haben, durchschauen Unwahrheiten und sorgen für mehr Klarheit unter den anderen Menschen. Bewohnern auf anderen Planeten, die in reineren Atmosphären leben, ist alles bekannt und sie verstecken nichts, weil sie in Reinheit leben und vor ihnen darum nichts verborgen bleiben kann. In höheren Ebenen kann niemand irgendetwas vor dem anderen verstecken, weil alles immer und überall durch das Aura-Feld und den Abdruck, den jeder hinterlässt, von reinen Wesen wahrgenommen werden kann. Die Schwingung, die Farbtöne und Stimmung, die jeder durch sein Energiefeld ausstrahlt, verraten seine Taten und das, was ihn umgibt. Sehr bald können sich die niedrigen Frequenzen nicht mehr länger aufrechterhalten, weil sie von immer mehr Menschen durchschaut werden. Je reiner dein Herz ist, desto mehr blickst du hinter die Kulissen. Sei mutig und stark, durch deine Wahrheit und dein reines Herz siehst du die lichtvollen Dinge, aber auch die niedrigen Frequenzen, die du vorher vielleicht noch nicht erkannt hast, offenbaren sich dir mehr und mehr. Dazu musst du immer wieder deine innere Liebe aufrechterhalten und wiederaufbauen, sonst kannst du selbst in die niedrige Schwingung hineingezogen werden.

Die Verschmelzung zweier Seelen auf der Basis von reiner Liebe kann beide in Ekstase versetzen, denn die Energie ist sehr stark bei Seelen, vor allem bei Einklangs-Seelen, die sich mit der kosmischen Frequenz in Verbindung bringen können. So genügt eine feine Berührung, aussenden von Herzensliebe und ein Zusammensein in Liebe, um beide in Glückseligkeit, in geistige und körperliche Ekstase zu versetzen. Fange an mehr zu spüren, nehme mehr wahr und arbeite an der absoluten Reinigung des Herzens.

Weil das Liebesspiel in Lemuria rein war, gab es kein Versteckspiel. Ein Gefühl von Schuld stellte sich erst später ein, als die Menschen anfingen, ihre egoistischen Bedürfnisse auf grobe Weise und ohne Liebe auszuleben. Seit Tausenden von Jahren konnte sich eine Missbrauchsenergie entfalten, die durch die Machthaber gefördert wurde und der Liebe keinen Platz mehr einräumte. Die Ausweitung der Sexindustrie wird gefördert. Jeder, der sich damit auflädt, verliert an innerer Kraft und reiner Energie, er haftet sich der niedrigsten Frequenz an und lässt sich durch eine fehlgeleitete Sexualität führen. Dies ist eine der niedrigsten Schwingungen, die auf der Erde ausgelebt werden. Die meisten Paare glauben, dass sich das Liebesspiel auf ähnliche Weise abspielen muss, wie sie es aus Filmen kennen. Die Energie von Missbrauch ist noch in den Genen,

Zellen und im System gespeichert und täglich laden die Menschen sich zusätzlich mit dieser Schwingung auf. Häufig sind die Bedürfnisse des Menschen aus Süchten, Gier und Hektik aufgebaut. Oder mit Erwartungen, dass der andere den Mangel an Selbstliebe geben sollte. Die niedrigen Mächte nutzen diese Schwäche des Menschen und beeinflussen ihn ständig mit dem Aussenden und Motivieren von Gewalt, Gier, Drang, Sucht, Ausbeutung, Ausnutzung. Sie kennen es selbst nicht anders und können darum nicht anders handeln. Diese niedrigen Frequenzen vom lieblosen und gewaltsamen Umgang werden ständig in das morphogenetische Feld ausgesendet, und die Menschen bleiben in dem Kreislauf niedriger Frequenzen gefangen. Weil ein liebloses Verhalten überall auf der Erde im morphogenetischen Feld verbreitet ist, nehmen sie es als normal an und akzeptieren das.

Solange eine reine Liebe da ist, kann nichts Verrufenes oder Niedriges geschehen. Alles, was die Liebe fördert, sollte jetzt wieder seinen Platz zurückgewinnen. Menschen, die enthaltsam leben, weil es ihnen durch Bücher oder einen Guru eingeprägt wurde, verschließen sich dem natürlichen Verlauf des harmonischen Umgangs mit dem weiblichen und den männlichen Anteilen in sich. Sie ziehen sich vom anderen Geschlecht zurück, als dürften sie keinen nahen Kontakt aufbauen, dabei sollten wir einfach wieder eine Verspieltheit wie Kinder ausleben. Wenn zum Beispiel der weibliche Anteil abgewehrt wird, entstehen Blockaden. Bei den Naturvölkern gehören Berührungen und Nähe zum natürlichen Umgang miteinander. Sie bemalen sich gegenseitig, berühren sich mit Handauflegen und sitzen nahe zusammen. Mit der Motivation der Herzensliebe geschieht alles ganz natürlich. Die sexuelle Energie ist eine sehr starke Kraft, die jeder auf natürliche Weise für sich selbst einsetzen kann. Wenn du möchtest, brauchst du dafür auch keinen Partner, du kannst die Kraft von den unteren beiden Chakren in die oberen Chakren bis zum Kronenchakra hinaufziehen und sich über den ganzen Körper verbreiten lassen; auf diese Weise erfährst du eine Kraft, die nicht durch deine Hormone gesteuert wird. Es ist eine belebende Kraft, bei der du niemand anderen brauchst, du kannst es aber mit einem anderen Menschen auf seelischer Ebene in Verbundenheit mit dem Körper ausleben. Bist du in reinster Liebe zu dir selbst, gehst du selbstverständlich liebevoll mit dir und deinem Körper um. Du achtest darauf, dass dein Körper vital bleibt, und fügst ihm das zu was er auf natürlicher Weise braucht. Dein Körper wird mit den Augen der Liebe betrachtet. Wenn du mit deinem Liebsten im Austausch von gemeinsamer Liebe bist, dann genießt ihr die Nähe zueinander ohne grosse Erwartungen und das gibt beiden eine wundervolle Kraft.

13

WIE DAS ANKOMMEN EINER NEUEN SEELE VORBEREITET WURDE

Zur Zeit von Lemuria blieben die Paare lange zusammen, es gab keine häufigen Partnerwechsel. Weil die Seelen ein reines Bewusstsein hatten, wussten sie im Vorhinein, welcher Partner für sie bestimmt ist, um aus der Frequenz von Liebe zu schöpfen. Sie gingen nicht Beziehungen ein, weil ihnen etwas fehlte, sondern aus Liebe. Gab es vorher andere Partner, so wurden sämtliche Informationen und Anhaftungen der verflossenen Partner energetisch gereinigt. Ihnen war es wichtig, dass nur die Information von Vater und Mutter dem Kind weitergegeben werden konnte und nicht noch eine Information eines verflossenen Partners, weil dies dem Kind eine gewisse Unstabilität geben würde. Jede Verschmelzung mit dem Partner ist ein großer Energieaustausch, das heißt, du nimmst die Energie des anderen auf und trägst seine Informationen in deinem Körper. Wenn wir bedenken, dass ein heranwachsender Embryo sämtliche Informationen, die bei uns gespeichert sind, mitträgt, dann überlegen wir uns besser nochmals, mit wem wir intimen Kontakt eingehen sollen. Es ist ratsam, nach jeder Beziehung, die zu Ende geht, eine gründliche energetische Reinigung durchzuführen und sich von allen Anhaftungen von Ex-Partnern zu lösen. Sonst sorgt es auf beiden Seiten für Verwirrung. Ist jemand energetisch nicht ganz gelöst von vergangenen Beziehungen, zieht er auch jemanden an, der nicht ganz frei ist.

Verspürten beide den Wunsch nach einem Kind, wurde das lange vor der Schwangerschaft vorbereitet. Beide reinigten ihren Körper und Geist, ihr ganzes System wurde gereinigt. Der Körper der Mutter wurde lange vorbereitet, ihre sämtlichen Organe und das Blut wurden auf verschiedenste Weise gereinigt. Es gab extra Tempel dafür, die aus Kristallsteinen gebaut waren und die von weisen Göttinnen betreut wurden. Diese Göttinnen waren vor allem zur Erhaltung der weiblichen Kraft und zur Reinigung des weiblichen Körpers zuständig und auch zur Transformation. All diese Göttinnen gerieten nach Atlantis in Vergessenheit.

Es war wichtig, dass eine Schwangerschaft lange vorbereitet wurde und beide Partner ihre Reinheit erhielten. Auf diese Weise musste kein Kind irgendwelchen Ballast der Ahnen mittragen und noch verarbeiten. Die Informationen aus den Zellen, Erbinformation, Emotionen und andere Informationen erhielten einen hohen Grad an Reinheit. Schon bevor die Seele auf der Erde ankam verbündeten sich die Lemurier mit ihr. Sie konnten in dieser Zeit mit unterschiedlichen Galaxien und verschiedensten Planeten kommunizieren und traten somit auch mit Seelen in Verbindung, die noch nicht auf der Erde lebten. Gab es eine Schwangerschaft, zog sich das Paar zurück, um sich absolut auf das wunderbare Ereignis einzustimmen. Die Seele wurde mit eindrücklichen Ritualen begrüßt und mit großer Freude empfangen. Die schwangere Frau erkannte durch ihre Intuition, was die Seele für Eigenschaften mitbrachte; sie spürte, was sie dem kleinen Lebewesen schon während der Schwangerschaft weitergeben konnte. Die Paare, und vor allem die Frau, konnten sich schon während der Schwangerschaft sehr innig mit der neuen Seele verbinden. Das Paar zog sich zurück, um der Seele nicht zu viele Einflüsse während der Schwangerschaft zu vermitteln, um die Verbindung zu stärken, um mit der Seele, dem Universum und dem Heimatstern zu kommunizieren. Ihnen war es äußerst wichtig, einen Raum der Liebe zu erhalten, um sich auch von Fremdenenergie zu schützen. Ein Rückzug von der Gemeinschaft war sehr wertvoll, damit die ankommende Seele frei von vielen Einflüsse während der Schwangerschaft blieb. Die neue Seele sollte so wenig wie möglich mit Fremdenenergie konfrontiert werden, die durch Kontakte zu anderen Menschen und durch die Stimmung der Mutter an den Embryo weitergeleitet wird. Die Verbindung und die Kommunikation sollte nicht von anderen Menschen gestört werden, es sollte keine Fremdenenergie hineingebracht werden, die für Verwirrung des Embryos sorgte. Mit großer Glückseligkeit und Freude erlebten die Paare diese gemeinsame Zeit. Aus diesem Grund war es auch klüger, wenn sich Seelen zusammen verbündeten, die im Einklang miteinander waren, weil sie mit viel weniger Meinungsverschiedenheiten konfrontiert wurden und daher auch in reiner Liebe und Zuneigung im gegenseitigen Austausch waren. Die Mutter strahlte tiefste Liebe und Wärme für das Baby und ihre Einklang-Seele, dem Partner, aus. Der Embryo nimmt diese Energie auf und bekommt eine natürliche Beziehung zu den Eltern. Der Embryo nimmt ständig die Stimmung der Mutter wahr, er nimmt auch die Energie wahr, wenn die Eltern eine ausgeprägte Dualität leben und die Mutter im Unterbewusstsein sogar eine Abneigung oder einen Groll gegen den Vater hat. Weil diese Emotion dem Embryo übertragen wird, schwächt es seine eigene Kraft, und seine Beziehung zu den Eltern wird distanzierter.

Die Schwangerschaft in Lemuria war heilig, um ungestört die Verbindung zum Baby zu erhalten und ihm möglichst viel Wissen mit hochschwingenden Gefühlen mitzugeben. Auch übertrugen die Eltern telepathisch dem Baby Aura-Farben, also Farben, die das Baby beim Wachstum schützen sollten und auch dazu dienten, das Energiefeld, das Mutter und Kind umgab, zu reinigen. Die Mutter durchleuchtete mit ihrer Vorstellungskraft ihren Körper und den Körper des heranwachsenden Embryos.

Die Lemurier führten die Planung einer Schwangerschaft in höchster und vollkommener Vorbereitung durch. Während der Schwangerschaft waren die Eltern umgeben von einer lichtvollen

Aura, täglich luden sie ihr Energiefeld mit schönen Farben auf. Für sie waren die Energiefelder als farbige Muster sichtbar, darum war es für sie spielerisch einfach, sich mit ihrer Vorstellung ihr eigenes Farbenfeld wieder aufzuladen. Sie übertrugen die lichtvollen Energiefarben auch auf das Baby.

Die Mutter gab dem Kind telepathisch und durch Visualisieren eine Schutz- und Reinigungsaura mit auf den Weg, vor allem wenn es nicht unter ihrer Aufsicht war. Die Aura der Mutter hatte nach der Geburt eine wunderschöne helltürkisfarbene bis blaue Tönung, die das Baby zwei Jahre umfing, nährte und schützte. Durch mein inneres Auge sehe ich dieses wundervolle Bild und kann es nicht in Worte fassen. Die Familie war umgeben von einer wundervollen heilenden Liebe. Die Liebe zueinander schützte die ganze Familie.

Ich sehe kein schreiendes, weinendes Baby. Kaum vorzustellen, das gab es damals nicht! Die Eltern konnten auf verschiedenste Weise mit dem Kind kommunizieren und mussten es nicht hinter einem Kindergitter einschließen oder in einem Kinderwagen lassen. Das Kind konnte auf Entdeckungsreise gehen und hatte als beste Freunde Wildtiere an seiner Seite, die das Kind beschützten. Die Lemurier sahen ihre Kinder als vollständige Seelen an, es gab keine Erziehung, sondern nur eine Beobachtung und ein Weitergeben von Wissen, aber das Kind konnte den eigenen freien Willen von Anfang an vollkommen ausleben. Es wurde ihm nichts aufgezwungen, was es nicht wollte. Wir sollten uns dieses wertvolle Wissen zu Herzen nehmen, um es uns anzueignen und weiterzugeben.

14
DIE ILLUSION DER DUNKELHEIT

Dunkelheit ist an sich nichts Schlechtes, wir verwenden irrtümlicherweise das Wort Dunkelheit für die niedrig schwingenden Energien. Die Nacht und die Dunkelheit haben aber nichts mit niedrig schwingenden Energien zu tun. Natürlich sehe ich die niedrige Frequenz als eine grauschwarze Farbe, und diese Wesen und Menschen sind mit dieser Farbe umgeben. Aber das hat nichts mit der Dunkelheit der Nacht zu tun. Es ist ein Aberglaube von uns Menschen, der sich uns schon seit Tausenden von Jahren auf der Welt eingeprägt hat, die Dunkelheit der Nacht mit dem Bösen zu verwechseln. Die Menschen haben immer noch eine abergläubische Angst vor der Dunkelheit, es gibt unzählige Schreckensgeschichten, die von der Dunkelheit erzählen. Die niedrigen Mächte handeln aber genauso viel bei Tageslicht. Nachts, wenn es dunkel um uns ist, können wir die niedrigen Frequenzen viel stärker wahrnehmen, unsere tiefsten Ängste zeigen sich am ehesten in der Dunkelheit, wenn alles um uns herum ruhig ist und wir unsere Sehkraft nicht nutzen können und daher unsere anderen Sinne und unser Gespür ausgeprägter sind. Immer wieder heißt es, folge dem Licht, bringe Licht in die Dunkelheit. Was haben wir gegen die Dunkelheit in der Nacht? Es steckt eine tiefsitzende Angst dahinter, wir wollen die Wahrheit nicht erkennen und lassen uns lieber blenden. Lieber füllen wir uns mit Licht auf, ohne uns zuerst zu leeren und unseren Ängsten zu stellen. Bevor wir uns mit etwas füllen, sollten wir immer zuerst etwas loslassen, sonst sind wir überfüllt, und die Ängste schlummern weiter in unserem tiefsten Unterbewusstsein. Es gibt Tag und Nacht, in jeder Nacht wird es dunkel, wir können nicht dagegen ankämpfen. Wie soll das gehen? Es ist ein Irrtum zu glauben, Dunkelheit sei etwas Böses oder hat etwas mit den bösen Mächten zu tun. Mit dem Wort Dunkelheit sind viele Ängste verbunden aber wir werden besonders tagsüber mit Falschheit besudelt, wenn die meisten Menschen wach sind. Licht kann uns auch blenden. Doch nicht das echte Licht blendet wie ein Scheinwerfer, sondern das künstliche Licht. Die niedrigen Mächte arbeiten vor allem mit Ablenkung und Künstlichkeit, um sich selbst ins gute Licht zu stellen. Sie sind wahrhafte Blender.

Die Tiere haben noch eine natürliche Beziehung zur Dunkelheit. Weil wir Menschen sehr viel Platz einnehmen und alles für uns beanspruchen, ziehen sich die Tiere tagsüber in ihr Versteck zurück, um von uns nicht angegriffen zu werden. In der Dämmerung und nachts, wenn endlich Ruhe ist, kommen sie hervor, nun fühlen sie sich sicher und geschützt. Sie mussten sich unserem Verhalten anpassen, viele Tiere waren früher auch tagsüber aktiv. Erst als der Mensch zu jagen begann, fingen sie an, sich tagsüber zu verstecken und erst hervorzukommen, wenn sie sich ungestört und geschützt fühlen. Die Dunkelheit gibt ihnen den Schutz und die Ruhe, die sie brauchen. Gerne möchten sie sich auch tagsüber wieder frei bewegen können, ohne sich vor Angriffen und Verdrängung durch den Menschen fürchten zu müssen. Wenn der Mensch seinen Egoismus ablegt und aufhört zu jagen, werden die Wildtiere an Vertrauen gewinnen und sich auch wieder tagsüber zeigen.

Die Farbe Schwarz steht für Erneuerung und Wiederbelebung. Darüber hinaus verkörpert sie unser gesamtes Potenzial. Schwarz fördert die Ruhe in unserem Körper und unserem eigenen System. Es löst uns von unseren tiefsten Ängsten, zeigt sie auf, um sie zu transformieren. Weil die Dunkelheit noch unsere Schattenseiten aufzeigt, scheuen die Menschen diese Spiegelung und füllen sich lieber ständig mit dem künstlichen Licht der Ablenkung. Unsere Seele hat bei unserer Entstehung einen schwarzen Punkt in sich getragen und trägt ihn immer noch in sich. Dort befinden sich auch unsere tiefsten Informationen. Jedes heranwachsende Leben entsteht zuerst in der Dunkelheit. Der Embryo wächst im Schutz der Dunkelheit des mütterlichen Körpers heran. Der Samen, der in der Erde heranwächst, entsteht zuerst in der Dunkelheit der Erde. Im Ei entsteht ein kleines Küken, das durch die Schale und Dunkelheit geschützt ist, bevor es den Mut hat zu schlüpfen. Alles ist noch in Ruhe bei der Entstehung, denn für das Entstehen von etwas Neuem braucht es diese Stille und Vertrauen. In der Stille kann alles wiedergeboren und neu entstehen. Dunkelheit, die sich in den Farben von Dunkelblau, Dunkelbraun, Dunkelgrau bis zu Schwarz zeigt, ist ein Symbol für den Ort, an dem uns alle irdischen Neuanfänge erwarten. Die Seele tritt auch zuerst in verschiedenen Übergängen zwischen dunkle Tunnel und Pforten. Vor jedem anderen Universum kommt zuerst ein dunkler Übergang, der anscheinend in ein dunkles Loch führt und in einem Zustand der Leere ist. Aus dieser Dunkelheit entsteht eine Anziehung in die Richtung zu einem bestimmten Universum, das in Resonanz steht mit dem Reisenden, und mit einem Wirbel kann durch die Energie der Anziehung in das andere Universum gereist werden. Die schwarzen Löcher sehe ich als Übergänge in andere Universen und Dimensionen. Es sind Astralkanäle von Himmelskörpern, durch die eine Seele oder Essenz des Planeten in andere Universen und Dimensionen gelangt. Auch kann der Geist diese Verbindungskanäle nutzen, um eine Geistreise zu machen.

Die Pupille ist auch schwarz, und dort sind unsere Seelen-Informationen verborgen. Wenn zwei innige Seelenverwandte, Einklangs-Seelen oder Seelen, die vom gleichen Heimatstern kommen, das erste Mal aufeinandertreffen und sich in die Augen schauen, dann entsteht ein Funken, der von der Pupille herkommt. Dies ist unabhängig vom Geschlecht und hat nichts mit sinnlicher Anziehung zu tun, es ist ein Zusammentreffen zweier Seelen, die sich aus anderen Inkarnationen kennen. Manchmal, wenn die Verbindung sehr tief ist, trifft sich der Funke in der Mitte zwischen der Distanz der Blicke. Das ist wunderschön zu beobachten. Bei diesem besonderen Aufeinandertreffen entsteht eine große Glückseligkeit. Die Freude ist noch größer, wenn beide die Funken wahrnehmen können. Bis jetzt habe ich es nur einmal erlebt, dass bei einer ersten Begegnung wir beide es sehen konnten. Zwischen vielen Menschen trafen sich unsere Blicke, und es entstand ein Riesenfunken zwischen unseren Blicken. Wir konnten es beide wahrnehmen und schauten uns länger in die Augen und kommunizierten auf telepathische Weise. Es war eine junge Frau, mit der ich mich ohne Worte einen kurzen Moment austauschte, und wir freuten uns über diese Begegnung.

Schwarz steht in manchen Kulturen auch für die Weiblichkeit, es wundert mich darum nicht, wieso viele eine Abneigung gegenüber der Dunkelheit haben. Die Abneigung gegen die Weiblichkeit wurde uns seit dem Untergang von Atlantis eingeprägt, um uns die klare Sicht, die aus der Stille und auch der Dunkelheit kommt, zu nehmen. Hätten mehr Menschen ihre weibliche Klarheit und Intuition bewahrt, wären viel weniger durch fremde Mächte so leicht beeinflussbar. Schwarz hat etwas mit dem Geheimen, Mysteriösen und Unbekannten zu tun und deutet gleichzeitig unser tiefstes Potenzial an. Die dunklen Farben zeigen unsere Tiefe auf.

Meditation in der Dunkelheit ist sehr stark, unterschätze sie also bitte nicht. Die Dunkelheit bringt alles an die Oberfläche, womit du dich beschäftigen solltest. Sie nimmt auf menschliche Schwächen keine Rücksicht, im Gegensatz zum Licht, das dich lichtvoll auffüllen kann, ohne deine tiefsten Abgründe aufzuzeigen. Meditieren in der Dunkelheit kann dazu beitragen, dass dir die geheimen Seiten deines Egos bewusst werden, wie etwa anhaftende Emotionen, Angst oder Starrheit. Wenn du solche Aspekte deines unbewussten Selbst freisetzt und annehmen kannst, kommst du mit der materiellen Welt besser zurecht und lässt dich weniger durch dein Ego leiten, du wirst glücklicher. Zusätzlich wird in der Stille und Dunkelheit deine ganze Pracht hervorgelockt. Beide Seiten können sich zeigen: dein Schleier, aber auch gleichzeitig deine eigenen Wahrheiten.

Seit Anbeginn unserer Existenz auf der Erde gab es immer wieder Frauen, die dunkle Farbenfrequenz verwendeten, um ihre klare Wahrnehmung zu festigen, sie vertrauten der Dunkelheit, um Antworten über Täuschungen zu erhalten und konnten die niedrigen Absichten des anderen sofort erkennen. In solchen Momenten waren sie umgeben von wundervoller mysteriöser, undurchschaubarer Energie, sie deuteten die Taten des anderen, noch bevor er handeln konnte. Solche Frauen konnten nicht beeinflusst werden. Für die niedrigen Mächte blieben diese Frauen ein Störfeld, und sie hatten Angst, dass ihre boshaften Absichten durch Frauen, die ihre ursprünglichen Fähigkeiten noch bewahren konnten, entlarvt wurden. Solche Frauen waren immer geheimnisvoll für andere, und das löste eine gewisse Angst aus gegenüber der Stärke, die diese Frauen ausstrahlten. Sie sind aber nicht zu verwechseln mit Hexen. Das Wort Hexe ist ein Fluchwort und somit wieder ein abschätziger Ausdruck, der mit den ursprünglichen, reinen weiblichen Kräften nichts zu tun hat. In Lemuria hatten die Menschen ein reines Verhältnis zur Dunkelheit und nutzten es immer mit ihren reinen Absichten. Häufig meditierten sie in der Nacht, um sich zu reinigen, mit den Sternen und dem Mond zu kommunizieren und um klare Antworten zu erhalten. Sie bewunderten die Nacht mit den verschiedenen Farbpunkten, die sich in der Dunkelheit zeigen, und natürlich auch den wundervollen Sternenhimmel. Da es keine Lichtverschmutzung gab, konnten sie das volle Farbenspektakel der leuchtenden Sterne bewundern und auf sich wirken lassen.

Wenn du dich vermehrt in der Dunkelheit aufhältst, werden deine Sinne und deine Wahrnehmung noch feiner geschult. In der Dunkelheit sehe ich nie nur schwarz, ich sehe lauter kleine Energiepunkte, die verschiedene Farben haben und ständig in Bewegung sind. Ich kann in der Dunkelheit die Frequenzen, die mich umgeben, regelrecht sehen. Halte dich vermehrt in der Dunkelheit auf. Wenn du abends meditierst, so lasse den Raum dunkel und zünde kein Licht an. Lass es mal so, wie es ist, sei in der Annahme. Wir möchten immer verändern statt anzunehmen, was ist. Im Dunkeln zu meditieren, macht dich feinfühliger, du kannst besser in dein tiefstes Inneres kommen, weil du mehr in der Ruhe bist und deine Ängste sich besser zeigen können. Überwinde deine Ängste vor der Dunkelheit, stelle dich ihnen, mache vermehrt allein einen Nachtspaziergang. Mit der Zeit kannst du deine Angst, die auch als Erbinformation in deinen Zellen steckt, lösen.

15

LIEBEVOLLES ZUSAMMENLEBEN MIT DEN TIEREN

Als Spezies Mensch haben wir vergessen, dass wir hier auf der Erde als Gast eingeladen sind. Wir sind Besucher unserer gnädigen Mutter Gaia, die freiwillig eine Evolutions-Plattform für viele verschiedene Spezies bereitstellte. Es war von Anfang an immer beabsichtigt und beschlossen, dass alle Wesen geehrt und geliebt werden, um diesen Planeten gleichberechtigt miteinander zu teilen. Auch zur Anfangszeit von Atlantis wurde die Erde noch geliebt und geehrt, später fingen die Bewohner von Atlantis an, mit ihrer Arroganz Macht über andere Lebewesen auszuüben. Die Vorstellung von Hierarchie verbreitete sich immer mehr auf dem Planeten. Das Werten über die Artenvielfallt und die Einstufung von überlegenen und unterlegenen Arten stand plötzlich im Mittelpunkt. Die Mehrheit der Menschen denkt arroganter Weise, sie wäre eine überlegene Rasse und hätte das Recht, andere Wesen zu kontrollieren und zu dominieren, die verwundbarer erscheinen als sie selbst. Weil die Menschheit nicht mehr im Gefühl von reiner Liebe und Einheit ist, werden die Tiere und Naturwesen nicht mehr geliebt. Ich selbst liebe alle Tiere und Pflanzen, auch Insekten bewundere ich und gehe achtsam mit ihnen um. Ich töte keine Insekten, nur weil sie sich in mein Haus verirrt haben, sie werden achtsam hinausbefördert. Jedes Lebewesen hat ein Recht, glücklich zu sein und zu leben. Es ist für mich unverständlich, ein Lebewesen zu töten, nur weil ich es nicht in meiner Nähe haben möchte. Viele Menschen haben ein gespaltenes Verhältnis zu den Tieren und setzen vor allem ihre eigenen Bedürfnisse durch, statt mit ihnen zu kommunizieren. Die Tiere haben eine unglaubliche Beobachtungsfähigkeit und können unsere Stimmung sofort erfassen. Und wenn der Mensch wieder lernt, mit den Tieren auf telepathische Weise zu kommunizieren, dann bekommt er eine wundervolle nahe Beziehung zu den Tieren. Die Tiere sind nicht hier, um der Menschheit zu dienen, und haben nicht den Zweck, die Menschen zu unterhalten und ihnen Nahrung zu bieten. Menschen, die eine solche Perspektive auf das Leben und andere Wesen haben, machen sich selbst etwas vor. Viele Spezies sind sich nämlich der Bedeutung ihres Lebens und ihrer Aufgabe auf der Erde bewusst. Alle Geschöpfe haben einen höheren Zweck, dem sie einerseits kollektiv für die gesamte Spezies dienen oder andererseits individuell. Denke nur an die Bienen und Insekten und was sie für eine Leistung erbringen, indem sie für die Erhaltung der Pflanzen wirken. Dann die Delfine und Wale, die mit ihren Tönen die Rhythmen und die Schwingung des Ozeans ins Gelichgewicht bringen. Viele Tiere, vor allem Wildtiere, verfügen über ein unglaubliches Wissen, das sie gern mit uns teilen möchten, wenn sie uns nur erreichen könnten oder wenn der Mensch doch nur so effektiv auf telepathische Weise kommunizieren könnte wie sie. Durch die Hetze, mit der die Menschen durchs Leben eilen, kommen sie nicht in die Beobachtung und übersehen viele Weisheitsträger im Tierreich. Sie haben ein Bewusstsein, das unserem ähnlich ist, sie sind komplex, intelligent und überaus anpassungsfähig. Viel zu häufig übersieht der Mensch die Weisheit der Lebewesen, die rundherum um ihn sind, und sucht in der Ferne nach Antworten oder gibt sich lieber der künstlichen Welt hin. Dabei können wir Menschen von den kleinsten Lebewesen lernen zu verstehen, wie das große Ganze zusammenhängt. Die Lemurier sendeten dem Tier ihre reine Liebe und Freude entgegen. Sie strahlten ein Licht der Liebe aus, mit dem sie alles Lebendige erwärmten und die anderen Lebewesen sich zu ihnen hingezogen fühlten. Wenn sich der Mensch von Aggression, Angst, Egoismus und anderen niedrigen Emotionen befreien kann, strahlt er ein Licht der Liebe aus, die alles um ihn herum vitalisieren und zum Heilen bringen kann.

Wenn bei den Menschen der Schleier ihrer vernebelten Wahrnehmung aufgelöst wird, erkennen sie, wie viele Tiere von einer nur scheinbar überlegenen Rasse benutzt und missbraucht werden. Die Lemurier hatten zu allen Tieren ein liebevolles Verhältnis und kommunizierten auch ständig untereinander.

Fange an, zu beobachten und wieder vermehrt mit dem Haustier zu kommunizieren, beobachte in Ruhe, wie ein Käfer auf einen Grashalm klettert und sich startbereit zum Fliegen macht. Beobachte, wie ein grünes Insekt auf einer Blüte ruht. Bei genauerem Betrachten sehen wir die wunderschönen Farben und erfreuen uns an den knalligen Farben und Mustern des Tierchens. Sehen wir die Schönheit der Natur und der Tierwelt, sind wir in diesem Moment in Liebe und in der Einheit, es ist eine Spiegelung der Schönheit unserer Seele. Die ganze Natur ist eine wunderschöne Farben- und Musterpracht. So gut es auf dieser verrückten Welt geht, handle ich aus reiner Ethik, ich habe eine große Achtung vor dem Leben und betrachte jedes Lebewesen als heiliges Wesen. Den Wurm, der auf der Straße verschmachtet, rette ich, indem ich ihn ins Gras lege. Den Käfer, der im Wasser am Ertrinken ist, nehme ich auf meine Hand und schwimme mit ihm zum Ufer. Es ist Einheit und Glückseligkeit, den Käfer zu beobachten, wie er sich erholt, wie er wieder seine Flügel ausbreitet und davonfliegt. Jede Blume, die in der Wiese zu finden ist, ist für mich eine wunderschöne Göttin, darum bewundere ich sie und lasse sie stehen, egal wo sie wächst. Ich finde es bewundernswert, wenn sie an einem ungewöhnlichen Ort wächst, wie etwa zwischen Mauern sich durchzwängt.

16
DIE MAGISCHE PFLANZENWELT

Die Pflanzenwelt steht als Gattung für kollektive kosmische Intelligenz und repräsentieren das Empfinden der Mutter Erde. Jede Pflanze hat eine nützliche, heilende Funktion, besonders die Bäume, die ständig unsere Luft und unsere Frequenz reinigen. Die Bewohner von Lemuria hatten die größte Ehrfurcht und den höchsten Respekt für die Schönheit der Pflanzenwelt und der gigantischen Bäume, die tiefe Weisheit ausstrahlten. Damals gab es wahrhaftig überall riesengroße Bäume, die Ruhe, Frieden, Harmonie und Heilung ausstrahlten. Sie halfen, um die heilende Atmosphäre auf der Erde zu erhalten. Die Lemurier liebten ihre Pflanzenwelt innig. Sie bewunderten die Schönheit jeder Pflanze, und es machte sie glückselig, wenn sie im Austausch mit der Pflanzenwelt waren. Durch den wunderbaren Austausch, der immer vom liebenden Herzen ausging, bekamen sie die Gefühle von Liebe durch die Pflanzenwelt wieder zurück. Ihnen war bewusst, dass sie mit der Pflanzenwelt kommunizieren konnten. In Interaktion mit den Bäumen erhielten sie die Weisheiten und konnten ihre eigene Wurzelkraft stärken. Die Bäume sind sehr gütige Wesen, die Standhaftigkeit, Stärke und Liebe ausstrahlen. Wenn wir uns an einen Baum setzen und mit dem Rücken anlehnen, stärkt und beruhigt es uns. Wie die Steine sind die Bäume gleichzeitig Hüter der alten Weisheiten, denn sie bewahren die Geschichten und das Wissen eines Landes in sich und können uns darüber informieren, entweder durch unsere achtsame Beobachtung oder durch telepathische Kommunikation. Nur durch die Kommunikation und das Manifestieren konnten die Lemurier zusammen mit den

Pflanzenwesen einen wunderschönen Garten Eden erhalten, ohne Gartenarbeit zu verrichten. Die Mutter Erde beschenkt uns täglich mit der Vielfalt an Pflanzen, den Lemurier war das bewusst. Sie waren vollkommen im Vertrauen, dass die Mutter Erde und die Natur sie mit allem beschenkt. Darum ließen sie das wachsen, was hervorkam, und freuten sich über jede Pflanzengöttin, die sich aus der Erde ihren Weg an die Oberfläche bahnte, denn jede Pflanze, die hervorkam, war für sie am richtigen Platz. Sie liebten die Mutter Erde grenzenlos und waren dadurch ihr gegenüber voller Bewunderung und Hingabe, nie wurde eine Pflanze achtlos ausgerissen, nur um Platz zu schaffen. Ihre Behausungen und Tempel bauten sie erst dann, wenn die Pflanzenseele ihr Einverständnis gab oder den Körper verließ. In erleuchteten Gesellschaften schneidet niemand zum persönlichen Gebrauch an den Körpern der Bäume herum und schon gar nicht, um daraus Profit zu erzielen. Erst wenn der Baumstamm als tot angesehen wurde und die Baumseele sich entfernt hatte, wurde das Holz mit großem Respekt und Dankbarkeit für vielseitige Zwecke verwendet. Abgebrochene Äste gab es massenhaft, die zum Gebrauch gesammelt wurden. Sie sammelten die Äste, die am Boden lagen, und bedankten sich bei dem Baum für das Geschenk, denn die Äste waren für sie wie eine großzügige Gabe des Baumes. Ein Geschenk, das der Baum von sich wieder an Mutter Erde und andere Lebewesen gibt. Äste zu schneiden, war für die Bewohner unvorstellbar, weil es eine Verstümmelung des Baumkörpers dargestellt hätte. Weil die Lemurier das Einheits-Bewusstsein lebten, spürten sie den Schmerz der Pflanzenwelt, und dieser Schmerz wurde auch zu ihrem Schmerz. Die Naturwesen sind auch lichtvolle Seelen, die ihre Feinheiten durch ihr Dasein auf der Erde zeigen. Auch die Erde Gaia verspürt einen Schmerz, wenn ihre Kinder, die mit ihren Wurzeln bis in die Tiefe der Erde reichen, misshandelt werden. Menschen, die jetzt schon eine sehr feine Wahrnehmung wiedererlangt haben, können mit dem inneren Ohr die Schreie von Bäumen wahrnehmen.

Die Menschen haben keinen Besitzanspruch auf die Pflanzenwelt, gemäß dem kosmischen Recht gehört kein Wesen irgendjemandem. Wir sind nur temporäre Verwalter des Landes und tragen unsere eigene Verantwortung, mit der Natur liebevoll und respektvoll umzugehen. Die ganze Erdatmosphäre ist jetzt in einer feineren Dimension, denn wir haben das Goldene Zeitalter erreicht. Die Seele Gaia duldet jetzt das egoistische Ausbeuten und die Zerstörung ihrer Pflanzenwelt nicht mehr. Statt gegen die Natur zu handeln, können wir uns mit ihr in Verbindung setzen und von ihrer anarchischen Willenskraft lernen. Erkennt wieder die Weisheit der Erde und Wälder, die Erhabenheit der Bäume und schenkt ihnen eure Liebe.

Neben der Natur selbst gibt es noch unzählige Naturwesen wie Elfen, Zwerge usw., die zur Erhaltung der Pflanzen ihre Mithilfe leisten. Sie waren schon zur Zeit von Lemuria hier und helfen der Erde und den Pflanzen, sie zu hüten und zu pflegen. Ihre Liebe zu den Pflanzen ist unendlich und absolut rein und darum sorgen sie dafür, dass die Pflanzen rein bleiben. Am liebsten sind sie dort, wo fast keine Menschen sind, denn sie haben ihr Vertrauen zu uns Menschen verloren. Sie ziehen sich dorthin zurück, wo sie noch ungestört leben können, doch dadurch stirbt die unbehandelte Pflanzenwelt immer mehr ab, und es befinden sich um uns herum immer mehr gezüchtete, genmanipulierte Pflanzen, die aber nicht die gleiche Kraft und die reine Information aufweisen wie natürlich wachsende Pflanzen. Wenn es auf der Erde nur noch Künstlichkeit gibt und die Natur abstirbt, so können auch wir nicht länger überleben. Die Menschen haben mit ihrem Unwissen und ihrer Unachtsamkeit der Natur gegenüber großen Schaden angerichtet. Viele Wälder und Gärten wirken auf mich leblos, weil viele Naturwesen durch den groben Umgang des Menschen mit der Natur vertrieben wurden. Die Naturwesen sind feinstofflich und können nur von wenigen Menschen wahrgenommen werden. Unsere Handlungen haben immer auch eine Auswirkung auf das

Feinstoffliche. Feinstoffliche Licht- und Naturwesen fühlen sich dort am wohlsten, wo Liebe ist. Wir Menschen tragen die Liebe im Herzen und sollten es wieder zulassen, unsere Liebe und Achtsamkeit auch den Naturwesen zu geben. Auch wenn wir sie nicht wahrnehmen, können wir uns vorstellen, dass jede Pflanze eine Seele hat und Naturwesen sie hüten. In Lemuria gab die Liebe der Menschen den Naturwesen eine wundervolle Motivation für die Pflege der Pflanzen; die Pflanzen waren umgeben von einem wundervollen Lichtschimmer und strahlten eine unbeschreibliche Schönheit aus. Die Naturwesen spüren sofort, ob ein Mensch ein liebendes Herz hat und ob er um ihre Existenz weiß. Wenn wir ihnen unsere Liebe, Achtsamkeit und Dankbarkeit schenken, dann nähern sie sich uns. Wie alle Lebewesen möchten auch sie wieder, wie zu Zeiten von Lemuria, von uns geliebt werden. Wenn du Liebe aussendest, kommt diese Liebe wieder zu dir zurück, und dies verstärkt die Liebe und Freude noch mehr. Auch wenn wir die Naturwesen nicht wahrnehmen, können wir uns vorstellen, dass sie hier sind, und ihnen unsere Aufmerksamkeit schenken. Wenn ich im Wald bin, setze ich mich irgendwohin, bringe mich in die Verbindung zu den Tieren, Pflanzen und Naturwesen, und häufig singe ich etwas. Die Naturwesen und Wildtiere fühlen sich durch meinen Gesang regelrecht angezogen. Sie mögen sanfte Töne, und es lockt sie hervor, und dann bin ich umzingelt von solchen Wesen und Vögeln.

Früher, als die Menschen noch eine reine Liebe zu den Wildtieren und Naturwesen hatten, schützten die Wildtiere und Naturwesen die Menschen vor boshaften Eindringlingen. Auch die Menschen schützten die Tiere und Naturwesen, es war ein gegenseitiger Schutz mit einer tiefen Verbindung zueinander. Niemals hätte ein Bär oder ein Wolf den Menschen angegriffen, der ihm mit seiner Liebe und Fürsorge beistand. Es gab damals auch keine hungrigen Tiere, denn es gab für jeden genügend Nahrung. Jetzt ist so viel zerstört und geraubt worden, dass es unzählige Menschen und Tiere gibt, die hungern müssen. Erst als die Menschen die Tiere für ihre eigenen Zwecke missbrauchten und jagten, entwickelten die Tiere eine Scheu und ein Misstrauen den Menschen gegenüber. Die Tiere, Pflanzen und Naturwesen freuen sich, wenn wir wieder einen liebevollen Austausch mit ihnen haben. Sie spüren es, ob wir sie schätzen oder nicht. Wie häufig haben sie mich schon um meinen Schutz gebeten, und ich konnte die Menschen nicht von ihren achtlosen Taten abhalten. Das ist manchmal sehr schmerzhaft. Ich bitte darum alle Menschen, statt euch mit euren Egobedürfnissen abzugeben, fangt wieder vermehrt an, die Erde zu schützen.

17
ERDE, DIE SEELE GAIA

Die Erde hat auch eine Seele und ein Bewusstsein wie wir Menschen, Tiere, Pflanzen und Gestein. Die Energie der Erde ist jetzt auf Veränderung aus, sie duldet es nicht mehr länger, dass sie ausgebeutet und ihre großzügige Gastfreundschaft ausgenutzt wird. Wir sind Gäste hier auf der Erde und sollten uns auch wie dankbare Gäste verhalten. Normalerweise werden Gäste nicht mehr eingeladen, die sich unmöglich verhalten haben. Die Erde wurde jahrtausendelang ihrer inneren und äußeren Schätze beraubt. Es wird in ihrem Körper gebohrt, um Gold und Edelsteine herauszuholen. Die Goldbahnen im Körper der Erde sind unglaublich wichtig für den Transport von Energien zu Energiepunkten. Sie haben eine ähnliche Funktion wie Blutadern in unserem Körper, die mit unseren Organen verbunden sind und sie nähren.

Tatsächlich hat die Erde jetzt genug von dem lieblosen Verhalten der Menschen, und ihre Kraft, sich dagegen zu schützen, nimmt stetig zu. Es sind einige Menschenseelen auf der Erde inkarniert, die mit der Pflanzenwelt kommunizieren können und ein sehr feines Verhalten zu Erde und Natur haben. Aus reiner Liebe zu Gaia haben sie sich entschieden, in dieser Zeit auf der Erde zu inkarnieren, um anderen Menschen wieder den Zugang zur Natur näher zu bringen; durch ihr liebevolles Verständnis der Erde sind sie die neuen Lehrer der Menschheit. Auch ich habe eine reine Verbindung zu Natur und Tierwelt und spüre ihre Energie. Immer noch werde ich von gewissen Menschen belächelt und als extrem wahrgenommen, weil ich für den Erhalt der Pflanzenwelt bin und darum sehr achtsam durch die Wiesen und Wälder gehe und nicht einen Ast abschneide, nur weil er mir gerade im Weg ist, oder eine schöne Blume ausreiße, weil sie zwischen dem Pflasterstein hervorwächst. Das Verhalten, das die meisten Menschen als normal empfinden, ist für mich extrem. Ich finde es extrem, einen Garten zu halten als wäre er ein Teppich mit ein paar gezüchteten Blumen, die aber nur an vorbestimmten Orten wachsen dürfen. Heutzutage handeln die Menschen aus dem Kontrollzwang, alles bestimmen zu wollen: wo etwas wächst und wie es wächst. Sie beschneiden ihre Gärten unter einem Zwang, sie haben einen inneren Säuberungsdrang, alles zu beschneiden, damit es gepflegt aussieht. Dies erzeugt ein großes Störfeld für die Pflanzenwelt, die Tiere und Naturwesen. Pflanzen, die natürlich aus der Erde hervorkommen, werden ausgerissen. Weil die Wahrnehmung des Menschen durch eingeschränkte Konditionierung getrübt ist, nehmen sie die Lebendigkeit und die Schönheit der wild wachsenden Pflanzen nicht mehr wahr. Sie lassen sich leiten durch ihren Drang und handeln aus einer Energie der Zerstörung. Mit Geräten, die alles zerhacken, werden Insekten und Pflanzen brutal zerstört. Die Frequenz der Zerstörung hat leider seit langer Zeit auf der Erde die Oberhand gewonnen. Erhaltung, Lebendigkeit, Hingabe, Fruchtbarkeit und Annahme gehören der weiblichen Energie an, und dem sollten wir wieder mehr Platz geben. Lasst los von eurer Kontrolle, auch über die Pflanzenwelt, dann kann die Erde wieder mit voller Pracht ein Paradies von Heilpflanzen hervorbringen. Fangt an, die Pflanzen zu beachten, die ohne unser Zutun aus der Erde wachsen, schenkt ihnen Bewunderung und Freude. Sie sind umgeben von Schönheit, Reinheit und Vollkommenheit. Ihre ständige Unruhe und den Drang, alles zu verändern, was nicht in die Vorstellung des Menschen passt, lassen viele leider an der Pflanzenwelt aus. Der ständige Eingriff in ihr natürliches Wachstum bringt ein stetiges Durcheinander. Statt im Garten immer das Gefühl zu haben, etwas tun zu müssen, sollten die Menschen wieder lernen, den Garten mehr zu genießen und seine Schönheit zu beobachten. Bitte ändert euch innerlich und hinterfragt euch selbst, bevor ihr handelt, wieso ihr in einer solchen Unruhe seid, dass ihr die Schönheit der wild wachsenden Pflanzen nicht mehr wahrnehmen könnt und zerstört, nur weil die Pflanze gerade dort wächst, wo ihr sie nicht haben wollt. Die ursprünglichen Pflanzen, die bei uns als »Unkraut« gelten, sind Heilpflanzen, die unsere Bearbeitung nicht brauchen. Kommt in die Beobachtung und nehmt die Pflanzenwelt mit all euren Sinnen wahr. Beobachtet ihre Schönheit, die wundervollen Farben und Formen, und nehmt wahr, wie sie duften. Für mich ist jede wild wachsende Blume eine wunderschöne Göttin, die sich zur Sonne emporrichtet und ihre feine, lichtvolle Ausstrahlung präsentiert. Komme in die Dankbarkeit, bedanke dich bei ihr, dass sie ein Spiegel der göttlichen Schönheit und Vollkommenheit ist. Wenn ihre Blüte verwelkt, lass sie in Ruhe und beobachte, wie sie sich selbst zurückbilden kann und dann, wenn es Zeit dafür ist, ganz verschwindet. Für meine feine Wahrnehmung ist es unerträglich mit anzusehen, wie grob viele Menschen mit der Pflanzen- und Tierwelt umgehen. Ich nehme die tote Energie wahr, nachdem schöne Wiesen von großen Maschinen geschnitten wurden, dann nehme ich den Schmerz und den Schock wahr, den ein Baum ertragen muss, wenn seine Äste mit der Motorsäge abgetrennt werden. Ich nehme seine Kraftlosigkeit wahr und spüre, wie viel Energie bei dem Baum verloren geht. Der Baum braucht danach unglaublich viel Energie, um wieder in seine volle Kraft zu kommen. Schon als Kind sendete ich den Tieren und Pflanzen eine heilende Energie zu, die ihnen helfen sollte zu regenerieren, um alles wieder in das Gleichgewicht zu bringen. Früher sendete ich nur den Tieren und der Pflanzenwelt eine Heilenergie zu, heute mache ich es auch für die Menschen und für die ganze Erdatmosphäre. Jeder kann selbst entscheiden, ob er es annehmen möchte oder nicht, denn jeder verfügt über einen freien Willen.

Die Lemurier bewunderten jeden Baum und bestärkten ihn bei

seinem Wachstum. Die Gartengeräte sind für mich wie gegen die Natur gerichtete Kriegswaffen. Weil viele Menschen noch nicht geheilt sind, betrachten sie es als ganz normal, mit Laubsägen unter den Büschen zu schneiden und sämtliche Insekten, Käfer, Heuschrecken, und Igel zu verletzen und zu verstümmeln. Die Pflanzen haben auch ein Bewusstsein und reagieren auf jede Art von Behandlung. Lass solche Maschinen stehen und benütze mehr deine Hände. Vielleicht brauchst du etwas länger, um im Garten zu arbeiten, aber dafür kannst du dich mehr in Verbindung mit der Natur bringen und kommst mehr in das Gefühl von Liebe für das Ganze. Es ist ein schönes Gefühl, die Hände zu benützen, um ein kleines Loch zu graben und dann einen Setzling zu pflanzen. Du spürst die heilsame Erde auf deinen Händen und kommst in den direkten Kontakt mit der Erde. Fange an, das Wunder der Natur zu beobachten, betrachte, wie eine wunderschöne Pflanze aus einem kleinen Kern entstehen kann, wie viel Kraft sie für diese Umwandlung und wie viel Kraft sie für ihr Wachstum braucht. Jedes Leben ist ein Wunder, eine Pflanze braucht viel Kraft, um aus einem Kern zu keimen und heranzuwachsen und sich kraftvoll in ihrer göttlichen Schönheit zu zeigen. Und dann kommt ein Riesenmonster von Maschine und zerhackt sie! Um in den eigenen Einklang zu kommen, passt das nicht zusammen. Wenn wir die Pflanzen aus der Nähe betrachten, ist es eine wundersame Entdeckungsreise, sogar unscheinbare Gräser haben wunderschöne Muster, Formen und Farben. Bei solchen Beobachtungen kommst du in das Gefühl von Liebe und Verbindung mit der Seele Gaia, Mutter Erde. Du kommst in innerer Ruhe und ein Gefühl von Sein. Du öffnest dein Herz, die Blockaden lösen sich, und du kommst innerlich wieder in Fluss, du spürst Liebe. Alles, was im Multiversum existiert, ist auch in der Pflanzenwelt, Tierwelt und in uns Menschen als mikrokosmische Repräsentation vorhanden. Sofern es ohne Genbehandlung ist, ansonsten verlieren die Pflanze oder andere Lebewesen ihren ursprünglichen reinen Code.

Die Mutter Erde weiß, wie liebevoll wir sein können, wenn wir aus dem liebenden Herzen handeln. Sie hofft auf unsere Heilung, und darum gab sie den Menschen Äonen von Zeit und Geduld. Sie liebt uns Menschen, denn sie erinnert sich zurück an die wundervolle Schöpferkraft und den liebevollen Austausch, den die Menschen ihr täglich zur Zeit von Lemuria gaben, und freut sich über die Menschen, die ihre Pflanzenwelt wieder zu lieben beginnen. Für die Erde war die Zeit von Lemuria ein wundervolles Paradies, nach dem sie sich zurücksehnt. Weil es immer noch Menschen gibt, die sie ehren und lieben, glaubt sie an uns und sehnt sich danach, dass die Menschen sich mit ihr austauschen, für sie Lieder singen, Hüter der Erde und der Natur wieder werden, die Natur mit all ihren Sinnen wahrnehmen können, ihr bei der Reinigung ihres Körpers liebevoll helfen, barfuß auf ihrem Boden tanzen, mit den Händen Kreatives und Wundervolles aus Naturmaterialen gestalten und mit ihr zusammen wieder ein Paradies von reiner Frequenz erschaffen. Jedes menschliche Wesen trägt in seiner Essenz eine Verbindung zur Natur, der Seele Gaia und ihren wundervollen Mustern und Farben. Viele Menschen sehen sich außerhalb der Natur, sie nehmen sich als Person wahr, die von der Natur getrennt ist. Darum sind sie nicht in der Lage, nach den natürlichen Gesetzen zu leben. Ständig übergehen sie die Bedürfnisse ihres Körpers und sind nicht fähig, mit dem Körper zu kommunizieren. Der menschliche Körper ist aber auf die kosmischen Gesetze ausgerichtet, auf die geometrische Signatur der Erde, auf die Mond- und Sonnenenergie. Die Seele und der Körper haben nicht vergessen, dass sie an der Erdatmosphäre angebunden sind und mit ihr mitschwingen. Die Seele Gaia ist ständig mit uns in Kommunikation. Weil wir auf ihrem Körper leben, sind wir mit ihr verbunden und können daher auch direkt mit ihr kommunizieren. Die Seele Gaia informiert uns häufig über ihren aktuellen Zustand, wie sie sich fühlt, was sie sich wünscht, und informiert uns darüber, was wir für sie tun können, damit sie wieder ihre vollständige Kraft ausbreiten kann. Sie weiß, dass wir Menschen die Fähigkeit besitzen, ihr zu helfen. Darum hat sie uns noch nicht aufgegeben und duldete unsere Rücksichtslosigkeit ihr gegenüber Äonen von Jahren. Mit Leichtigkeit hätte sie uns beseitigen können, aber sie hat ihren Glauben nicht aufgegeben, denn es gab immer Menschen auf dieser Erde, die sich für die Natur einsetzten. Und zum Glück gibt es immer noch einige Naturvölker, die noch eine sehr ursprüngliche Liebe zur Erde in sich tragen. Ich sende ihnen meinen höchsten Dank zu für ihre über Jahre hinweg unermessliche Bereitschaft, mit dem Fluss der Natur zu leben. Zum Glück gibt es genügend Menschen, die ihre Erde lieben und immer mehr zur Natur zurückfinden. Einen großen Beitrag zur Erhaltung ihrer Kraft leisteten von Anfang an die Tiere, Pflanzen und sämtliche Naturwesen. Die Seele Gaia möchte wieder unsere Liebe spüren, die Wildtiere möchten sich wieder mit uns austauschen, denn es gab immer wundervolle Beziehungen zwischen Menschen und Wildtieren. Die Tiere fühlten sich immer unglaublich angezogen von unserer fürsorglichen Liebe. Kein Mensch musste sich vor Wildtieren fürchten, als ihre gegenseitige Beziehung noch aus Liebe und Hingabe bestand. Die Pflanzen gaben ein viel stärkeres Aroma ab, wundervolle Düfte, die in der ganzen Luft lagen, weil sie sich noch ungestört in ihrer Fülle verbreiten konnten und in ihrer vollständigen Kraft waren. Wenn Pflanzen gestresst sind, senden sie einen Duft an die anderen Pflanzen aus, um sie zu warnen. Wenn wir der Erde, den Pflanzen, Tieren und Naturwesen unsere Liebe und Fürsorge zeigen, verstärkt sich dieses Feld von Liebe und die Erde kommt wieder in ihre volle Kraft.

Menschen, die immer noch die Natur ausbeuten, werden jetzt viel schneller mit ihren Handlungen konfrontiert; weil die Frequenz auf eine reinere Dimension steigt, können sie ihre Handlungen auf der Erde immer weniger hinter einem Schleier von Lügen verbergen. Wenn du zu einer positiven Veränderung der Erde beiträgst, dann kann dies bedeuten, dass du nicht mit der Strömung mitgehst, wie es befohlen wird, sondern du dem treu bleibst, was du für richtig hältst, nicht nur für dich, sondern zum Wohle aller. Natürlich ist es einfacher, einen angepassten, bequemen Weg zu gehen als sich absolut treu zu bleiben; überall wirst du getestet, ob du deinem tiefsten Inneren treu bleiben kannst.

Da im energetischen Feld schon vieles gereinigt ist und sogar das morphische Feld sich im Transformationsprozess befindet, werden die niedrigen Schwingungen aus dem Leid der Vergangenheit, die bis vor Kurzem auf der Erde im energetischen Feld existierten, nicht mehr vorhanden sein. Es sind also vor allem unsere Gedanken, seelische Erinnerungen, Zellen, DNA und unsere Energiekörper, die noch an das niedrig schwingende Feld angebunden sind. Wenn du dich entschieden hast, mit der vergangenen Zeit abzuschließen, kannst du dich jetzt leichter lösen, denn es existiert nicht mehr viel in der niedrigen Schwingung aus der Vergangenheit im morphischen Feld um unseren Planeten herum. Es sind lediglich noch Gebäude, Ruinen, Bilder, Statuen, Symbole, wenige Mächte usw., die noch die Erinnerung und die Energie von der schweren Zeit in sich tragen, und natürlich der Mensch selbst. Wenn du dich heilen möchtest und dich von dem löst, was dich blockiert, wenn du dich von deinen negativen Gedanken befreien kannst und dich für den lichtvollen Weg entscheidest, gibt es nichts mehr, was dich energetisch beherrschen kann. Mit unserer gegenseitigen Unterstützung und im Wechselbad unserer gegenseitigen Liebe werden wir uns zusammen reinigen können und auf eine Zeit zugehen, in der es nur noch Gesundheit gibt. Denn auch Krankheiten sind eine Programmierung, weil die Menschen den Fokus mehr auf Krankheiten richten statt auf Gesundheit. Krankheiten gibt es unzählige, Gesundheit gibt es nur eine, und das ist unsere reine Existenz. Es ist unser Geburtsrecht, auf einer gesunden Erde zu leben.

Gaia spricht:

»Mein Körper wurde von euch jahrelang missbraucht und missachtet, es wurden Löcher in meinem Körper gebohrt, meine

Erde wurde vergiftet, mein Wasser wird ständig verunreinigt, Pflanzen, die aus meinem Körper wachsen und euch ihre Schönheit zum Ausdruck bringen, werden von euch lieblos behandelt und verstümmelt. Ständig müssen sich verstümmelte Bäume ihre Kraft von der Wurzel und von meinem Inneren holen. Nun ist die Zeit gekommen, dass ich solches Verhalten auf meinem Körper nicht mehr dulde. Da ich mich von allem lösen möchte, was mir und meiner Verbindung zu meinen Nachbarplaneten schadet, werden diese Wesen, die nicht bereit sind, ihren Egoismus zu heilen, meinen Körper verlassen müssen. Es sind nicht nur eure Taten, die mir schaden, sondern auch eure niedrig schwingenden Gedanken. Die Wesen, die in Liebe sind und mich unterstützen, empfangen jetzt noch mehr Liebe. Eine Zeit lang war es für solche Menschen nicht leicht, ihre Hingabe und Liebe auszusenden, weil sie von unzähligen niedrig schwingenden Wesen stark bekämpft wurden. Nun ist die Zeit gekommen, da es diesen Menschen leichter gelingen wird, ihre Liebe zu mir und zu anderen Lebewesen zum Ausdruck zu bringen. Niemand kann mich daran hindern, mit unserer Galaxie und unserem Sonnensystem auf eine höhere Dimension zu steigen. Also setzt euch für eine gesunde Welt ein, denn in meinem Geist besteht nur Heilung und Gesundheit, auch dann, wenn ich das Gift spüre, das ihr täglich in meinem Körper zu entsorgen versucht. Es ist euer Gift, nicht meines; euer Gift wird zuerst euren Körper zerstören, bevor es meinen Körper zerstören kann. Wenn ihr euch liebevoll um euch selbst und um die Pflanzenwelt, die natürlich aus meinem Körper wächst, kümmert, so bekommt ihr auch meine grenzenlose Liebe zu spüren. Denn meine Liebe ist rein und grenzenlos, ich liebe alle meine Kinder, die mich besuchen. Bitte erinnert euch wieder, wer ihr seid, und lasst eurer Seele wieder den Platz, den sie verdient.«

Übungen:

Für die heilsame Erde:

Nutze die Kraft der Erde, gehe so oft wie möglich barfuß spazieren. Du kannst Mineralien auch über die Haut aufnehmen, besonders wenn die Erde etwas feucht ist. Manchmal spaziere ich barfuß durch den Schlamm und es macht mir Spaß. Stelle dir bei jedem Fußtritt vor, dass du heilende Energie und Mineralien aufnimmst. Mit jedem Fußtritt nimmst du sie auf, und sie verteilen sich im ganzen Körper. Stelle dir vor, dass die Mineralien von der Fußsohle durch den ganzen Körper fließen und dein Körper sich davon nährt. Lege dich im Wald mal auf die Erde und spüre die heilsame Kraft, die von der Erde kommt, gebe alles an die Erde ab, deine ganze Anspannung, verbinde dich mit deinem ganzen Körper und deinem SEIN bis tief in die Erde und dann fülle dich mit der kühlenden reinen Erdenergie. Stelle dir vor, wie die Mineralien von der Erde über die Haut in deinen Körper gelangen und sich über das Blut verteilen, bis sie deine Zellen füllen.

Luft: Wenn du in die Natur gehst, nehme bewusst wahr, dass die Luft dir Leben gibt. Atme die Luft ein und bringe die frische Luft zu all deinen Zellen. Bedanke dich für die gesunde Luft. Stelle dir vor, dass du reine Luft einatmest. Stelle dir vor, dass es auf der ganzen Erde wieder reine, klare Luft gibt, wie in Lemuria.

Erde: Bleibe einen kurzen Moment stehen, am besten barfuß, und lasse die Kraft der Erde deinen Körper durchströmen. Verbinde dich mit der Mutter Erde und bedanke dich für ihre Geschenke. Du lebst seit Anbeginn deiner Inkarnation auf der Erde und bist mit ihr und der Natur verbunden. Schenke ihr deine Liebe und Dankbarkeit. Stelle dir eine gesunde Erde vor.

Affirmation: Ich bin absolut an die heilende Kraft der Erde angebunden.

Wasser: Begib dich an ein Gewässer und verbinde dich mit den lichtvollen Wasserwesen. Tauche deine Hände in das klare Wasser und wasche dein Gesicht, spüre die Frische auf deinem Gesicht. Stelle dir ein klares, reines Wasser vor und stelle dir vor, wie deine Zellen mit dem Wasser gereinigt werden und auch die gleiche Klarheit wie das Wasser erlangen.

Wind: Stelle dir vor, wie der Wind deinen Körper, deinen Energiekörper, deinen Geist und deine Seele reinigt; alles, was du nicht mehr brauchst, nimmt der Wind mit. Tanze mit dem Wind.

Sterne: Das magische Licht der Sterne durchdringt alle Nächte, einige, die wir sehen, sind schon längst erloschen, weil ihr Licht uns durch die hohe Distanz erst nach Äonen von Jahren erreichen kann. Durch die hohe Distanz entsteht eine Raumzeit-Verschiebung. Mit diesen visuellen Eindrücken können wir die Unendlichkeit erkennen, wie es unsere Vorfahren und die Lemurier taten. Wie langweilig doch die künstlichen Lichter im Vergleich zu den magischen Sternen sind. Das künstliche Licht lässt die Sicht auf den wundervollen Sternen verblassen. Wir sollten weniger künstliches Licht verwenden und in den Ortschaften und Städten die Lichter in der Nacht auslöschen. Wir Menschen sehen in der Dunkelheit sehr schlecht, weil unsere Augen an das künstliche Licht gewöhnt sind und es einen Augenblick braucht, bis wir in der Dunkelheit plötzlich mehr sehen können.

Übung:

Gehe nach draußen an einen Ort, wo du die Sterne und den Mond beobachten kannst. Betrachte ihr magisches Licht, gehe mit deinem Geist in dein Herz und verbinde dich mit deiner inneren Liebe. Sende diese Liebe zu den magischen Sternen und verbinde dich mit deiner Liebe zu ihnen. Stelle dir vor, wie das wundervolle magische Licht mit feinen kleinen Lichtstrahlen dich erreicht, dich umspielt und um dich herumtanzt. Lass deinen ganzen Körper mit weißgoldenem Licht, wie die Sterne scheinen und auffüllen. Du bist aufgeladen mit diesem magischen Licht.

18

DIE GALAXIE UND AUßERIRDISCHE ZIVILISATIONENEN DER ERDE

Die Lemurier konnten sich immer mit verschiedenen Galaxien verbinden, für sie war es vollkommen natürlich, dass die Galaxie immer auch einen Einfluss auf die Erdatmosphäre nahm. Von der Erde aus kommunizierten sie mit Zivilisationen, die sich in der Galaxie befanden. Wie viele Zivilisationen sich in unserer Galaxie bewegen und aufhalten, können wir uns mit unserem Vorstellungsvermögen gar nicht ausmalen. Die Menschen nehmen in der Dreidimensionalität nur die körperliche Ebene und über das Gespür eine Erscheinung war, aber nicht mehr. Die Menschen, die an ihrem geistigen Wachstum gearbeitet haben, erleben jetzt schon einen Aufstieg in die vierdimensionale räumliche Wahrnehmung. Dann gibt es Menschen, die schon mit einer sehr hohen Ethik und kosmischer Wahrnehmung in dem jetzigen Zeitraum auf der Erde inkarniert sind. Sie nehmen nicht nur die ganze Welt auf der Erde wahr, sondern sind auch fähig, andere Räume und Dimensionen zu erfassen und aufzunehmen. Durch ihre ausgeprägten Sinne und ihre hohe Ethik können sie sich an das Wissen und die Gesetze des Universums anbinden und sind so in Verbindung mit dem Kosmos, ähnlich wie zur Zeit von Lemuria und zu Beginn der Atlantis-Epoche mit dem Unterschied, dass damals die ganze Atmosphäre der Erde auf einer feinstofflicheren Schwingung war. Durch diese lichtvolle Schwingung war ihre Verbindung mit anderen Menschen tiefgründiger. Sie konnten zum Beispiel mit Leichtigkeit miteinander auf telepathischer Ebene kommunizieren oder Dinge durch Manifestieren leichter verändern. Dieses ist durch unsere

Vermischung von niedriger Frequenz eher kompliziert. Die Erde hatte damals noch nicht so viele Zivilisationen, die in der niedrigen Frequenz eine Kommunikation zum Universum störten. Menschen, die eine sehr hohe Ethik haben und mit der kosmischen Frequenz im Einklang sind, können sich mit anderen Individuen derselben hohen Frequenz verbinden. Und sie tragen dazu bei, Platz zu schaffen für sämtliche Lichtwesen, die uns unterstützen, weil ihre Liebe zu uns und zur Erde so groß ist, dass sie sich zur Aufgabe gemacht haben, uns ständig ihre Hilfe anzubieten. Durch einen solchen Austausch zwischen Menschen und den Lichtwesen kann leichter eine Heilung der Gesamtheit herbeigeführt werden. Es ist egal, ob sich die Lichtwesen momentan auf der Erde oder in anderen Sphären und Heimatgefilden befinden. Menschen, die eine hohe Ethik haben und deren Energiekörper auf der lichtvollen Ebene ist, tragen weniger karmische Lasten mit sich herum als die Allgemeinheit. Sie können mit ihrem inneren Auge Bilder wahrnehmen und nehmen auch Zwischendimensionen und Zwischenräume wahr, die anderen menschlichen Wesen verborgen bleiben. Sie können die Welt auf der dreidimensionalen Ebene wahrnehmen und zusätzlich auf einer feineren Ebene, und dies ist unglaublich wertvoll für die gesamte Heilung der Erde. Weil sie weniger karmische Lasten mit sich tragen, können diese Menschen bei anderen erkennen, was jeder Einzelne mit sich trägt und was bei den anderen Menschen transformiert werden darf. Sie nehmen nicht nur die körperliche Erscheinung und das, was der Mensch erzählt, wahr, sondern nehmen sein ganzes Energiefeld stark wahr, können die Seele hinter der großen Mauer erkennen und nehmen seine wahren Begabungen wahr. Weil die meisten Menschen aus dem Ego heraus leben, können sie die Welt nicht so erfassen, wie sie eigentlich ist, und leben in einer Illusion. Sie erhalten keinen Zugang zu den Elementarwesen und anderen feinstofflichen Wesen, die sich auf der Erde befinden. Getrieben von Existenzangst rennen sie durch ihr Leben, versuchen zu überleben, nehmen nicht die feine Pflanzenwelt wahr, die ihnen Energie spenden könnte, die sie brauchen. Dies könnten sie auch in ihrer dreidimensionalen Wahrnehmung erfassen und könnten damit eine innere Liebe erreichen. Wenn wir in Ruhe sind und uns in die Beobachtung der Tierwelt und Pflanzenwelt versenken, bringt uns das zu unserer inneren Liebe und dies ist der Anfang, um mit der feineren Schwingung in Einklang zu kommen. Viele sind neugierig und möchten mehr von dem kosmischen Wissen erfahren; sie können es aber erst selbst erfahren, wenn sie die Erde mit den Feinheiten, die sie umgibt, mit liebendem Herzen wahrnehmen. Erst dann wird sich ihr Energiefeld öffnen können, um einen Zugang zur Galaxie zu erreichen. Wie Kinder sollen wir Menschen alles beobachten und mit unserem freudigen Herz aufnehmen. Die meisten Menschen wirken immer sehr nach außen und sind auf der Suche im Äußeren, sie wollen in die Ferne reisen und andere Länder und Sitten entdecken; dabei übersehen sie häufig, was sich in ihrer Nähe abspielt. Sie übersehen die Feinheiten und die Vielfalt im Heimatland. In jedem Land gibt es vieles zu entdecken. Wenn wir anfangen, zu beobachten und bewusst wahrzunehmen, was sich in unserer Nähe abspielt, beruhigt sich unser Geist. Und wir merken, dass wir gar nicht so viel brauchen, um glücklich zu sein, denn es ist unser Verstand, der immer nach Abwechslung sucht und dessen Hunger nie gestillt werden kann.

Die Mehrheit der Menschen nimmt nicht wahr, dass sich um sie herum ständig ihre persönlichen Helfer aus Lichtwesen bewegen, wie etwa Schutzengel, die treu zu ihnen stehen und ihnen ihre Unterstützung anbieten. Sie nehmen nicht wahr, dass um sie herum sich Lichtwesen bewegen, die oft von unterschiedlichen Planetensystemen herkommen und ihnen helfen, ein höheres Bewusstsein zu erlangen. Das alles nehmen die meisten Menschen nicht wahr, ganz zu schweigen davon, dass sie sämtliche kosmischen Gesetze und dazugehörige Geschehen verstehen würden. Solange die Menschen dies nicht wahrnehmen können, werden sie schnell in eine schwere Schwingung hineingezogen, weil sie den Unterschied zwischen lichtvollen Wesen und niedrigen Frequenzen nicht erkennen. Die Lichtwesen helfen uns fortwährend, die kosmischen Zusammenhänge zu verstehen, und leiten uns den Weg dorthin. Auf unserem Planeten befinden sich verschiedene außerirdische Zivilisationen – etwa ein Drittel davon ist friedlebend und freundlich – und helfen uns mit allen erdenklichen Mitteln, unsere Frequenz auf eine lichtvollere Ebene zu bringen. Sie bewegen sich meistens im Verborgenen, um sich vor der Öffentlichkeit und vor Angriffen zu schützen. Da die Menschen große Angst vor außerirdischen Völkern haben, würden sie die lichtvollen Helfer angreifen, und die Machthaber mit ihrem immer noch großen Einfluss würden dies auch steuern wollen. Dabei leben schon Äonen von Jahren außerirdische Völker auf der Erde, aber eben mehr niedrige Völker, die nur auf Ausbeutung aus sind. Diese wollen nicht, dass sich auf der Erde vermehrt friedliche Außerirdische tummeln, die uns mit ihrer technischen Ausstattung und lichtvollem Tun unterstützen können. Viele bewegen sich in Lichtschiffen um unseren Planeten herum und wirken direkt von dort aus durch ihre hohe Energie auf uns. Vieles wird durch ihre Hilfestellung transformiert. Sie räumen regelrecht den Dreck auf, den wir durch unsere schwerfällige Gedankenkraft verursachen, und den Abfall, den wir durch unser Tun bis ins Weltall hinterlassen.

19

DER EINLASS NIEDRIGER FREQUENZ AUF DER ERDE

Die Atmosphäre um die Erdkugel herum ist jetzt noch stark beeinflusst durch die niedrigen Zivilisationen in anderen Sphären, die mit der niedrigen Zivilisation auf der Erde kommunizieren und sie beeinflussen. Die Illuminaten, Anunnaki, Zeta-Retikulaner und Reptiloiden sind die bekanntesten außerirdischen niedrigen Völker, die sich wie Parasiten auf der Erde verhalten. Bereits zur Zeit von Atlantis haben sie sich als Götter ausgegeben und die ganze Erdkugel besetzt. Die falschen Götter sind in der griechischen Mythologie und in Ägypten als Pharaonen bekannt, sie haben sich auch mit der indischen Kultur vermischt; daher gibt es auch dort solche »Götter«, die angebetet werden, aber keine lichtvolle Energie ausstrahlen. Eigentlich haben sie sich auf der ganzen Erdkugel verbreitet und Religionen und Diktate aufgestellt.

Ursprünglich gaben sie sich als falsche Götter aus, jetzt handeln sie im Hintergrund und benützen menschliche Marionetten für ihre Ausbeutung und Unterdrückung. Die falschen Götter bekommen die Energie und Unterstützung von Menschen, von denen sie angebetet werden und die unterwürfig für sie wirken. Sie schützen sich selbst durch das Militär und Menschen mit abgestumpften Herzen, die wie ferngesteuerte Marionetten für sie handeln. Sie schützen sich durch Blendung und Lügen, die sie in den Medien verbreiten; andere Meinungen werden als Verschwörungstheorien in den Medien verbreitet. Nach dem kosmischen Gesetz darf jeder eine eigene Meinung haben, und jedes Wesen, das schon einen kleinen Funken von Licht in sich trägt, verfügt über einen freien Willen. In den

Medien und anderorts verbreiten sie ständig die Schwingung von Angst und Hoffnungslosigkeit, sie projektieren ihre niedrige Schwingung auf die anderen. Als die Erdatmosphäre von der hohen Dimension in die dreidimensionale Dichte fiel, konnten die niedrigen Mächte sich mehr verbreiten und viel mehr Einfluss auf die Bevölkerung nehmen. Sie nahmen vor allem anfangs mit Täuschungen und Lockungen Einfluss auf die Bewohner der Erde. Da sie über kein inneres Leuchten verfügten, schmückten sie sich gerne mit Edelsteinen und bemalten ihr Köper mit echtem Gold und Silber. Ihre Auftritte wurden immer pompöser, ihr Energiekörper war nicht an die lichtvolle Quelle angeschlossen, das mussten sie überspielen und lenkten darum die Aufmerksamkeit auf ihre äußerliche Erscheinung. Das Schmücken ihres Äußeren gab ihnen eine Kraft, eine Überzeugung von sich, die aber aus dem Ego stammte. Sie konnten mit ihrer geschickten Art andere Menschen von ihren Ansichten überzeugen und blendeten andere regelrecht mit ihrer vorgespielten Erscheinung. Wenn sie sich pompös herausputzten, gab ihnen das die Bestätigung, sich als Götter zu fühlen. Falsche, vorgespielte Götter, die ein niedriges Bewusstsein hatten und durch ihr Ego angetrieben handelten. Ihr Plan war es, Herrscher auf Atlantis zu werden, sie wollten die ganze Welt erobern. Sie wollten Götter werden, die von anderen angefleht und gelobpreist werden. Das gab ihnen zusätzliche Kraft. Die anderen sollten ihnen unterlegen bleiben. Sie wollten über alles herrschen, die anderen sollten sich ihnen unterordnen. Riesige Tempel sollten errichtet werden, um ihre eigenen egoistischen Kräfte zu stützen, Statuen als ihr Abbild sollten erstellt werden und diese sollten von den anderen angebetet werden. Dafür brauchte es Sklaven wie Tiere und Menschen, die mit eigener Körperkraft solche Tempel aufstellen konnten.

Mit gespielter Freundlichkeit und Versprechungen begannen sie, andere hinterlistig zu beeinflussen. Einer großen Anzahl verschiedener Organisationen gelingt es bis heute, die Menschen psychisch zu versklaven und in Abhängigkeit zu bringen. Es wurden Götter des Unlichts und Dämonen hervorgerufen, um Kräfte jenseits unserer Vorstellungen zu erzeugen, deren Macht sich die Menschen immer noch nicht bewusst sind. Die Menschen, die ihr inneres System noch nicht gereinigt haben, tragen eine Codierung in sich, die sie an die niedrige Frequenz anschließt; sie können wie ferngesteuerte Spielzeuge gelenkt werden und unterstützen durch ihre Handlungen und ihre Unbewusstheit die niedrige Energie. Sie versklaven sich immer noch an ein System, das über die Erde herrscht, das von den niedrigen Mächten entwickelt wurde und nicht für das Wohl der Menschheit gemacht ist. Und da sie nichts anderes kennen, ist es ihr Glaube, sich nach einer Illusion zu richten und sich von außen jederzeit beeinflussen zu lassen.

20

DU HAST EINEN FREIEN WILLEN

Du kannst deinen freien Willen auch an eine höhere Instanz abgeben oder an dein höheres ICH, wenn du aussendest: dein Wille geschehe. Damit lässt du deine egobezogenen Wünsche los und lässt dich durch deine klare Intuition führen. Wenn du es an die höchste Instanz abgibst und dich durch diese reine Lichtenergie führen lässt, dann bist du absolut im Vertrauen, dass du richtig geführt bist und du dich deiner Intuition hingeben kannst. Du übergibst deine Führung der höchsten Lichtquelle und wirst mit reinster Liebe und Licht geführt. Je mehr Licht du in dem Moment in dir trägst, desto mehr Vertrauen hast du, dass du richtig geführt wirst.

Wir Menschen sind hier auf der Erde inkarniert, und bevor wir hierherkamen, wussten wir, dass wir immer einen freien Willen besitzen. Wenn dir dein freier Wille bewusst wird, beschützt es dich vor der Manipulation anderer. Denn es gibt viele Wesen auf der Erde, die ihren Glauben anderen aufzwingen möchten, weil sie nur an eine Wahrheit glauben. Meistens sind das Menschen, die ein dominantes Auftreten haben und selbst von ihrem Ego so geführt werden, dass ihre laute Stimme und ihr Auftritt einen mächtigen Eindruck hinterlassen. Weil ihr Auftritt mächtig und dominant ist, gibt es immer genügend Menschen, die sich beeinflussen lassen und diese Glaubenssätze übernehmen. Denn viele glauben, es gebe nur eine Wahrheit, aber es gibt verschiedene Wahrheiten, und darum möchten viele ihre Glaubenssätze den anderen aufzwingen und akzeptieren selbst keine andere Meinung. Meistens haben sie die verbreiteten Glaubenssätze auch nur von anderen kopiert.

Menschen, die nach der eigenen inneren Wahrheit leben und nach dem absoluten ethischen Verständnis handeln, akzeptieren andere Meinungen. Menschen, die ihre Seele erkannt haben und den Unterschied zwischen ihren Wahrheiten und anderen Wahrheiten erkannt haben, lassen sich nicht mehr leichtgläubig durch andere beeinflussen. Ihre Intuition, ihr innerer Führer hilft ihnen auch, die eigene Wahrheit und den eigenen Willen zu erkennen. Und deinen freien Willen kannst du selbst ausbreiten, es sind nicht nur deine Gedanken und dein Geist, die einen freien Willen haben. Deine Energie, die von innen kommt, und dein Energiekörper strahlen die Schwingung des eigenen Willens aus. Du hast ein Licht in dir und dieses Licht verfügt über deinen freien Willen, deine Schöpferkraft. Du kannst dieses innere weiße Licht ausbreiten. Es ist eine energetische Ausstrahlung, die dich auch schützen kann vor dem Einfluss von Fremdenenergie. Deine Aura schützt dich auch von Fremdenenergie, und das hat auch etwas mit deinem Willen zu tun. Du merkst es, wenn dir jemand körperlich zu nahe kommt und du dich unwohl fühlst, dann gehst du einen Schritt zurück, um wieder mehr Abstand zu diesem Menschen zu gewinnen. Du schützt damit dein Energiefeld, deine Schwingung und handelst instinktiv, indem du zurückweichst. Nun handeln viele Menschen aber gegen ihren eigenen Willen, weil sie vergessen haben, auf ihr Herz und ihre innere Stimme zu hören. Sie haben vergessen, auf ihren inneren Führer zu hören, und lassen sich darum von außen führen durch andere, die ihre Glaubensmuster und Regeln verbreiten. Die Mehrheit der Menschheit geht ständig Regeln ein, obwohl ihr Inneres »Nein« dazu sagt. Viele lassen darum ständig fremde Glaubemsmuster in ihr Energiefeld und übernehmen diese fremden Glaubensmuster und Programmierungen. Auf der Erde herrscht immer noch das Bewusstsein von Trennung, und bei einer Trennung gibt es meistens etwas, das dominanter ist, und einen Gegenpol, der unterwürfiger ist. Damit die Dominanz existieren kann, braucht es die Unterwürfigkeit, beide sind voneinander abhängig. Dies kann erst aufgelöst werden, wenn die Energie auf den Nullpunkt gebracht wird, das heißt in den neutralen Bereich, weder dominant noch unterwürfig. Nur wenn ein Pol seinen Teil in den neutralen Bereich bringen kann, hat der Gegenpol keine Resonanz dazu. Die Menschen, die glauben, dass sie mehr Macht haben als der andere, zwingen gerne diesem anderen ihr Glaubensmuster auf, denn sie spüren, dass sie den anderen beeinflussen können. Und der Unterwürfige lässt es zu, weil er in dem Moment seine eigene Wahrheit nicht kennt und sich vielleicht sogar weniger wert fühlt. Wenn dir dein freier Wille und deine reine Wahrheit bewusst sind, kannst du sie mit deinen Gedanken und deinem Energiefeld ausbreiten. Dein Energiefeld wird somit stärker, und es ist gleichzeitig ein Schutz. Dein Wille ist somit auch ein Energiefeld, das du ausstrahlst. Jeder beansprucht einen Raum für sich, ein Territorium, ein eigenes Zimmer, und niemand hat es gerne, wenn jemand dort eindringt. Wir haben gelernt, das räumliche Territorium zu schützen, aber die meisten wissen nicht, wie sie ihr Energiefeld vor Fremdeingriffen schützen können. Für die meisten Menschen ist es sogar Gewohnheit, dass ständig andere großen Einfluss auf ihr Energiefeld ausüben. Weil es ihnen nicht bewusst ist, kennen sie es nicht anders. Es gibt immer Menschen, die etwas aufzwingen möchten, und wenn du es zulässt, hast du ein »Ja« gegeben. Und viele machen etwas mit, das sie eigentlich innerlich nicht wollen, aber wenn sie den anderen gewähren lassen, ist es für diesen wie eine Zustimmung. Wenn wir auf unseren eigenen Willen hören, strahlen wir eine Selbstermächtigung und eine innere Kraft aus.

Ich stelle mir alles wie ein Spiel und Angebot vor. Ständig haben wir auf der Erde Angebote; alles, was in deinem Leben ist, sind Angebote, sei es dein Partner, Veranstaltungen, Lebensmittel, Internet, Medien, soziale Netzwerke, es sind alles nur Angebote, die von außen kommen und dir etwas anbieten, und du hast die Möglichkeit, diese Angebote anzunehmen oder nicht. Auch Meinungen, Wissen, Erkenntnisse von anderen sind immer ein Angebot für dich. Du kannst selbst entscheiden, ob du dieses Wissen von anderen auch annimmst oder ob du eine andere Wahrheit in dir trägst. Denn bei jedem Angebot kannst du selbst entscheiden, ob du es annimmst oder lieber nicht in deinem Leben haben möchtest. Kein anderes Wesen kann dir etwas aufzwingen, wenn du von innen, von deinem Herz aus etwas anderes möchtest, wenn du Ja zu deinem freien Willen sagst und dem anderen ein Nein gibst. Jeder kann ein eigenes Spiel kreieren. Ich betrachte es so: Auf der Erde spielt sich ein großes Schauspiel ab und jeder ist ein Schauspieler. Wir sind Filmstars, die von verschiedenen Sternen abstammen und darum verschiedene Talente mitbringen. Jeder Mensch ist ein Filmstar und spielt ein anderes Spiel. Der eine ist fröhlich, der andere braucht ständig Dramen, manche brauchen immer Abwechslung, und du möchtest in deinem Spiel vielleicht Harmonie und Liebe. Bei jedem Spiel kannst du entscheiden, ob du mitmachst oder lieber in einem anderen Spiel mitspielst. Machst du etwas mit, hast du Ja gesagt zu dem Spiel. Es gibt auch Spiele, die mit Drohungen verbunden sind. Der eine droht: »Wenn du nicht mitmachst, kriegst du einen Strafzettel von mir.« Und dort spielen lustigerweise die meisten mit. Weil sie aus Angst in Resonanz mit dieser Drohung sind. Es ist ein Wechselbad von Drohung, Machtausübung, Dominanz, Unterordnung und Angst. Du kannst selbst entscheiden, bei welchem Spiel du mitmachst, ob du etwas annehmen möchtest oder dein Herz dir sagt, dass du es nicht brauchst und Nein zu dem Angebot sagst.

Sage Ja zu dir, sage Ja zu deinem Seelenwunsch, sage Ja zu deinem freien Willen und bahne dir somit deinen Weg durch den Dschungel der Verwirrung.

Falls du bei gewissen Situationen aus deinem Gleichgewicht gerätst, frage dein höheres Selbst, was zu tun ist. Stelle die Frage: Was würde mein höheres Selbst jetzt tun? Wie würde es handeln? Es kann sein, dass es eine gewisse Zeit braucht, um eine Antwort zu erhalten. Horche in dein Herz hinein, denn der Verstand kann keine reine Antwort geben. Die Antwort wird kommen, und du wirst es spüren, wenn es die innere Wahrheit ist.

Übung:

Um dich zu stärken – sie unterstützt auch deinen eigenen Willen:

Setze dich gemütlich hin und atme tief ein und aus. Konzentriere dich auf den Bereich unterhalb des Bauchnabels. Stelle dir vor, wie du den unteren Bauchbereich mit der Farbe von hellem Lila (es geht auch mit Weiß, Hellblau oder Silber) auffüllst und reinigst. Nehme dir Zeit, lass die Emotionen hervorkommen, die sich jetzt zeigen.

Nun verbinde dich mit der lichtvollen Quelle oder deiner inneren Liebe. Fülle diesen Bereich mit einem hellen Lichtstrahl, der von der Mitte ausgeht.

Wenn es dir eine andere Farbe zeigt oder es sich vermischt mit dem weißen Licht, so lass zu, was kommt. Nun mache das Gleiche in deinem Herzbereich.

Betrachte bei der Übung dieses Bild, auf diese Weise fällt es dir leichter die Farbe Lila vorzustellen.

21
DIE KRAFT DER PYRAMIDEN

Zur Zeit von Atlantis und Lemuria war die Erde voll von Pyramiden. Die Pyramiden galten als Ort zur Kommunikation mit dem Universum. Erdbesucher und Bewohner nutzten sie auch, um mit ihrem Heimatstern zu kommunizieren, darum wurde die Platzierung der Pyramiden präzise gewählt. Sie fungierten als Aggregat von kosmischer Lichtenergie und gleichzeitig als anreichernde Energiequelle bis ins Innere der Erde. Auf diese Weise wurde die hohe Energie konzentriert, um sie auf der gesamten Erde zu verteilen und mit der Galaxie, Mond und Zentralsonne im ständigen Austausch von Lichtenergie zu bleiben. Viele Teile der Bevölkerung aus der Galaxie speicherten Energie mithilfe von Pyramiden, um eine Frequenz hochzuhalten. In den Pyramiden wurde das Wissen von den hochschwingenden Völkern energetisch archiviert. Es sind Energietore, die zum kosmischen Wissen führen. Tausende Pyramiden wurden von den niedrigen Mächten zerstört, um das Wissen in Vergessenheit zu bringen. Für mich sind gewisse Pyramiden, die zerstört wurden, mit meinem inneren Auge sichtbar, und ich kann ihre Energie und einen Teil des Wissens erfassen. Seitlich an der Spitze der Pyramiden gab es auf allen vier Seiten eine Öffnung, um sich mit dem hohen Wissen der Zentralsonne und dem Kosmos zu verbinden. Im Inneren der Pyramiden gab es ein unglaubliches wertvolles kosmisches Wissen, das endlose Möglichkeiten in sich trug, um in andere Dimensionen zu reisen. An Orten, bei denen es Pyramiden gab, existiert noch die hohe heilende Kraft, auf der ganzen Erde existieren noch Tausende solcher Kraftorte. An gewissen Orten gibt es sogar noch Pyramiden, die von Erde zugedeckt oder von Pflanzen überwuchert sind, sodass wir

Menschen nie darauf kämen, dass in diesem Bereich noch verschollene Pyramiden stehen. Es existieren noch enorme Mengen an versteckten Pyramiden und Kraftorte mit energetischen Kanälen für einen Übergang in andere Dimensionen. Solche energetischen Kanäle benutzte die Erdbevölkerung zum Reisen in andere galaktische Welten. Es gibt Kanäle, die immer noch auf der Erde sind; sie strahlen spiralförmige Wellen aus, die in galaktische Welten reichen, die ebenfalls über solche Wellen verfügen. Um zu reisen, genügte es, sich an einer solchen Welle anzubinden. Nur durch diese spiralförmigen Wellen kann ein Reisen momentan über Lichtjahre ohne Anstrengung überwunden werden. An Orten, an denen die Verschmutzung durch Elektrosmog und andere Luftverschmutzung noch nicht so stark ist, gibt es diese Wellen noch. Es ist daher sehr wichtig, dass wir wieder für ein sauberes Klima auf der Erde sorgen, denn wenn unsere Erde noch mehr verschmutzt wird, können lichtvolle Außerirdische uns nicht mehr bereisen und ihre Hilfestellung uns gegenüber wird dadurch erschwert. Wir versperren somit den Zugang zu anderen Galaxien und kapseln uns ab. Ein Planet, der sich abkapselt, kann nicht lange überleben, und das hat Auswirkungen auf die interplanetarische Situation. Es braucht einen Austausch mit der Galaxie.

Von den niedrigen Mächten wurden Städte und Tempel über den Pyramiden errichtet. Sie dachten, sie könnten die Kraft dieser Orte für sich nutzen; aber da sie mit dem reinen Bewusstsein nicht umgehen konnten, war es für sie eher verwirrend als hilfreich, denn sie wollten diese Kraftorte aus egoistischen Gründen für sich nutzen, um selbst große Kräfte zu gewinnen. Es war eine Zivilisation, die zuvor das Leben auf dem Mars zerstört und dann die Erde besetzt hatte, um dort ein großes Imperium aufzubauen. Sie glaubten, sie wären Götter und die anderen ihre Untertanen; deswegen zerstörten sie die Pyramiden und bauten ihre Tempel auf oder bauten die bestehenden Pyramiden um. Die ägyptischen Pyramiden sind durch solche niedrigen Völker übernommen und in ihrer Ursprünglichkeit verändert worden, sie nutzten dafür Sklaven. Sie nutzten die Pyramiden in Gizeh als Kultplätze zur Konzentration niedriger Energien, um genetische Versuche an Menschen und Tieren auszuüben. Sie brauchten die Kraft anderer Lebewesen, um ihre eigene Kraft zu stärken. Wesen, die niedrige Kräfte in sich tragen, sind angewiesen auf Kräfte anderer, sie verhalten sich aussaugend. Sie verwüsteten die Umgebung, weil sie sämtliche Wälder rundherum ausbeuteten, denn vor ihrer Ankunft war die Region ein fruchtbares Land voller Pflanzen und Wälder gewesen. Die Wüste entstand durch die Ausbeutung von Wäldern. In den ägyptischen Pyramiden sind Millionen menschliche, tierische und außerirdische Seelen gefangen. Wenn ich mit meiner Geistreise an diese Orte gehe, höre ich ein Heulen von den Wesen, die dort gefangen sind. Zuerst sollte die Erde rundherum geheilt werden, erst dann können gefangene Seelen befreit werden. Die gefangenen Seelen sollten den Pharaonenfamilien Unbesiegbarkeit geben. Auf der ganzen Erde werden heute noch Tiere für eigennützige Zwecke genutzt und viele Menschen stecken noch in dem weltlichen System drin, für das sie sich selbst versklaven. Solange diese Frequenz von Sklaven auf der Erde herrscht, können die gefangenen Geistseelen nicht ganz befreit werden. Wenn jemand diese armen Seelen befreien möchte, dann werden sie zum jetzigen Zeitpunkt noch nicht wirklich frei sein. Sie können von den energetischen Gefängnissen in unterirdischen Räumen der Pyramiden auf die Erdoberfläche befreit werden; weil jedoch die Frequenz von starker Ausbeutung auf der Erde noch vorhanden ist, bleiben sie in diesem Feld auf der Erdoberfläche wieder gefangen. Erst wenn die Erdatmosphäre mindestens die fünfte Dimension erreicht, können diese Wesen in die absolute Befreiung gehen.

Sämtliche Statuen, die die Verkörperung eines Tier-Mensch-Wesens darstellen und als Götter angebetet werden, gehören einer unschönen Symbolik an. Solche Statuen sind auf verschiedenen Erdteilen verbreitet und werden von gläubigen Menschen angebetet oder gelten als Status-Symbol vor einem Eingang. Die Grundentstehung der Mischwesen fand in Ägypten statt, und sie sind vor allem in der griechischen und indischen Mythologie verbreitet. Die Mischwesen entstanden durch Genmanipulation an Tieren und Menschen. Es sind Symbole oder (niedrigen Göttern), die eine unschöne Ausstrahlung von Gefangenschaft verbreiten. Menschen, die noch solche Götter anbeten oder kirchlichem Glauben anhängen, sind auf eine gewisse Weise noch unfrei, sie sind in einer energetischen Gefangenschaft verhaftet, sie sind noch auf der Suche nach Heilung. Die Heilung kann dann stattfinden, wenn sie ihre Glaubensmuster loslassen und an ihre eigene Göttlichkeit erinnert werden.

Die meisten Pyramiden erbauten außerirdische Völker, wie zum Beispiel die Plejaden. Die Pyramiden, die von den Bewohnern mit einem reinen Bewusstsein gebaut und mit reinen Absichten genutzt wurden, sind noch mit dieser positiven Energieschwingung aufgeladen. Würden andere Wesen für Bauten oder Umbauen der Pyramiden ausgenutzt werden, verschwindet die reine ursprüngliche Kraft der Pyramiden. Die Cheops – Pyramiden wurden durch Sklaven umgebaut und von den Pharaonen für niedere Zwecke genutzt. Etwas, was aus reinster Liebe, aus reinstem Bewusstsein erschaffen wurde, trägt eine liebvolle Symbolik in sich, die ausgestrahlt wird und sehr positiv wirkt. Alles andere, was aus anderen Gründen erzeugt wurde, kann nicht die gleiche Kraft erreichen, auch dann nicht, wenn es energetisch aufgeladen wird. Wir haben Schöpferkraft in uns, und wenn wir diese Begabung aus reinem Bewusstsein, mit unserer Liebe nutzen, können wir eine Grundlage erschaffen, die auf der Erde immer eine positive, harmonische Wirkung hat.

Über dem Gebiet des Bermudadreiecks und unterhalb im Meer treten riesige Energiekräfte auf. Die Unterwasserströmungen tragen dort versunkene Schiffe und Flugzeuge mehrere Hundert Kilometer von diesem Ort weg. Die Schiffe und Flugzeuge sind auf mysteriöse Weise unauffindbar, weil sie durch die starke Strömung weit weggeschwemmt werden. Unterhalb des Meeres befindet sich dort ein ganzer Komplex an Pyramiden, die als Energieaggregate gelten. Das Bermudadreieck ist ein Energietor zum Übergang in eine andere Dimension. Die Spiralwellen, die an diesem Ort sehr stark sind, ermöglichen es, in eine andere Dimension zu kommen. Die Reise geht zuerst durch riesige Wirbel in eine ungewisse Dunkelheit, mit der wir nicht umgehen könnten. Es würde uns wortwörtlich durchschütteln, wir bekämen Todesangst und könnten unser Leben verlieren. Auch die Strahlung ist dort für uns viel zu stark und ungesund. Unser Körper kann mit einer solcher Strahlung nicht umgehen. Wir sollten uns dort besser nicht aufhalten, auch nicht mit Flugzeugen, weil diese in den starken Wirbel hineingerissen werden können und dabei abstürzen. Gewisse Dinge auf der Erde dürfen mysteriös bleiben, denn mit unserem Verstand können wir nie alles erfassen. Die Strahlung dort könnten wir jedoch in Zukunft als erneuerbare Energie nutzen.

22
TECHNISCHE ERRUNGENSCHAFTEN IN ATLANTIS

Technische Errungenschaften, die mit begrenztem Bewusstsein entstehen, können nie für den ganzen Kosmos dienen. Zur Zeit von Atlantis gab es auch technischen Hilfsmittel, die aber im Gegensatz zu heute mit einem reinen Bewusstsein erzeugt wurden. In Lemuria und Atlantis nutzten die Bewohner die Intelligenz der kosmischen Frequenz und die unendlichen Möglichkeiten physikalischer Stoffe, wie zum Beispiel Plasma. Das ganze Universum verfügt über Plasma; es ist der Stoff aus dem beim Einsatz eine neue Materie entstehen kann. Weil Plasma die ursprüngliche Essenz von allem enthält, kann der Stoff sich überall einfügen, ohne Energie zu verbrauchen, die zur Zerstörung der Erdatmosphäre führt. Mit der dreidimensionalen Wahrnehmung kann sie noch nicht wahrgenommen werden und gilt darum für die Menschen, als wäre nichts im Raum, als wäre er leer. Das Plasma kann vervielfältigt werden, man kann es dezimieren und wieder vergrößern; je nachdem, wie der Verbrauch ist, passt es sich an, es lässt sich komprimieren und daher kann auch keine Verschwendung entstehen. Da es unendliche Möglichkeiten hat, ist es eine der klügsten Formen, um eine neue Materie entstehen zu lassen, die nicht störend für das Umfeld ist und sich im Gleichklang mit allem einfügt. Das Plasma verfügt über eine hohe eigene Intelligenz und kann somit nicht missbraucht werden. Als dieser Stoff in Lemuria und Atlantis noch vollumfänglich genutzt wurde, nutzten die Bewohner es noch mit reinsten Absichten, immer verbunden mit der universellen Intelligenz. Das vollumfängliche Wissen über das

Plasma erreichen Wesen, die absolut reine Absichten haben. Sie können sich somit mit ihrer eigenen Energie mit dem Plasma in Verbindung setzten. Es ist eine Art von Kommunikation, die ich nicht in Worten beschreiben kann. Ich nutze häufig einen Vergleich mit der Natur und der Tierwelt. Es gibt Tiere, die sich durch ihre Farben absolut der Umgebung anpassen und tarnen können. Sie sind nur bei der genaueren Betrachtung sichtbar und werden häufig übersehen. Wenn eine Kröte neben einem Blatt sitzt, erkennen wir sie fast nicht mehr. Das Blatt und die Kröte bestehen aus einem ähnlichen Ursprungsstoff und trotzdem haben beide eine andere Zusammensetzung. Beide passen sich zeitgleich der Umgebung an, so dass eine Synchronität entsteht. Die Kröte und das Blatt verwenden schon Plasma. Wir sollten aufhören, die Natur und die Tiere zu unterschätzen. Wenn wir Plasma aus reinstem Zweck verwenden, hilft es bei der Materialisierung von Gegenständen und bei der Realisierung von Situationen. Zellen werden durch Reproduktion immer wieder erneuert, und daher können geschwächte Zellen wieder lebendig werden. Menschen, die über Selbstverantwortung verfügen, benutzen ihre eigene Fähigkeit von Manifestation, um einen Heilungsprozess anzuregen. Sie brauchen keine Ärzte mehr, die über die Gesundheit anderer urteilen und nur ein einzelnes Körperteil zu reparieren versuchen. Wenn etwas in unserem Körper in Disharmonie ist, so sollten wir es immer als Ganzheit betrachten. Somit steuern wir unsere Heilung im Gesamten an und sind nicht auf ein separates Körperteil beschränkt. Heilung durch Plasma durchdringt die körperliche Materie wie auch die reinste Essenz der Seele. Die Heilung kann nur durch das eigene Einverständnis wirken, also wenn die Seele oder der Mensch einverstanden ist und eigene Verantwortung trägt. Ohne deine eigene Zustimmung kann kein Heiler auf deine Heilung Einfluss nehmen. Wenn du eine Heilung möchtest, hat niemand mehr Einfluss auf deine Heilung als du selbst. Die Menschen geben aber ihre Verantwortung ständig an andere ab. Lieber geben sie die Macht, über ihren Körper zu verfügen, an Ärzte ab. Da Plasma der ursprüngliche Stoff ist, der aus dem Herzen und dann durch einen Gedanken in den Äther ausgesendet wird, kann mit Plasma die Realität des Wunsches umgesetzt werden. Wenn der Herzenswunsch und der Gedanke übereinstimmen, wird der Wunsch realisiert. Menschen, die nur durch den Verstand denken und ihr Herz noch nicht erreicht haben, kennen ihren Herzenswunsch nicht und senden dadurch zwei verschiedene Wünsche aus. Einerseits etwas, das von Verstand und Ego kommt, und andererseits das, was aus dem Herzen kommt. Dieses sorgt für Verwirrung und es dauert länger, bis ein Herzenswunsch erfüllt ist. Seit Langem bedienen sich die Menschen herkömmlicher Rohstoffe und stellen Geräte her, die Abfall verursachen. Darum braucht es dringend eine Neuentwicklung. Durch Plasma braucht es weniger Geräte, und auch der elektrische Strom könnte in unendlichen Möglichkeiten durch das Plasma ersetzt werden. Nach dem kosmischen Gesetz sollten wir nur Geräte benützen, die sich in die Natur einfügen und im natürlichen Austausch von Geben und Bekommen sind. Wenn wir sie gebrauchen, sollten wir sie wieder der Erde zurückgeben können, ohne Schaden anzurichten. Immer wenn wir etwas nehmen, dann sollten wir auch wieder Fülle zurückgeben, das ist der ursprüngliche, natürliche Verlauf auf der Erde und im Universum. Was wir aber jetzt immer noch tun, ist, Rohstoff von der Erde zu nehmen, ihn mit verschiedenen Stoffen zu vermischen und dann einen Abfall wieder zurückzugeben, der nicht abbaubar ist. Auch unsere Mathematik ist auf die materielle Basis abgestimmt, solche Berechnungen sind aber beschränkt und verhalten sich statisch. Es gibt eine andere Mathematik, die auf das kosmische Gesetz abgestimmt ist, die ständig wandelbar ist.

Die materialistische Berechnung ist:

1 + 1 ergibt **2.**

Eine der kosmischen Berechnungen ist aber:

$$1 \quad + \quad 1 \quad = \quad 3$$

1 Energieeinheit + 1 Energieeinheit = 3 Energieeinheiten.

In Zukunft wird diese Berechnung immer mehr angewendet und kann mit unserem heutigen Wissen bereits verwendet werden. Die Energieeinheiten werden multipliziert, je nachdem, wie viel Energieeinheiten es gibt. Immer wenn zwei Energieeinheiten zusammenkommen, ergibt sich eine neue Energieeinheit und daher sind es insgesamt drei Energieeinheiten. Wenn folglich zwei Menschen zusammenkommen, entsteht eine neue Energie. Durch diese Aufstellung wird die Energiefrequenz berechnet und nicht die Anzahl an materiellen Einheiten. Es ist eine lebendige Berechnung, die sich ins Unendliche ausdehnt und je nach Frequenz veränderlich ist, denn alles, was mit dem Kosmos verbunden ist, bleibt immer in Bewegung. Unsere Mathematik beruht aber auf einer materiellen, unbeweglichen und leblosen Frequenz. Auch darum können unsere entwickelten Gerätschaften nicht mit dem Kosmos und der Erde verbunden werden. Sie sind und bleiben ein separater Teil, der sich nur begrenzt mit anderen Teilen verbinden kann. Es gibt ab der 6. und 7. Dimension noch eine andere Mathematik. Ich nenne sie die kosmische, intuitive Mathematik. Die Zahlenformeln können nicht mehr mit dem Verstand erfasst werden, wie es bei der materiellen Berechnung der Fall ist. Die kosmische Mathematik wird mit einer hoch ausgeprägten Intuition und Einfühlung berechnet oder besser gesagt: zusammengefügt. Das intuitive Zusammenfügen der Zahlen wird nicht mehr vom Verstand geleistet und kann mit Lichtgeschwindigkeit weitergeleitet werden oder empfangen werden, je nachdem, wie groß das Fassungsvermögen der Intuition ist. Die kosmische Mathematik ist immer eine Kombination von allem; es entstehen farbige Muster, es entsteht eine Frequenz, es entsteht sofort eine Form, es können sogar Klänge zu den Zahlen hinzugefügt werden, es kann mit der Gedankenkraft materialisiert werden und noch vieles mehr. Dies wird von den wenigsten verstanden, weil wir noch zu sehr im Verstand sind und die Intuition der meisten Menschen schwach ausgeprägt ist. Auch kann es erst ab der 6. Dimension vollständig erfasst werden. Das heißt, unsere Erdatmosphäre müsste auch auf der Ebene der 6. Dimension sein, dann könnten wir viel leichter die kosmischen Zahlenformeln einsetzen. Es gibt schon vereinzelte Menschen, die dies erfassen können, aber es kann noch nicht komplett auf der Erde angewendet werden. Dieser Vorgang kann nicht mehr mit Worten erklärt werden, weil alles, was höher als die 6. Dimension ist, nicht mehr vollständig erklärt werden kann und es der Verstand nicht mehr erfassen kann. Das liegt daher noch in ferner Zukunft. Die Technik, die wir heute haben, ist noch nicht bereit für die kosmische Mathematik; auch wenn es schon Menschen gibt, die diese kosmische Mathematik erfassen können, stößt sie noch an Grenzen, weil unsere Mittel und Techniken bei Weitem noch nicht dazu ausreichen. Es wird eine Zeit kommen, da werden sich immer mehr Menschen mit Zivilisationen von anderen Sternen und Planeten verbinden können, die über ein Wissen verfügen, aus dem wir noch viel Wertvolles erfahren dürfen.

23

CODIERUNG UND GENMANIPULATION
DER MENSCHEN UND SYMBOLE

Alles, was mit der kosmischen Urquelle erschaffen wurde, trägt auf der Erde und in der Erdatmosphäre bis zum Kosmos eine Codierung, die im Einklang mit allem ist. Es entsteht ein harmonisches Feld. Jede Blume, jeder Baum, jedes Tier, das nicht durch Genmanipulation verändert wurde, erhält diese Codierung in Zahlenform, in der zusätzlich ein wunderschönes Muster enthalten ist, wie zum Beispiel das Muster der Blume des Lebens. Und alles, was mit der Energie von wahrer Liebe entstanden ist, trägt auch ein schönes Farbenmuster und harmonische Klänge in sich, es gibt eine kraftvolle Lebensenergie ab. Wenn dagegen etwas nicht auf der Basis von der Liebe entstanden ist, gibt es eine Disharmonie, die ein wildes Durcheinander von undefinierten Formen ergibt. Auch die Klänge sind schrill, surrend oder ein motorenartiges Brummen, das unangenehm für viele Lebewesen ist. Technische Hilfsmittel sollten nicht aus egoistischen Gründen hergestellt werden, sondern der Allgemeinheit dienen, und sie sollten eine Schwingung eines feinstofflichen Musters haben, das sich in das Energiefeld der Erde und das Universum eingliedern lässt. Technische Hilfsmittel sollten nur von Menschen hergestellt werden, die ein reines Herzbewusstsein haben und im Einklang der Natur, der Tierwelt und der Erde leben. Seit Atlantis werden aber technische Errungenschaften entwickelt, die eine Ursprungsenergie der Zerstörung haben. Sie enthalten nicht mehr die Energie der Schöpferkraft. Die technischen Mittel, die wir haben, wirken primitiv im Vergleich zu den Zeiten von Atlantis und Lemuria. Weil die Technik, die wir hier haben, nicht im Einklang ist, braucht es immer wieder noch zusätzliche Geräte, damit etwas funktionieren kann. Überall erzeugen unsere Geräte immer Begrenzungen, darum braucht es noch zusätzliche Geräte. Schon allein, wenn wir an einem Computer arbeiten, braucht es zusätzliche Geräte, wie Drucker, Verkabelung usw. Dies erzeugt unglaublich viel Abfall, und es wird viel zu viel Energie bei der Herstellung verbraucht. Mit dem Bewusstsein von Trennung sind Geräte entstanden, die für die Erdbevölkerung schädlich sind und Menschen zu Sklaven dieser Maschinen macht. Da das Bewusstsein der Menschheit begrenzt ist, konnten sie mit dem technischen Fortschritt nichts Großes erreichen. Ist die Motivation von Gier und egozentrischen Absichten getrieben, kann nie etwas entstehen, das dem höchsten Wohl aller dient. Es kann sogar sehr großen Schaden anrichten, und nach dem Resonanzgesetz wird die Person in ihrem Leben konfrontiert mit dem, was sie angerichtet hat. Sie bekommt die niedrige Energie wieder zurück und wird damit zur Rechenschaft gezogen. Durch egozentrischen Hochmut und Gier getrieben, steht der Mensch getrennt von allem und wird mit seinem Bewusstsein nicht an das universelle Wissen angeschlossen. Nur Menschen mit absolut reinen Absichten und reinem Herzen gelangen selbst zu mystischem, universellem Wissen. Der Zugang zu der universellen Bibliothek ist wegen egozentrischen Handelns wie Hochmut, Gier, Ausbeutung und Manipulation verschleiert, um zu verhindern, dass dieses wertvolle Wissen noch mehr missbraucht wird.

Alles, was die Menschen in Lemuria erzeugten, diente immer für die Allgemeinheit und war dem kosmischen Gesetz angepasst. Die meisten außerirdischen Zivilisationen nutzen die Intelligenz der kosmischen Frequenz und verwenden Plasma als Kraftstoff für die Materialisation von Gegenständen. Erst später, als sich das Bewusstsein der Bewohner auf Atlantis veränderte, wurden technische Errungenschaften zur eigenen Anerkennung entwickelt, und es fand ein regelrechter Wettbewerb statt, um andere zu übertreffen. Da die Menschen aus Gier handelten und die kosmischen Gesetze missachteten konnten sie nicht mehr mit den reinen Frequenzen arbeiten und reine Dinge entwickeln; sie verloren den Zugang zu dem Wissen und bedienten sich immer mehr der Rohstoffe der Erde.

Symbole

Jedes Wesen trägt ein geometrisches Muster des Kosmos und seiner Gesetzmäßigkeiten in sich. Die Lemurier konnten diese Muster an anderen noch erkennen und wussten damit, von woher das Wesen stammt und was in seinem Körper und Geist vorgeht. Es ist wie ein Erkennungscode, der Informationen weitergibt. Auf die Erde kamen viele Wesen von verschiedenen Sternen und Planeten, sie gravierten ihr eigenes Symbol in ihre Häuser und Tempel. Bei Festen und Zusammenkünften bildeten sie die Muster der verschiedenen Symbole ab, malten und ritzten sie auf Steine oder zeichneten sie in die Erde. Weil die Symbole sich genau in die kosmischen Gesetze eingliedern ließen, ergab sich aus den diversen Symbolen wieder eine schöne Einheit, wenn alle zusammengefügt wurden.

Es setzten sich viele elektronische Muster jedes einzelnen Lebensstroms mit seiner individuellen Schönheit und Kraft zu einer großen Einheit zusammen. Auch die Elektronen aller Menschen unterscheiden sich in ihrer Prägung; sie sind so einzigartig wie eine Schneeflocke, bei denen jede eine andere Form hat und sich dann in das große Ganze einfügt, woraus eine Einheit entsteht, die eine großflächige Fülle ergibt. Die Lemurier zogen mit ihrer Imagination Licht an und veränderten die Form zum persönlichen Muster, das aus der Lichtfrequenz besteht. Es fügt sich in das eigene Umfeld ein, gelangt in das Innere, von dort strahlt es nach außen und erschafft Resonanzen, um sich mit der lichtvollen Schwingung in Einklang zu bringen. Auch du trägst ein einzigartiges Lichtmuster in dir, das du entfalten und entwickeln kannst. Auch wenn du dein eigenes Lichtmuster nicht kennst, erlaube dir eines vorzustellen, lass es in dein Herz und stelle dir vor, dass du dieses Muster in dir trägst. Elektronen sind beweglich und veränderbar, du kannst dein eigenes Urmuster, dass du jetzt noch nicht wahrnehmen kannst, mit deinem Geist immer sichtbarer machen und reiner werden lassen. Spüre dein einzigartiges Muster, die einzigartige Lichtenergie, die deinen Lebensstrom ausmacht, und durchleuchte sie mit wundervollen Farben, die du in diesem Moment brauchst. Somit kannst du eine Reinigung machen, um dich von deinen führenden Emotionen, dem Ego und Gedanken zu lösen, dein Bewusstsein wird feiner. Dein Wesen sendet ständig eine Energie aus und zieht eine andere Energie an, mit der deine Ausstrahlung in Resonanz ist. Du allein kannst deine Energieausstrahlung bis zu deinem Ursprung in die Heilung bringen, um wieder die ursprüngliche lichtvolle Frequenz zu erreichen.

Die niedrigen Mächte veränderten die ursprünglichen geometrischen, kosmischen Muster und gleichzeitig veränderten sie die Energie und den Zahlencode der Muster. Sie beanspruchten die Symbole für sich selbst und nahmen sich später das Recht heraus, dass nur die Herrscher solche Symbole beanspruchen und sie für die anderen in Vergessenheit geraten sollten. Doch jeder von uns trägt ein geometrisches Symbol des Kosmos und seiner Gesetzmäßigkeit in sich. Die niedrigen Mächte manipulierten die Symbole, und dadurch ging ihre ursprüngliche lichtvolle Kraft verloren. Die Mächte verseuchten unseren Planeten schon lange mit niedrig schwingenden Symbolen und Frequenzen. Die niedrigen Mächte missbrauchten jeden und alles nur für ihre eigenen Zwecke. Sie verhalten sich bis heute wie Parasiten und haben den ganzen Planeten besetzt. Überall auf der Erde sind sie verteilt und miteinander verbunden. Da jeder nach Gier strebt, streiten sie sich gegenseitig um ihre Machtbereiche und zetteln Kriege an. Kriege, die Menschen für sie ausführen, die sich durch die niedrigen Mächte steuern lassen. Die niedrigen Mächte halten sich im Hintergrund und lassen andere wie Marionetten für sich arbeiten. Sie haben die

Weltpolitik, die Finanzströme und das Bankenwesen unter sich, sie kassieren Zinsen, und ihnen gehört die gesamte Pharmaindustrie. Sie möchten alles kontrollieren und den Menschen Chips einpflanzen, um sie noch besser steuern zu können. Sie sind an jegliche Frequenz angebunden, die menschliche Wesen manipulieren kann. Die Menschen, die sich diesen Gemeinschaften verpflichtet haben, sind auch an diese Frequenzen angebunden, die ihnen ein Bewusstsein von Überlegenheit geben, um andere spielend leicht zu manipulieren oder ihnen zu drohen, wenn sie sich nicht nach ihnen richten. Den Menschen ist es gar nicht bewusst, an was für Frequenzen sie angebunden sind. Dann gibt es immer noch Millionen von Menschen, die eine Codierung von Unterdrückung und Versklavung in sich tragen. Es wurden Tausende Sklaven in Atlantis und später in Mesopotamien entwickelt. Als die niedrigen Mächte sich immer mehr verbreiten konnten, machten sie Versuche mit Genmanipulation an Tieren und Menschen, um sie als Sklaven zu benützen.

Durch die Manipulation der Gene verlieren sie die reine Genialität. Die Kraft ist weniger vorhanden und weniger verbunden mit der universellen, lichtvollen Frequenz.

Die anderen wurden mit falschen Versprechen angelockt. Am Anfang waren die Menschen noch nicht so sehr zu beeinflussen, weil ein Teil von ihnen noch ihre eigene Seele spürten, aber da sie immer mehr durch ihr Ego getrieben handelten und dadurch sich immer mehr an der künstlichen Welt orientierten, verloren sie ihre außergewöhnlichen Fähigkeiten und ließen sich durch diesen Verlust immer mehr von Angeboten und Lockungen der niedrigen Mächte beeinflussen. Irgendwann vergaßen die Menschen ihren ursprünglichen Wert und glaubten nicht mehr an ihre eigene Seele, die aus wahrer Liebe besteht.

Und immer noch arbeiten Menschen für die niedrigen Mächte, ohne es zu merken, weil sie unbewusst leben und sich fremdsteuern lassen. Wenn Menschen nur einen kleinen Teil in sich tragen, der sich an die niedrige Frequenz anbindet, können sie sich schon von den Machthabern beeinflussen lassen. Viele ahnen nicht, wie sehr und wie tief die niedrigen Mächte die Welt beeinflusst haben und wie sehr sie es immer noch tun. Es gab seit Atlantis immer Menschen, die das Einheitsbewusstsein in sich trugen und sich nie ganz beeinflussen ließen – und es gibt sie bis heute. Überall auf der Erde verteilten sich Stämme und Völker, die sich den niedrigen Mächten nie unterordnen ließen, obwohl auch sie später durch die niedrige Frequenz der Welt beeinflusst wurden. Auch sie verdrängten die feine, lichtvolle Frequenz durch Geltungsdrang, Hierarchie und Unterdrückung der Weiblichkeit. Viele Lichtwesen verließen die Erde, als immer mehr niedrige Mächte sich auf Atlantis ausbreiten konnten. Da es immer weniger Lichtwesen und Menschen gab, denen ihre reine Seele bewusst war, ließen sich die Menschen viel mehr täuschen. Weil sie sich nicht mehr mit der reinen Lichtfrequenz verbündeten und sich immer mehr dem materiellen Äußeren hingaben, erlitten sie große Verluste ihrer ursprünglichen Begabungen. Was ihnen blieb, war die Erinnerung an ihre ursprünglichen übersinnlichen Fähigkeiten, und sie versuchten immer wieder, diese Fähigkeiten zurückzugewinnen. Aber da sie damit nicht mehr reine Absichten verfolgten und mehr ihren Geltungsdrang stillen wollten, konnten sie nicht mehr das ursprüngliche kosmische Wissen und die Fähigkeiten hervorbringen und verloren den Zugang zur universellen Quelle immer mehr. Das war eine sehr harte Erkenntnis, die sie sehr verwirrte. Sie fingen an, mit Täuschungen und Tricks ihre verlorenen ursprünglichen Fähigkeiten zu überspielen. Sie konnten es selbst nicht wahrhaben, es war eine große Niederlage. Um den eigenen Schmerz zu überspielen, taten sie geradezu so, als ob sie die Fähigkeiten noch besäßen, sie belogen sich selbst und entfernten sich immer mehr von ihrer inneren Wahrheit. Auf diese Weise kam eine Trug-Welt zum Vorschein. Die Menschen entwickelten immer mehr Geräte, die sie unterstützen sollten. Mit ihrer Überzeugung fingen sie an, andere zu beeinflussen, sie waren Meister im Hypnotisieren. Sie versetzten andere Menschen durch ihre manipulative Kraft in einen Zustand von Hypnose, und so fingen diese an, ihnen zu gehorchen und zu folgen.

Blume des Lebens

Als das Bewusstsein der Menschen auf die dritte Dimension fiel, fingen sie an die Symbole und das ursprüngliche Wissen an ihre eingeschränkte Wahrnehmung anzupassen. Zum Beispiel bei der Blume des Lebens wurden zwei Ringe angehängt. Ursprünglich ist die Blume des Lebens ohne Ringe, weil sie die Ewigkeit symbolisiert, eine geometrische Struktur des Kosmos ist und an das Universum angeschlossen ist. Mit zwei Ringen ist sie eingeschränkt in ihrer Kraft und kann sich nicht an die geometrische Struktur des Kosmos anschließen. Ohne Ringe kann die Blume des Lebens sich mit den anderen kosmischen Symbolen wie ein Puzzle verbinden.

Die kosmische Blume des Lebens

Die unendliche Blume des Lebens

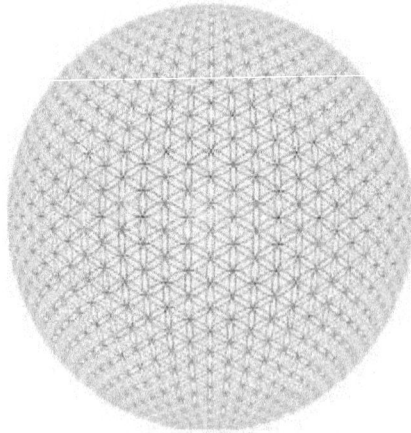

Durch Ringe eingeschränkte Kraft

Diese Bilder sind vom Internet bezogen, unbekannter Künstler.

Das Kreuz

Das Kreuz symbolisierte ursprünglich die Endlosigkeit in vier Richtungen. Gleichzeitig hat die Zahl 4 die Bedeutung von

Reinigung und wurde deswegen häufig als Reinigung des Inneren und des Energiekörpers verwendet. Grenzenlose Liebe verbreitete Jesus mit dem Symbol des Kreuzes, das er damals eher in Form eines X verwendete, in die Erde zeichnete oder mit dem Symbol geistig segnete; es sollte die Menschen daran erinnern, dass sie die Unendlichkeit in sich tragen. Das Zeichen X gilt für Unendlichkeit und reine Liebe; alles, was begrenzt ist, wird gereinigt. Indem zwei Geraden sich überkreuzen, entsteht in der Mitte ein Schnittpunkt. Die vier Linien reichen von dem Mittelpunkt ins Unendliche. Jesus und seine Begleiter haben damals mit dem X-Symbol gewirkt, um anderen zu zeigen, dass sie an das Universum angebunden sind und die innere Liebe bis ins Unendliche reicht. Das Kreuz ist eine veränderte Form des X. Und wenn das X gedreht wird, ergibt es aus den vier Enden einen Kreis. Ein Kreis steht ebenfalls für das Endlose. Es liegt eine gewisse Ironie in der Tatsache, dass ausgerechnet die Körper vieler Menschen und Jesu, die eine Frequenz von reiner Liebe verbreiteten, gekreuzigt wurden. Wie eine Trophäe hängten ihre Gegner die Körper vieler Menschen, die sich für Heilung und Liebe einsetzten, an das Kreuz, um zu zeigen, was geschieht, wenn sich Menschen gegen die niedrigen Mächte stellten und die Diktatur nicht befolgten. Die reine Liebe, die eigentlich zu unserer Essenz gehört, wurde bekämpft. Unzählige Menschen wurden an das Kreuz geschlagen und erlitten sehr viel Leid. Das Kreuz mit einem gefolterten Körper verbreitet eine Frequenz von Angst, Folter, Trauer, Hoffnungslosigkeit, Gefangenschaft, Unterwürfigkeit und Machtlosigkeit. Und die Menschen unterwerfen sich durch ihre Gläubigkeit einer Symbolik, die bestimmt keine Schwingung, von Licht in sich trägt. Das Kreuz mit einem gefolterten Körper passt so gar nicht in das Muster von anderen kosmischen Symbolen und trotzdem ist es überall auf der Welt verbreitet. Wer sich aus dieser Frequenz befreien möchte, sollte dieses Symbol weder bei sich zu Hause aufhängen noch mit sich herumtragen. Die Priester haben damals ihre Taten als etwas Gutes benannt und die größten Lügen verbreitet. Die niedrigen

Mächte drehten ihre Taten immer so, wie es für sie stimmte, und machten auch keinen Halt davor, große Lügen zu verbreiten. Durch ihre Abgestumpftheit und von Wahnsinn getrieben glaubten sie, dass ihre Taten berechtigt waren. Um etwas zu verstehen, sollten wir immer den Ursprung erfassen, denn nur so erkennen wir, ob etwas durch Liebe entstanden ist oder mit einer Frequenz aus Gewalt. Die Ursprünglichkeit der Entstehung gibt uns Klarheit über die Eigenschaften der entstandenen Schwingung, denn alles besteht aus einer Energie und alles hat eine Ursprungsfrequenz.

24
DAS WELTLICHE SYSTEM

Unsere Regierung ist auf einer destruktiven Energie aufgebaut, die sich schon zur Zeit von Atlantis entwickelte. Das weltliche System, das auf der Erde herrscht, ist auf der Basis von niedrigen Frequenzen entstanden. Es stellen sich Mächte in den Vordergrund, die auf Gier, Unterdrückung, Ausbeutung, ständige Bewachung, Kontrolle und Täuschung aufgebaut sind. Unser ganzes System gründet auf dieser Basis und viele Menschen sind dem hörig. Es trägt noch die Energie von Versklavung in sich. Das System wurde aufgebaut, um die Menschen für sich arbeiten zu lassen und aus ihnen Profit zu ziehen. Das System beruht auf Diktatur, Angstmacherei, Unterdrückung, Krieg, Urteilen und Macht über andere auszuüben, Kontrolle, Steuern, Manipulation, Marionetten, Ausbeutung, Grenzen, Besitz und Einschränkungen. Im Laufe der Jahrtausende hat ein System das andere abgelöst, aber immer wieder, wenn es einen Wechsel gab in ein neues System, lag das gleiche Bestreben im Hintergrund: Macht und einem weltlichem System Gehorsamkeit zu leisten, zum Nutzen des Systems zu leben und zu arbeiten. In Zukunft sollte es keine Systeme mehr geben. Alles was die Menschen über die Vergangenheit zu wissen glauben, wurde weitestgehend von jenen entworfen, die ständig Kontrolle übten und Grenzen setzten. Und daraus wiederum lässt sich schließen, dass sie ähnliche Absichten für die Zukunft haben.

In Lemuria war niemand einem System oder einer Hierarchie untergeordnet. Das Zusammensein basierte auf reiner Liebe und Harmonie, dass zum höchsten Wohl aller diente. Es war auch ein

Feedback von dem, was in ihrem Lichtkörper geladen war. Ihre Lichtkörper waren ständig aufgeladen von reiner Liebe bis ins unendliche durch ihre Taten und Fühlen, somit blieben sie immer im Energiefeld von Liebe. Ihre Liebe kam von der Unendlichkeit immer wieder zu ihnen zurück, das was ausgesendet wird zieht ähnliche Schwingung wie ein Magnet wieder an. Somit waren sie immer umsorgt in dieser hohen Frequenz. Jeder durfte seinen Teil dazu beitragen, es gab keine Autorität, die mit Drohungen und Befehlen die Leute kuschen ließ. Menschen, die sich selbst als göttliche Wesen annehmen und ein Bewusstsein haben, das an die höchste Quelle angebunden ist, lassen sich nicht einem System unterordnen, das nicht dem kosmischen Gesetz dient und eine niedrigere Frequenz hat als sie selbst. Auf der ganzen Erde lassen sich die Menschen aber durch Gesetze schikanieren und unterdrücken, die die Profitgier der Mächtigen unterstützen und andere ausbeuten. Ich habe mich schon sehr früh mit 16 Jahren energetisch aus dem System gelöst und empfehle jedem, sich zunächst energetisch aus dem weltlichen System zu lösen.

Viele haben eine verfälschte Identifizierung, sie identifizieren sich nach ihrem Ego, nach ihrem Emotionalkörper und nach den Personalien. Person bedeutet auf Lateinisch: Persona, Schauspielmaske. Personare heißt: hindurchtönen, klingen lassen. Die Stimme des Schauspielers durch eine Maske klingen lassen. Identifiziere dich nicht als Person mit deinen Personalien, sondern als menschliches Wesen und als Seele, die aus wahrer Liebe besteht.

Wie funktioniert das niedrige System?

Politik: Ein Planet, der an das kosmische Wissen angeschlossen ist, braucht keine Politiker mehr. Unsere Politiker sind für mich wie kleine Jungs, die sich immer noch im Sandkasten streiten, wer die schönere Burg gebaut hat und wer den anderen übertreffen kann, um mehr Einfluss auf die anderen zu erreichen. Weil jeder recht haben möchte, zerstören sie sich gegenseitig ihre Sandburgen. Es ist die ursprüngliche Energie von Habgier, Rechthaberei und einem Verhalten, das den Egoismus fördert. In Zukunft werden immer mehr Menschen sich für den Frieden und die Freiheit einsetzen. Bis die Politik ganz verschwindet, sollten jetzt Menschen in die Politik gehen, die für den Frieden, für die Wahrheit, für die Freiheit sind und immer zum Wohle der Gesamtheit handeln. Später wird daraus ein sogenannter Rat entstehen, in dem weise oder erleuchtete Menschen als großer Rat für die anderen zur Verfügung stehen und sich über weltliche Pläne austauschen.

In Lemuria gab es keine Politiker, es gab weise Seelen, die von anderen um Rat gefragt wurden und andere unterstützten. Es kam dabei aber nicht auf das Alter der Menschen an, und sie mussten an Universitäten keine Diplomabschlüsse erreichen, sondern auf die Weisheit und das reine Bewusstsein der Seele achten. Es gab auch in Lemuria ein unterschiedliches Bewusstsein der Seelen. Umso reiner das Bewusstsein der Seele war, umso lichtvoller war sie und konnte andere unterstützen, und solche Seelen wurden in den hohen Rat gewählt.

Wirtschaft: Unsere Wirtschaft ist auf Gewinn ausgerichtet, ohne Rücksicht auf eine gesunde Erde. Die Kosten werden extra hochgehalten, damit die Menschen mehr arbeiten müssen, um ihren Unterhalt zu finanzieren, und mehr Steuern zahlen müssen. Die Menschen, werden in der Schule schon darauf getrimmt, für die Wirtschaft zu funktionieren und Leistung für jemand anderen zu erbringen. Wer wenig Geld hat, gilt als randständig und ist unwichtig für die Wirtschaft, weil er keine Steuern abgeben kann. Viele Großfirmen sind nur auf Profit aus und werden unterstützt, weil sie durch ihr Geld Macht besitzen und durch sie wieder neue Einnahmen erzielt werden können. Viele Menschen arbeiten ohne Freude für eine Firma und haben ihre Begabungen komplett vergessen. Die Wirtschaft wird sich auf diese Weise nicht mehr länger halten können. Sie steckt in einem Kreislauf, der nur durch ein Verstandesdenken erzeugt wurde, und ist nur auf mehr Leistung, mehr Produktion und noch höhere Gewinne aus. Ein solcher Fokus kann sich nicht lange halten. Die Wirtschaft kommt jetzt an einen Stillstand und bricht zusammen. Wenn die ganze weltliche Wirtschaft zusammenbricht, müssen die Menschen nicht um ihre Existenz fürchten, denn es ist nur eine Phase der Veränderung. Wo immer du stehst, sieh diese Veränderung als etwas Positives an, denn sämtliche Kosten, die durch die Wirtschaft hochgetrieben wurden, müssen jetzt gesenkt werden. Und es wird in Zukunft immer mehr Tauschhandel geben, bei dem das Geld nicht mehr die wichtigste Funktion hat und seinen Wert verliert. Fange jetzt schon an, Dienstleistungen und Waren zu tauschen, denn dadurch unterstützt du das gegenseitige Helfen und kommst mehr in die Verbindung mit verschiedensten Menschen, die Unterschiedliches anbieten. Wir können uns auf dieser Weise gegenseitig unterstützen, statt dass jeder allein auf sich gestellt ist. Als Kollektiv sind wir stärker.

Rechtssystem: Unser Rechtssystem ist zugunsten der Elite und des Systems entstanden und nicht zugunsten des Menschen. Die Menschen sollten sich dem weltlichen System unterordnen, und somit wurde ein Rechtssystem geschaffen, das in erster Linie den Staat und das System schützt und nicht den Menschen. Das Urteilen über sich und andere wird dabei gefördert. Richter übernehmen die Verantwortung, über die Verantwortungslosen ein Urteil zu fällen und über sie zu entscheiden. Das führt zur Schuldfrage und zu Schuldzuweisung.

Gesetze: Als Seele bist du im Bewusstsein der Einheit und brauchst dich nicht anderen Menschen unterzuordnen, die glauben, sie hätten wegen ihrer Uniform oder ihrer Position in der Arbeitswelt mehr Macht als du. Als Menschen sind wir auch nicht verpflichtet, uns einem Gesetz unterzuordnen, das dem universellen Gesetz das Durchkommen versperrt.

Wir Menschen sind göttliche Wesen. Du bist ein göttliches Wesen, in dir drin strahlt das Licht der Liebe.

Kosmische Gesetze: Jeder ist sein eigener Richter und übernimmt die eigene Verantwortung für seine Handlungen. Jeder ist sein eigener Schöpfer und kein anderer kann darüber bestimmen, was er zu tun hat.

Die reine Quelle vergibt nicht; weil sie erst gar nicht verurteilt, gibt es nichts zu vergeben.

Menschen, die ein höheres Bewusstsein haben, lassen sich nicht durch ein Recht unterordnen, das in seinem Ursprung nicht nach dem kosmischen Gesetz und wahrer Liebe ausgerichtet ist, sondern immer zum Vorteil des Staates und von Diktatoren. Wenn die Menschen ein feineres Bewusstsein haben, dann urteilen sie immer weniger über andere, bis sie ganz urteilslos werden. Unser Rechtssystem schützt die Menschen, die am meisten Macht gegen andere ausüben. Haben die Menschen ein ethisches Bewusstsein, gibt es auch keine ungelösten Streitereien mehr. Sie wissen, dass sie durch Konflikte immer lernen und wachsen können. Wenn sie selbst im inneren Frieden sind, und daran glauben, dass ihr Leben es gut mit ihnen meint, dann lösen sich viele Konflikte von selbst auf. Sie werden keine dritte Person hinzuziehen, die über sie richten soll, um ein Urteil darüber zu fällen, wer recht hat.

Es gibt eine Lebensform in unserem Universum, die intelligenter als jegliches Leben ist, das wir kennen. Es ist eine Lebensform, aus der weitere Lebensformen entstehen können, in weiteren Räumen und Zeiten. Die kosmische Welt ist zwar unendlich und doch simpel, weil sie nicht die Kompliziertheit vom Verständnis des Verstandes beinhaltet. Der Verstand und das viele Denken erschweren ein Verständnis. Im kosmischen Gesetz existieren präzise Regeln, die sich überall durchsetzen können, denn sie sind liebevoll, gerecht und mächtig. Es sind die Regeln der lichtvollen Energie. Mit unserer seelischen Reinheit haben wir die Möglichkeit, uns telepathisch an die reinsten Formen allen Wissens und an die Bewusstseinsfelder in unterschiedlichen Lichtformen anzubinden. Mit unserem mitfühlenden und reinen Herz können wir uns an die Gesetze der Liebe, des Lichts und der Gerechtigkeit anbinden. Es ist eine andere Gerechtigkeit als jene, die viele Menschen in ihrer Vorstellung haben. Bei der kosmischen Gerechtigkeit gibt es keine Bestrafung. Es ist so, wie es ist, und es zieht das an, wo du bist. Bist du in Liebe, ziehst du mehr Liebe an, weil du in das Feld von Liebe hineinpasst. Bist du mit deiner Energie im ständigen Urteilen, so zieht es dich in eine Form von Urteilen und Beurteilen und dreht sich immer wieder im Kreis, bis du in die Energieform der Urteilslosigkeit gelangst, dann kommst du aus dem drehenden Kreis heraus und bist wieder mehr in der Form von Liebe und Frieden. Dieses Gesetz zeigt dir immer, wo du bist und was du mit deiner Schwingung anziehst. Es ist eine Form von Existenz und bildet immer wieder neue Existenzen. Es ist eine Form von Raum des Universums, der Zeitlosigkeit, die alle Existenzen durch alle Ebenen des allumfassenden Lichts mit der reinsten Liebe durchdringt.

25

SICH DEM WELTLICHEN SYSTEM ÜBERORDNEN

Die Menschen möchten ihre Freiheit erlangen. Was die Menschen unter Freiheit verstehen, ist in erster Linie, sich aus einer Gefangenschaft in einem destruktiven System zu befreien und aus der Gefangenschaft ihrer destruktiven Gedanken und Empfindungen zu lösen. Wenn sie das erreichen, fühlen sie sich frei. Zuerst sollten sich die Menschen mental von der Gefangenschaft lösen, indem sie lernen, auf ihre Intuition zu hören und weniger auf die Informationen, die von außen kommen. Informationen von außen beeinflussen und formen das Denken, die Emotionen, das Reden und Handeln. Es ist eine Überflutung, die zur Verwirrung führt und sogar das Nervensystem durcheinanderbringt. Die Machthaber, die uns ständig mit destruktiven Informationen beeinflussen, sind selbst in der Gefangenschaft, daher können sie nicht anders handeln. Die Menschen arbeiten die ganze Woche und freuen sich auf das Wochenende, um ihre (Frei)Zeit zu gestalten. Das Wirken von uns Menschen sollte aber mental immer in der Freiheit sein, auch bei der Arbeit.

Durch die Trennung und Gefangenschaft ist das Sinnbild von Freiheit erst entstanden. Wenn sich jemand gefangen fühlt, sei es durch seine Umgebung, Arbeit, Emotionen oder Gedanken, dann sehnt er sich nach Freiheit, weil er noch nicht frei ist. Es gibt aber Wesen, die sich immer frei fühlen. Es ist für sie eine Selbstverständlichkeit, bei der der Gedanke von Freisein nicht mehr existiert.

Viele Menschen haben eine entmachtende Vorstellung, dass die sogenannten Herrscher es schon regeln werden oder ein Retter kommen und sie von allem Leid befreien wird. Viele Menschen sind Hüter der Erde Gaia und haben die Macht, im Einzelnen und besonders im Kollektiv die Tyrannei von ökologischen, militärischen und technologischen Machthabern zu überwinden. In Wahrheit sind es wir selbst, die als Helfer zur Befreiung der bedrückenden, gesellschaftlichen Struktur gekommen sind. Darum fordere ich euch zur Tat auf: Bringt überall Licht hinein, wo ihr nur könnt. Das Konsumsystem gedeiht auf der Grundlage der Unzufriedenheit der Menschheit, der ein Verlangen nach noch mehr innewohnt und die es letztlich unmöglich macht, sich jemals befriedigt, dankbar und gesättigt zu fühlen.

Für viele Menschen steht das Gesetz aufgrund ihrer Glaubenssätze über ihnen. Sie lassen sich schon seit Jahren einem Gesetz unterordnen, das nicht von der Lichtseite herkommt. Sobald du erkennst, dass in deinem Inneren viel Licht ist, wird es dir bewusst, dass du nicht unter einer autoritären Person stehst, sondern nur du allein über dein Geschehen entscheiden kannst. Du besitzt eine Eigenermächtigung. Seit Langem werden die Menschen als brave Bürger erzogen und geben dies von Generation zu Generation weiter, es herrscht tiefe Angst in ihnen, dass sie bestraft werden könnten, wenn sie etwas nicht tun, was vom Gesetz verlangt wird. Erinnere dich daran: Die höchste Quelle besteht aus reinster Liebe und Licht, und du bist ein Teil davon. Du bist echt, das weltliche herrschende Gesetz ist jedoch künstlich entwickelt und wird durch Programmierungen künstlich aufrechterhalten. Du hast einen freien Willen und niemand kann dich zu etwas zwingen. Und werde dir bewusst: Du stehst mit deiner Energie über dem weltlichen Gesetz. Kämpfe aber nicht gegen das weltliche Gesetz, sondern werde dir in erster Linie bewusst, von woher das Gesetz stammt und von woher du bist, und erhöhe deine eigene Frequenz auf Frieden und Liebe. Durch diese Frequenz kann vieles wie von selbst transformiert werden. Wenn du mit dem Diktat konfrontiert wirst und du gezwungen wirst, etwas zu tun, was du nicht möchtest, und es zu großen Konsequenzen für dich hätte, wenn du als einzelne Person dich dagegen wehrtest, werde dir bewusst, dass du dich dem Diktat fügst und dass du etwas gegen deinen Willen tust. Du kannst innerlich zu dir sagen: »Ich tue jetzt etwas gegen meinen Willen, weil ich vor den Konsequenzen Angst habe. Mein Wille ist, dass ich z. B. frei sein kann. Und ich fühle mich unwohl, so bedrängt zu werden.« Werde dir bewusst, dass du mit deiner Unterschrift immer ein Einverständnis abgibst. Vielen Menschen ist es gar nicht bewusst, was sie alles gegen ihren inneren Willen tun, und sie unterschreiben Formulare, obwohl sie dort gar nicht ihre Zustimmung geben wollen. Sie befolgen gedankenlos befehle, ohne sich zeit zu nehmen um in sich rein zu spüren, was sie möchten. Wenn du etwas nicht unterschreiben möchtest, dann tue es auch nicht. Und wenn du den Mut nicht aufbringen kannst, zu sagen, du unterschreibst es nicht, dann schreibe statt deiner Unterschrift das rein was du möchtest. Du kannst zum Beispiel eine Wellenlinie reinzeichnen, statt dein Name als Unterschrift abzugeben oder schreibe rein, dass du zu dieser Unterschrift gezwungen wirst und sie deshalb ungültig ist. Niemand kann dich zwingen, etwas zu unterschreiben; wenn du aber etwas unterschreibst, dann hast du zugestimmt, was du vielleicht gar nicht möchtest. Solange die Menschen vielem zustimmen, was sie eigentlich im tiefsten Inneren nicht möchten, gibt es keine große Veränderung hin zur Freiheit. Beobachte dich bewusst. Vom Diktat wird häufig etwas verlangt, was gegen unseren Willen und somit gegen unsere Freiheit ist. Sei dir bewusst, dass wir nur Besucher auf der Erde sind und uns eigentlich nicht bei einem Staat anmelden müssen. Hinter der Gründung von Staaten versteckt sich wieder eine Macht der Überlegenheit und diese dient nicht zu unserem Schutz, es geht wie bei vielen Machthabern um das Beherrschen von Ländern und ihren Bewohnern und dem Diktat über andere. Staat kommt aus dem Lateinischen (Status) und heißt übersetzt: Zustand, Verfassung. Es ist gut, wenn sich dieser Zustand und diese Verfassung wieder auflöst. Denn niemand kann ein Stück Land sein Eigen nennen, es gehört der Erde und wir sind Bewohner oder auch Besucher von ihr.

Fange wieder vermehrt an zu visualisieren, wie eine Welt für dich aussehen soll, wie eine friedliche Welt erscheinen sollte, so wird dir immer mehr bewusst, was verbessert werden könnte, und du lässt dich nicht mehr so sehr beeinflussen. Du bist eine freie Seele. Deine Seele bleibt immer frei und unsterblich.

Neues Gesetz:

Das neue Gesetz basiert auf Frieden mit dem Kern in sich tragender Liebe. Es werden sich in einem Rat Menschen treffen, die Weisheiten weitergeben können, ohne jedes egoistische Interesse. Sie setzen sich für die Erde, für die Menschen, für die Natur und Tierwelt ein. Sie vertreten eine ethische innere Wahrheit, die angebunden ist an die kosmischen Gesetze. Auch die Erde ist an die kosmischen Gesetze angeschlossen. Die Heilung und Selbstverantwortung werden gefördert. Dieser Rat fördert die Verbindung zu unserer Galaxie und anderen Wesen, die außerhalb unserer Erde existieren, ein reines Bewusstsein haben und darum über ein breites Spektrum von Wissen verfügen, das uns helfen kann. Es ist ein Gesetz, das dem höchstem Wohl aller dient und mit dem Kosmos verbunden ist.

Bekräftige, dass du jetzt von dem destruktiven System abgekoppelt bist, und konzentriere dich nur auf deine positiven Gegebenheiten. Dein Fokus ist immer auf das Lichtvolle gerichtet, alles andere sollte sich dem anpassen oder aus deinem Leben verschwinden, wenn es sich nicht anpassen kann. Werde dir bewusst, dass du viele Lichtwesen hast, die dir helfen, wenn du sie darum bittest. Affirmation: Ich bin im inneren Kern ein lichtvolles Wesen und das System steht unter mir.

Sehr viel niedrige Energie hat sich jetzt auf der Erde aufgelöst, und die Machthaber sind dabei ihre weltliche Herrschaft zu verlieren. Darum kannst du jetzt deine Meinung viel mehr in der Öffentlichkeit preisgeben, ohne dass eine Anklage folgt. Sofern du selbst im Vertrauen bist, im Frieden für das Lichtvolle handelst und so wenig wie möglich urteilst, schützt dich das vor Konflikten mit Gesetzen und Menschen, die dir eine Bestrafung anhängen möchten. Dein Urteil zieht das Urteilen anderer an. Die lichtvollste Quelle ist urteilslos.

26
VERTRAUEN STATT ANGST

Es gibt nur eine Angst, das ist die Existenzangst. Alle Ängste resultieren aus der Existenzangst. Angst hat ihren Ursprung in der Existenzangst und der Angst um das eigene Leben. Aus dieser Angst entstehen alle anderen Formen von Angst. Wenn dir bewusst wird, dass du eine Seele bist, die unsterblich ist, verlierst du immer mehr deine Angstanteile. Weil wir Menschen an Beschränkungen, Trennung und Tod glauben, haben wir eine große Existenzangst. Deine Seele kann aber noch weiter existieren, auch wenn sie den menschlichen Körper verlässt. Und somit brauchst du keine Existenzangst zu haben. In Lemuria existierte keine Angst, denn die reine Liebe kennt keine Angst. Die Lemurier kannten nur ein Gefühl von Vorsicht und Achtsamkeit. Diese Achtsamkeit schützte sie vor zu riskanten Handlungen, um ihren physischen Körper nicht zu verletzen. Unsere Vorsicht und Achtsamkeit hält uns davon ab, dass wir von einem hohen Felsen in die Tiefe springen oder auch mitten auf der Autobahn spazieren gehen. Diese Vorsicht ist bei uns mit Angst vermischt, die Lemurier waren ursprünglich angstfrei. Wenn Menschen von der inneren Liebe abgetrennt sind, ist Angst ihr ständiger Begleiter. Für sie wird es zur Normalität, aus Angst zu handeln und Angst zu verbreiten. Sie kennen es nicht anders. Die innere Liebe führt wieder zu dem Urvertrauen zurück. Auch die Gier ist durch die Existenzangst entstanden. Wesen, bei denen die innere Liebe und das Vertrauen fehlen, dass alles schon da ist, was sie brauchen, haben eine große Existenzangst, und daraus werden sie gierig nach materiellen Gütern. Sie Streben nach Macht, Kontrolle und Besitztümern. Angst ist eine Energie, die ich als graue bis schwarze staubige Wolke sehe. Die erste dunkle Schicht der Angst verbreitete sich auf der Erde, als die niedrigen Mächte sich vermehrten. Lange Zeit war die Erde umgeben von dieser Angstschicht, aber jetzt löst sich diese Schicht immer mehr auf und ist vor allem in den Städten noch weitverbreitet. Die niedrigen außerirdischen Wesen, die unsere Erde kontrollieren, ernähren sich durch die Angstschwingung der Menschen; dadurch bekommen sie Macht und das gibt ihnen Energie. Sie sind aber selbst gefangen in dieser Abhängigkeit von Angst und Macht. Sobald die Menschen ihre Existenzangst überwinden können und in ihr ursprüngliches natürliches Vertrauen kommen, verlieren die niedrigen Wesen ihre Macht über die Erde. Denn wenn die Angst sie nicht mehr nährt, können sie nicht länger überleben. Menschen, die niedrig handeln, jagen anderen gerne Angst ein, denn durch die Ängste der anderen fühlen sie sich dominanter und dieses Machtverhältnis stärkt sie. Das ist ihre Nahrung. Die niedrigen Mächte verbreiten durch die Medien ständig die Schwingung von Angst und laden sich damit auf. Da viele Menschen eine große Existenzangst in sich tragen und in Resonanz sind mit der Angst, verbreiten sie die Medien weiter. Sie verbreiten ihre eigene Angst an andere weiter und diejenige, die auch einen Anteil an Existenzangst in sich tragen, werden wie bei Viren damit angesteckt.

Viele Menschen sind durch ihre verborgenen Ängste und negativen Gefühle noch in einer Art von Gefangenschaft. Ängste lähmen das Nervensystem und verhindern eine natürliche Wahrnehmung. Die Ängste und negativen Gefühle, die durch Ereignisse der Vergangenheit entstanden sind, suggerieren sehr negative Gedanken, die zerstörerisch gegen einen selbst und womöglich sogar gegen andere Menschen gerichtet sind. Dies lähmt deine eigene Energie und macht dich manipulierbar. Du kannst dich aus dieser Gefangenschaft lösen, aber nur deine Gedanken in positive zu verändern, ändert wenig; denn es ist immer auch eine Energie, die bei dir mitschwingt, und du solltest deine Schwingung erhöhen, dann kannst du auch deine Gedanken und Emotionen immer mehr ins Positive bringen. Durch die Angst bist du im Gefängnis einer destruktiven Energie, die nicht zu deinem natürlichen Ursprung gehört, und mit negativen Handlungen und Gefühlen bleibst du in diesem Gefängnis. Nehme deine innere Sehnsucht bewusst wahr und unterdrücke sie nicht. Die größte Sehnsucht der Menschen ist die Sehnsucht nach Liebe und Harmonie. Je mehr du aus reiner Liebe handelst, umso leichter fällt es dir, dich von der Energie zu lösen, die dich davon abhält, die Liebe zuzulassen. Und wenn du am Anfang merkst, dass du immer mal wieder in dieses alte Muster zurückfällst, kannst du dich immer wieder mit deinem inneren Licht, das immer stärker wird, befreien. Bitte auch um die Hilfe deiner Lichtbegleiter, sie freuen sich, wenn sie dir helfen können. Oder verbinde dich mehr mit der Erde und der Natur, denn das lädt dein Vertrauen auch mehr und mehr auf.

Momentan haben die niedrigen Mächte große Angst und darum verbreiten sie ihre eigenen Ängste noch mehr, weil sie ihre Macht und Kontrolle über uns nicht loslassen wollen. Es liegt an uns, uns von Ängsten zu lösen und ins absolute Vertrauen zu kommen. Zu dem Zeitpunkt, an dem du die Angst überwunden hast, öffnet sich das Tor der Grenzenlosigkeit. Die Trennung fällt weg und du kommst in das Gefühl von Einheit und Dimensionen öffnen sich für dich. Ehe die Angst aufgelöst werden kann, solltest du ihr mutig in die Augen blicken und dich ihr stellen. Erst dann kann sie sich auflösen und in die übergeordnete Emotion der Liebe eingehen, die du in deinem Herzen spürst. Vergiss nie, dass du deine eigene Realität erschaffst, die du stets in dir trägst und von deren Schwingung du mitgetragen wirst. Erinnere dich an deine Reinheit. Du bist im inneren Kern eine reine Seele. Dein Ursprung war rein, du warst angstfrei voller Vertrauen, die reine Liebe.

Übung:

Setzte dich gemütlich hin und atme tief. Konzentriere dich nach innen, bis du ruhig und friedlich wirst. Dann spreche: Ich transformiere alles, was mit der Energie von Angst zu tun hat, ins Licht. Sämtliche Emotionen, die mit Angst zu tun haben, lösen sich von meinem Ursprung bis jetzt von meiner Existenz. Sämtliche Energie von Angst in allen Zeiten, Räumen, Realitäten, Verwandtschaftsgraden, Dimensionen, Zwischendimensionen, Parallelwelten werden jetzt in diesem Moment transformiert und lösen sich vollständig von mir. Sämtliche Energien, die etwas mit Angst zu tun haben, lösen sich auch aus meinem Energiekörper und meiner hinterlassenen energetischen Abdrücke. Stelle dir vor, wie sich die Energie von Angst überall löst und dich befreit. Durchleuchte gedanklich deinen Körper und Energiekörper von oben nach unten mit der gelbgoldenen Farbe der Sonne. Du kannst auch Weiß, Mondsilbern nehmen oder Gold. Noch wirksamer ist es, wenn du es draußen unter den Strahlen der Sonne oder des Mondes machst. Du kannst es dir dann leichter vorstellen. Ich bitte alle Zellen meines Körpers, alle Erlebnisse und unnatürlichen Informationen, die etwas mit Angst zu tun haben, zu lösen, sie werden jetzt von meinen Zellen gelöst und dürfen gehen. (*Da es im Universum keine Vergangenheit gibt, spreche ich es in der Gegenwart.*)

Meine Absicht ist rein, meine Handlungen sind rein. Überall, wo ich eine destruktive, negative Energie gegen mich erlebe, bringe ich diesen Sonnenstrahl hinein und durchleuchte diese Verletzungen. Überall, wo ich destruktive, negative Energie hineinbringe, durchleuchte ich mit diesen Sonnenstrahlen. Überall, wo ich Schuld empfinde, durchleuchte ich mit diesen Sonnenstrahlen. Wir sind jetzt alle frei, frei, frei. Alles ist frei von Angst in meinem gesamten System. In meinem System gibt es nur noch Vertrauen. Ich bin frei. Meine Seele, mein Geist, mein Körper ist frei. Ich bin absolut mit der liebevollen Energie im Einklang. Meine Realität ist liebevoll und durchleuchtet, denn meine Seele, mein Geist und mein Körper tragen die reinsten Frequenzen der universellen Liebe in sich. Alles, was nicht zu dieser lichtvollen Liebe gehört, darf jetzt mein ganzes System verlassen. Stelle dir vor, wie alles ins Fließen kommt, und lass es gehen. Nehme dir so viel Zeit, wie du brauchst.

Transformiere deine Ängste in das Vertrauen. Unterstütze das Lichtvolle und nehme alle Veränderungen, die zu dir kommen, mit Optimismus und Freude auf. Deine reine Liebe durchdringt die niedrigsten Bereiche und bringt sie hervor. Alle Veränderungen, die gerade stattfinden, bringen der gesamten Menschheit Heilung, Entspannung, Harmonie und unendliche Erleichterung.

Wenn dein inneres Licht wieder am Leuchten ist, gibt es nichts mehr, wovor du Angst zu haben brauchst.

27
AUFSTIEG IN DIE 4. DIMENSION

Wenn wir für uns einstehen und in Liebe handeln, dann geht immer alles auf, es ist die kosmische Synchronität, es ist ein Zusammenspiel des Ganzen. Und wenn du auf deine eigene Wahrheit hörst und liebevoll danach lebst, dann ist es unabwendbar, dass es für die anderen involvierten Menschen auch immer aufgeht, solange sie es annehmen und auch ihre eigene Wahrheit leben. Alles ist dann aufeinander abgestimmt, die ganze Galaxie ist aufeinander abgestimmt, wenn alle Seelen ihre eigene Wahrheit leben und nach dem hohen ethischen, liebevollen Empfinden handeln. Es braucht dann kein Rechtssystem mehr, es braucht auch keine Hierarchie mehr, es braucht auch keinen Staat mehr, es braucht keine Grenzen mehr, denn das kosmische Gesetz ist grenzenlos.

Die Erdatmosphäre war durch das Besetzen von niedrigen Mächten nicht mehr vollkommen an das kosmische Gesetz angebunden, die niedrige Frequenz konnte diese Verbindung über Tausende von Jahren verhindern. Die Erdatmosphäre und die Menschen waren wie abgekapselt von den anderen lichtvollen Planeten. Nun, da zwischen der Seele Gaia und der Zentralsonne unserer Galaxie der Austausch wieder besser fließen kann, findet eine gesamte Umprogrammierung der Erdatmosphäre statt. Die Erde saugt die goldenen Lichtstrahlen der Zentralsonne in den Erdkörper ein und programmiert sich auf die goldenen Lichtfarben seiner Ur-Existenz um. Sämtliche Frequenzen, die nicht mehr mit dem goldenen Licht im Einklang sind, kommen jetzt hervor, denn sie passen nicht in die Synchronität und müssen für das goldene Licht Platz machen. Sämtliche unbrauchbare destruktive Energie, die nicht von selbst weicht, wird jetzt entledigt. Dieses Geschehen bringt auch für uns Menschen eine gesamte Veränderung mit sich. Alles Negative wird in seinem Grundbild erschüttert, und jedes Wesen, das immer noch niedrige unverarbeitete Komponenten in sich trägt, wird ebenfalls in seiner Grundfrequenz erschüttert. Wie bei einem Fluss, der Baumstämme in Bewegung setzt, wird die destruktive Frequenz mit ihren niedrigen Wesen an die Oberfläche gezogen, um sich an das neue Goldene Zeitalter anzupassen oder dann den Platz freizumachen für eine höher schwingende Ebene.

In der spirituellen Szene wird immer vom Aufstieg in die fünfte Dimension gesprochen, und – na ja – die vierte Dimension wird unbeachtet übersprungen. Die vierte Dimension ist die Reinigung, um in eine höhere Dimension zu steigen. Natürlich möchte Gaia in die fünfte Dimension steigen, das heißt aber nicht, dass die vierte Dimension unbemerkt überspringt werden kann. Es ist typisch für uns Menschen, nicht die eigene Schattenseite anschauen zu wollen. Weil es sehr unangenehm sein kann, möchte der Mensch es am liebsten überspringen, darum lenkt er sich auch gerne immer wieder mit äußerlichen Aktivitäten ab. Die vierte Dimension gibt einen klaren Lichtblick, was geheilt werden darf und mit welcher karmischen Verpflichtung wir uns auseinandersetzen müssen, entweder mit niedrig schwingenden Komponenten, die sich jetzt zeigen, oder aber auch sehr freudvollen, lichtvollen Komponenten.

Jetzt, da die Erde teilweise in der vierten Dimension schwingt, haben wir die Möglichkeit, in Kürze Begrenzungen unseres Geistes zu transformieren. Im Außen sieht es so aus, als würde die Erde sich nicht mehr erholen. Die Erdseele Gaia erhöht ihre eigene Energie von der dritten auf die vierte Dimension, um sich selbst zu reinigen, um schlussendlich in die fünfte Dimension aufsteigen zu können. In der gesamten Erdatmosphäre geschieht eine große Transformation. Jetzt wirkt alles etwas chaotischer, vor allem in den großen Städten. Vieles war in künstlicher Sicherheit, die Menschen verließen sich darauf, dass ihre Arbeitsstelle ihnen ein regelmäßiges Einkommen gewähren würde. Sie merkten aber nicht, dass in ihnen eine große Existenzangst schlummerte, die in wirtschaftlicher Krise hervorkommt. Alles was mit künstlicher Sicherheit aufgebaut wurde, kommt jetzt zum Vorschein. Ängste und alte Verstrickungen können nun in einer nie dagewesenen Geschwindigkeit aufgelöst werden, sofern wir der Liebe vertrauen und uns mit offenem Herzen auf die Veränderung einlassen.

In Zukunft wird vieles, was vom weltherrschenden System zur Verfügung gestellt wurde aufgelöst. In Zukunft wird es keine Krankenkassen mehr geben, weil die Menschen wieder den Glauben erlangen, auf ihre Selbstheilung zu vertrauen, und lernen, wie sie ihre Selbstheilung aktivieren können. Aus diesem Bewusstsein wird die Mehrheit der Menschen nicht mehr gewillt sein, teure Krankenkassenprämien zu bezahlen, um die Pharmaindustrie zu unterstützen. In der Pharmaindustrie werden Tausende Tiere in Labors für sinnlose Tests gequält. Immer mehr Menschen werden sich nicht mehr mit giftigen Substanzen behandeln lassen. Momentan geben die Menschen ihre Eigenverantwortung ab und vertrauen lieber einem Arzt als sich selbst. Das Wirtschaftssystem wird zusammenbrechen, es wird nicht mehr das Geld regieren, und die Menschen kommen immer mehr in Austausch auf der Herzensebene. Setze das Geld schon jetzt für Gutes ein und habe den Glauben, dass Geld ein relativ neutrales Mittel ist, das für Gutes oder eben für Negatives eingesetzt werden kann.

Es gibt auf diesem Planeten eine kleine Gruppe von Menschen, die denken, dass sie das Recht haben, diesen Planeten zu besitzen. Sie sehen sich als Herrscher der Erde, die sich aus Profitgier alle Rechte herausnehmen, andere zu tyrannisieren und auszubeuten. Mit ihrer Kontrollsucht möchten sie alle anderen beherrschen. Viele Menschen tragen diese Energie noch in sich. Obwohl sie gute Absichten haben, gibt es noch einen Teil an ihnen, der nach

Anerkennung von den Mitmenschen und Hierarchie strebt. Löse dich von all dem, weil es dich sonst in der dritten Dimension zurückhalten wird. Diejenigen, die Kontrolle über andere erlangen oder, um ihre Position in der Hierarchie zu glorifizieren, auf Gier und Missbrauch von Ressourcen setzen, können nicht auf den Ruf ihrer wahren, inneren Führung hören. Leiste deinen Dienst für Frieden, Liebe, Harmonie und vertraue deiner Intuition, die dich dorthin leitet. Dienen heißt nicht, dass wir Menschen dienen sollen, die ihre »hohe« hierarchische Position aufrechterhalten möchten, und dass wir uns ihnen unterstellt fühlen sollen. In erste Linie solltest du dir selbst dienen, und dann so zu handeln, dass es zum höchsten Wohl aller dient. Löse dich von dem Hierarchie-Denken und komme in das Gefühl von Einheit, das aus dem liebenden Herzen entspringt. Durch traumatische Gegebenheiten erleben Menschen immer wieder das gleiche Muster, bis sie die Erkenntnis daraus ziehen und anfangen, sich zu heilen. Um selbst in Fluss mit der Seele Gaia auf einer höheren Dimension zu kommen, solltest du dir zuerst bewusst werden, wohin das Lichtvolle strebt und was der Unterschied zwischen den lichtvollen und den niedrigen Ebenen ist.

Nichts kann die Erde an ihrem Vorhaben, in die vierte und fünfte Dimension aufzusteigen hindern, denn ihr Beschluss steht fest und sie zieht mit dem Kreislauf der Galaxie mit. Darum ist es für uns äußerst wichtig, diesen Weg mitzugehen und uns von sämtlichen alten Konditionierungen zu lösen. Die Menschen haben die Möglichkeit, entweder täglich an sich zu arbeiten, indem sie vor allem ihr Herzbewusstsein stärken, wieder vermehrt mit der Natur im Einklang sind und nicht gegen die Natur arbeiten. Um auf eine höhere Ebene zu kommen, sollten wir unser Inneres, Zellen, Organe und unseren Energiekörper regelmäßig reinigen und wieder anfangen zu Lieben. Du musst nicht die Erkenntnisse von phänomenalen Wahrnehmungen erlernen oder lange meditieren mit angeleiteter Meditation, die zum Teil auch wieder die Unterdrückung von Emotionen bestärkt. Ich habe verschiedene

Techniken der Meditation kennengelernt, und viele Techniken konzentrieren sich auf eine Anleitung aber nicht auf den jetzigen Zustand; aufsteigende Emotionen dürfen zum Teil nicht da sein und werden durch die Konzentration auf etwas anderes, zum Beispiel auf anhaltendes Ruhig sein, unterdrückt und ins Unterbewusstsein zurückgeschickt. Viele befolgen, ohne auf sich selbst zu hören, die Anleitung, die ein Meditationsleiter von sich gibt oder lassen sich durch Online-Meditation anleiten. Auf diese Weise geht es länger um in den SEIN – Zustand zu kommen. Jetzt ist es aber äußerst wichtig, dass wir lernen, auf unseren inneren Führer zu hören. Sonst ignorieren wir wieder unseren innersten Seelenruf. Vielleicht gibt der Leiter im Meditationskurs an, dass wir auf die Farbe Gelb meditieren sollen, aber unser Innerstes möchte lieber eine ganz andere Form von Meditation erleben. Vielleicht möchte deine Seele eine innere Klangmelodie hören, die jetzt gerade auftaucht. Aber weil du es gewohnt bist, mehr auf einen Lehrer zu hören, ignorierst du wieder deinen inneren Ruf und folgst lieber der dominanteren Stimme des Lehrers, der die Meditation anleitet, schließlich hat er ja eine langjährige Erfahrung, darum wird es schon seine Richtigkeit haben. Und schon wieder wird dein Seelenruf, der sich häufig in der Stille breitmacht, überhört und missachtet, du vertraust wieder mehr jemand anderem als dir selbst. Du hast es nicht anders gelernt. Du hast gelernt, einem Leiter mehr Beachtung zu schenken als dir selbst. Früh werden wir dazu erzogen, jemand anderem, der in diesem Moment dominanter ist, mehr Beachtung zu schenken als uns selbst. Und viele sind Meister darin, sich kleinzuhalten, schließlich hat der andere auf diesem Gebiet ein hohes Diplom abgeschlossen, dann wird er schon die Wahrheit erzählen, denken wir. Immer wieder sehe ich, wie viele Menschen lieber jemand anderem Glauben schenken, der eine gewisse Bekanntheit erreicht hat und sich selbst gut präsentieren kann, als auf das eigene Innere zu hören. Um selbst auf eine dauerhaft höhere Energiefrequenz zu kommen, ist es wichtig, dass du in erster Linie auf deinen inneren Führer hörst und lernst, dich zu lieben. Schenke dir die Zeit, allein zu sein, ohne Ablenkungen, keine Social Media, keine YouTube-Videos und keine Vorträge von anderen anzuschauen, die vorschreiben wie du zu leben hast und was du zu tun hast. Wenn du deinem Innersten begegnen kannst und beginnst, auf deine Intuition zu hören, deine Seele und deinen Körper anfängst zu lieben, ist deine Suche beendet und du findest deine Antworten in dir selbst. Viele, die von sich behaupten, sie seien spirituell, sind immer noch auf der Suche; sie konsumieren täglich Videos und Vorträge von anderen, die scheinbar schon weiter sind, gehen in verschiedene Seminare und nehmen die Glaubensmuster und Wahrheiten von bekannten Persönlichkeiten an. Spirituell heißt übersetzt: geistig, *spiro:* ich atme. Es ist dein Weg, dein Geist und dein Atmen.

Ich frage dich: Was bist du, wenn du das Wissen, was du dir angeeignet hast, loslässt? Was bist du? Überladen mit fremdem Wissen und fremder Wahrheit findest du nicht zu deiner Seele. Es ist nicht deine Wahrheit, du hast nur eine Wahrheit integriert, die jemand anderes dir mit voller Überzeugung vermittelt hat. Und du versuchst, eine fremde Wahrheit zu leben, weil dir immer noch etwas fehlt. Dir wird versprochen, dass du glücklich sein wirst, wenn du dieses und jenes tust; aber du hast Glücksgefühle in dir, die nur von kurzer Dauer sind, weil das Glücksgefühl nur die Oberfläche deines Seins betrifft und nicht eine innere tiefe Glückseligkeit. Dauerhafte Glückseligkeit kannst du nicht erreichen, wenn du am Konsumieren bist. Deine Glückseligkeit kannst du erlangen, wenn du den Zugang zu deinem tiefsten Inneren erreicht und deine Seele wiedergefunden hast. Höre auf dein Inneres, sonst wird dein Ruf immer lauter, bis du dich nicht mehr übertönen kannst. Wenn du deine Seele gefunden hast und dich im tiefsten Herzen liebst, wirst du dich nie mehr übertönen, du gibst dir deine Stimme zurück und dein Herz fängt an zu strahlen. Befreie dich von allen Überzeugungen, die nicht zu dir gehören. Vielleicht fühlst du dich im ersten Moment leer und orientierungslos; genieße diese Momente, genieße mal diese Leere und freue dich, dass du diesen Schritt schon erreicht hast. Denn wenn du ständig mit Überzeugungen überfüllt bist, die nicht zu dir gehören, bleibst du orientierungslos. Ich genieße es sehr, wenn ich loslassen kann, was nicht zu mir gehört, und genieße sogar die Leere, die dadurch entsteht. Ich fühle mich sehr leicht dabei und bleibe im absoluten Vertrauen zu meiner Seele. Je mehr ich meiner Seele reinste Liebe und Vertrauen schenke, desto mehr Freude und Glückseligkeit empfinde ich. Durch meine multidimensionale Wahrnehmung sehe ich viele Menschen, die mit sämtlichen Überzeugungen überhäuft sind und sich von fremden Wahrheiten führen lassen. Sie sind so sehr mit fremder Energiefrequenz überhäuft, dass es mir schwerfällt, ihre Seele zu erkennen. Viele Menschen haben sich Maskenschichten zugelegt. Zum Glück gibt es immer mehr Menschen, die sich auf Seelenebene begegnen können. Wer bin ich, wenn ich alle Überzeugungen abgelegt habe und alle Personenidentitäten? Ich komme in den Sein-Zustand: Ich bin nichts und doch alles, ich bin Liebe.

Wir haben die Möglichkeit, mit dem Fluss der Heilung zu gehen und unser gesamtes System zu reinigen und uns wieder zurück in die Herz-Einheit zu bringen. Ich nenne das Gefühl von Einheit extra Herz-Einheit, weil wir mit der Liebe, die aus dem Herzen kommt, in dieses Gefühl von Einheit zum Ganzen kommen. Wir haben die Chance, in dieser Inkarnation mit unserem Körper die vierte und fünfte Dimension zu erreichen. Unser Körper reagiert stark auf diesen Wechsel, plötzlich nehmen wir ihn viel mehr wahr, und jedes Organ darf eine Reinigung erfahren. Vielmals ist eine Reinigung des ganzen Körpers mit Schmerzen und Grippesymptomen konfrontiert, oder wir haben mehr das Bedürfnis uns auszuruhen. In dieser Zeit ist es sehr wirksam, wenn du sehr liebevoll mit deinem Körper und dir selbst umgehst, dich nicht mehr überstrapazierst und die Signale, die dein Körper dir sendet, beachtest. Je mehr du dein Körperbewusstsein wahrnimmst und ihm Beachtung schenkst, desto leichter kann dein Bewusstsein erhöht werden und mit der

Atmosphäre mitschwingen. Je mehr du dich selbst öffnest und diese Aspekte von deinem tiefsten Innern wieder annehmen kannst, desto mehr wirst du wieder Zugang zu Erfahrungen und Weisheiten erlangen, die du durch verschiedene Inkarnationen an Seelenerkenntnis gewonnen hast. Jedes Mal, wenn du blockierte Energien klärst und transformierst, die dich abhalten, deine Gesamtheit zu öffnen, wirst du mehr und mehr Freude und Liebe in deinem Herzen erfahren. Dein Herzbewusstsein kann sich dann noch mehr mit der kosmischen Energie in Verbindung setzen, du kannst dich an noch mehr Verständnis erfreuen und deine Seelen-Aufgabe für diese Erde noch besser verwirklichen. Wenn du selbst vieles in dir geklärt hast, spürst du weniger Schmerz und bekommst immer mehr Mitgefühl für die Menschen, die ihre eigenen Traumen mit Aggression gegen andere Lebewesen ausleben. Du selbst kannst in deiner inneren Stärke bleiben und lässt dich nicht mehr so einfach in eine Aggression hineinreißen.

Deine tiefste Liebe zur Erde, zu dir und den Lebewesen ist dein ständiger Motor, der dir deinen Antrieb gibt, weiter wertvolle Handlungen für die Erde zu tun und dich von deiner Last zu befreien.

In Lebenszeiten von Lemuria existierte eine Einheit, die wir nun alle wieder zu verstehen lernen und anwenden können. Die Mutter Erde bietet dir einen wunderschönen Ort an, um für die Allgemeinheit zu handeln. Statt nur für dich und deine Familie zu sorgen, fange an dich zu fragen: Was kann ich für die Mutter Erde tun? Was kann ich tun, um mich selbst glücklich zu sehen und gleichzeitig etwas Gutes für die Allgemeinheit zu tun? Denke und handle im Großen, und du wirst eine wunderschöne Erfüllung erleben. Lasse dich von deinem höheren ICH führen und verbinde dich mit der kosmischen und der Erdenergie, dann wirst du mit deinem Sein und deinen Taten, die aus deinem reinen Herzen entstehen, noch mehr Liebe zurückbekommen. Sämtliche Taten bleiben im morphischen Feld erkennbar und werden als eine Energieform gespeichert; von daher ist alles, was du getan hast, für Wesen, die eine gewisse Reinheit erreicht haben, abrufbar.

Durch deine Liebe für dich und das Ganze können deine Taten geheilt werden. Die Erde befindet sich in einem Transformationsprozess, erlaube dir mit der Erdatmosphäre diese Transformation, lass dich mitziehen, lass vieles los, was du nicht mehr brauchst, denn es ist für die Seele Gaia äußerst wichtig, dass wir mit ihr im Fluss sind, um ihren Erdkörper zu erneuern und damit wir zusammen eine Frequenzerhöhung erleben können. Je mehr wir in Heilung sind, desto schneller kann die gesamte Erdatmosphäre in die vierte und fünfte Dimension steigen.

Wir können jeden Tag positive Gefühle ins kollektive Feld schicken. Denn diese positiven Gefühle tun ja nicht nur uns selbst gut, sondern sie helfen mit, dass mehr Positivität im Kollektiv ist, somit auch in das morphische Feld gelangt und für einen Wechsel von der Negativität zum Positiven wirkt. Es gibt noch niedrig schwingende Energie im morphischen Feld, die aber durch unsere Positivität gereinigt wird. Je mehr Freude, Liebe, Leichtigkeit, Frieden und Vertrauen im Feld sind, desto leichter können die nächsten Monate werden.

Empfehlung, was dir bei deinem Aufstieg helfen kann:

- **In das Gefühl von Einheit kommen**
- **Verbindung deines Herzens mit dem Planeten Erde und der Seele Gaia**
- **Reinigung deiner einschränkenden Realität**
- **Im Gleichgewicht der ursprünglichen weiblichen und männlichen Kraft**
- **Bringe dich so viel wie möglich mit deiner Seele in Verbindung**
- **Bringe dich vermehrt in dein Herzbewusstsein**

- Ernährung, die dir Energie gibt, statt einer leblosen Ernährung
- Sei dir bewusst, die Essenz von Liebe ist schon in dir
- Schaffe dir Raum und Zeit für die Liebe und löse dich von Dingen und Menschen, die dich dabei hindern
- Wenn du dein Licht und deine Liebe gefunden hast, so breite sie aus
- Bewusstwerdung über deine Herzensreinheit
- Transformation von Angst und anderen belastenden Negativitäten
- Verzeihe jedem und speziell dir selbst
- Bewusstwerdung über die unendliche kosmische Intelligenz
- Bewusstwerdung über deinen freien Willen und deine innere Kraft
- Befreie dich von Menschen, die sehr negativ sind. Befreie dich zumindest energetisch
- Ernähre dich gesund, pflanze so viel wie möglich selbst an und integriere auch Wildkräuter
- Handle aus dem Herzen
- Handle in Liebe
- Handle für die Gesamtheit
- Verbinde dich so viel wie möglich mit der Erde
- Handle für die Erde
- Löse dich von Urteilen über dich und andere
- Streiche niedrige Wörter aus deinem Vokabular (Streit, Krieg usw. existieren für dich nicht mehr)
- Werde dir bewusst, dass der Staat nicht über dir steht und du der Unterlegene bist, denn das ist eine Illusion
- Bleibe so viel wie möglich in der Energie von Liebe, treffe dich mit Menschen, die du liebst und die dein Herz höherschlagen lassen
- Breite das Gefühl von Liebe von deinem Herzen so häufig wie möglich aus

- Befreie dich von Verpflichtungen
- Gebe dir deine eigene Macht wieder zurück, du verfügst über Eigenermächtigung
- Treffe dich vermehrt mit Menschen, die in der Energie von Liebe sind
- Verlasse dich auf deine Intuition und trainiere sie so viel wie möglich
- Komme immer mehr in den Sein-Zustand
- Löse dich von sämtlichen Überzeugungen, die dich kleinhalten
- Löse dich von Ablenkungen, auch von verschiedenen Veranstaltungen, die dein Herz nicht berühren
- Löse dich von Mediensüchten
- Verbringe dafür mehr Zeit mit dir selbst
- Benutze mehr natürliche Produkte
- Komme mehr in das Mitgefühl als in den Kampf
- Verbringe so viel Zeit wie möglich in der Natur
- Verbinde dich mehr mit der Natur
- Verbringe mehr Zeit mit positiven Tagträumen
- Verbringe mehr Zeit damit, zu visualisieren
- Ermögliche dir ein (wohnliches) Umfeld voller Liebe

Vergebung kannst du von niemanden verlangen, du selbst kannst es ausstrahlen mit einem rosafarbigen Licht, das gleichzeitig das Licht des Mitgefühls ist und alles im Herzen zum Fließen bringt; somit kannst du die andere Seele erreichen, indem du es ihr friedvoll sendest. Als menschliches Wesen nimmt es der andere nicht bewusst wahr (außer er hat schon eine ausgeprägte Wahrnehmung), seine Seele wird es jedoch erreichen, und sie erfährt bewusst davon, wenn sie dazu bereit ist. Das ist eine Art von Lichtkommunikation, die nie verletzen kann und heilend für beide Seiten ist, ohne langwierige analytische Gespräche zu führen, die dann wieder beurteilen. Eine Lichtkommunikation ist urteilslos. Auch wenn es den anderen bewusst erst Jahre später erreicht, kannst du deinen Teil heilen.

28

KARMA

Manche, die in einer Welt der dritten Dimension leben, sind sich häufig ihrer karmischen Begebenheiten nicht bewusst und können selten erkennen, dass die von ihnen ausstrahlende Energie an die karmische Schwingung von Außen angekoppelt ist. Das musste ich erst erkennen, weil ich von Anfang an ein sehr feines Bewusstsein hatte und mir daher die karmische Reaktion von Anfang an bewusst war. Durch meine Taten spürte ich die karmische Reflexion sofort. Auch war mir von Anfang an bewusst, welche Grundthemen ich in diesem Leben habe, die ich bereinigen darf. Es gibt Lehren über das Karma, die aussagen, dass der Mensch mit den karmischen Begebenheiten aus vergangenen Leben im jetzigen Leben konfrontiert wird und dass deshalb die Seele sich nochmals auf der Erde neu inkarnieren muss. Für mich stimmt die Aussage nicht ganz, natürlich ist die Seele an etwas gebunden was sie noch nicht aufgelöst hat, an die Erde, an andere Menschen, Orte und Taten. Aber dies kann sie auch irgendwo anders auflösen, ohne auf der Erde neu zu inkarnieren. Sie hat einen freien Willen und kann selbst entscheiden, wo sie hinmöchte; die Voraussetzung ist, dass ihre Schwingung an den jeweiligen Ort passt. Sie kann sich aber je nach Bewusstsein selbst entscheiden, ob sie für ihre Heilung wieder auf der Erde inkarnieren soll oder auf einem anderen Planeten. Innerhalb der Galaxie war die Erde noch nie der einzige Planet in der dritten Dimension. Meistens fühlten sich die Seelen durch ihre Schwingung zu der Erde und anderen Menschen, Familienseelen, Tieren, Orten hingezogen und entschieden sich, nochmals auf der Erde zu inkarnieren. Und in den meisten Fällen waren die Seelen noch nicht ganz frei, sondern in einer Art von Unfreiheit an die Erde gebunden, und kamen deswegen wieder zurück. Das Karma ist nichts anderes als deine eigene Schwingung, die durch deinen Energiekörper ausstrahlt. Auf der Erde existiert schon lange eine Energie der Gefangenschaft, überall gibt es Seelen auf der Erde, die noch gefangen sind und deshalb wieder auf der Erde inkarnierten. Eine Seele kann sich aber auch von der Gebundenheit an die Erde befreien, ohne dass sie wieder dort inkarnieren muss. In feinstofflichen Dimensionen gibt es keine Bestrafung, sondern Konfrontation; es gibt nur verschiedene Energien, die sich durch die gegenseitige Resonanz angezogen fühlen. Es ist wohl der größte Irrtum, der weltweit existiert, dass es immer eine Bestrafung geben muss. Es gab zu jeder Zeit auf der Erde Menschen, die eine reinere Schwingung als die dreidimensionale Schwingung mitbrachten, und das waren nicht nur Buddha und Jesus; es gab und gibt auf der Erde immer Menschen, die eine sehr reine eigene Energie mitbringen, um für eine Heilung der Menschheit zu sorgen. In abgelegenen wohnenden Stämmen lebten häufig Menschenseelen, die mit ihrem Geist in einer höheren Dimension lebten; sie waren unbekannt und häufig auch unbedeutend für die Herrscher und fühlten sich in Urwäldern wohler als in Dörfern oder Städten. Solche bedeutenden Seelen arbeiteten immer für die Heilung der Erde, wie Jesus, nur meistens völlig unbemerkt von anderen, die eine Wahrnehmung der dritten Dimension hatten. Jesus war auch nicht allein, auch er hatte Begleiter, andere Seelen, mit denen er entweder direkt, also physisch einen Kontakt pflegte, die auch auf dieser hohen Energiefrequenz waren und sich im Hintergrund hielten, um sich vor Verurteilung zu schützen, oder es gab Seelen, die gleichzeitig an einem völlig anderen Ort mit ihrer hohen Frequenz wirkten. Es war damals ein Zusammenwirken mehrerer Seelen, die eine reine Liebe und Heilung auf die Erde brachten. Es gab aber gleichzeitig andernorts, auf anderen Kontinenten Seelen, die auch die Aufgabe hatten, die reine Liebe auf der Erde auszustreuen, und die eine Heilung bewirken konnten. Diese Menschen gab es schon immer, es war nicht Jesus allein, der dies tat. Die meisten Seelen mit einer sehr reinen Schwingung hielten sich jedoch lieber völlig zurückgezogen umgeben von der Natur auf, weil sie sich in der beschränkten Wahrnehmung der Menschen in Städten und Dörfern nicht wohlfühlten und das für sie auch gefährlich war, da sie dort Angriffen ausgesetzt waren. Mit ihrer hohen Schwingung passten sie nicht in die Städte, weil dort die Energie sehr niedrig war. Sie inkarnierten in einer Umgebung, in die sie hineinpassten, und das war besonders in Stämmen, die von Natur und Tieren umgeben waren. Und solche Seelen blieben der übrigen Menschheit unbekannt.

Je mehr die Erde teilweise schon in der vierten Dimension schwingt, erzeugt die karmische Begebenheit auch bei unbewussten Menschen eine sofortige Reaktion. Deine Gedanken, deine Schwingung erfährt eine sofortige oder schnellere Reaktion von außen. Deine Gedanken, deine Schwingung, die jetzt schneller in das Feld ausgesendet werden, bewirken eine schnellere und exaktere Manifestation als in der dichteren dritten Dimension. Das, was du karmisch noch mit dir trägst, bekommt jetzt eine schnellere Reaktion. Wenn du in der Vergangenheit bis jetzt anderen Leid zufügtest, so wird in der vierten Dimension der Schleier geöffnet und du wirst mit deinen Taten direkt, ohne ausweichen zu können, konfrontiert und hast die Möglichkeit, dies zu heilen. Dein Karma, deine Schwingung wird für dich eher sichtbar als in der dritten Dimension. Auch wenn du flüchten möchtest und dich ablenkst, begleiten sie dich trotzdem, bis du dich deinem eigenen Spiegelbild stellst. Und alles hervorkommen lässt, was kommen soll, und du es annimmst, um es zu heilen. Viele fühlen sich deswegen nicht ganz wohl in der vierten Dimension und sind daher auch ängstlich. Denn sie ahnen, was sie zurückbekommen, denn sie müssen sich jetzt mit ihren Taten und ihrem Karma konfrontieren und haben Mühe damit, dass jetzt der Trug von anderen viel schneller durchschaut wird. Menschen, die sehr unbewusst leben, ist es nicht bewusst, dass sie ihr Karma wie eine Batterie ständig mit destruktiver Frequenz aufladen und mit einer Tat oder allein schon mit einem Gedanken die daraus entstehende Energie ins universelle Feld hinaussenden. Der Effekt zeigt sich sofort. Deine Frequenz schwingt mit dem Universum mit und gleichzeitig in Parallelwelten, ja sogar von anderen ähnlichen Universen. Da im Universum keinen Raum, keine Vergangenheit, keine Zukunft existiert, ist es zeitlos und dadurch erscheinen Parallelwelten. Jetzt, da die Menschen erwachen, können sie diesen rückwirkenden Effekt schneller wahrnehmen.

Diejenigen, die von Anbeginn ihrer Existenz aus Liebe handelten, sich für die Erde und andere einsetzten und ihre Liebe verbreiteten, sind umgeben von Licht und Lichtwesen und bekommen jetzt endlich eine wundervolle dankbare Energie zurück. Sie fühlen sich wohler, wenn der Schleier gelüftet wird, denn sie haben nichts zu befürchten. Umgeben von ständiger Ablenkung und Täuschung ist es knifflig zu erkennen, was für dich richtig ist. Ziehe dich daher mehrmals zurück, um dich in die Stille zu bringen.

Sich der Wahrheit zu öffnen, heißt, sich dem hinzugeben, was du hören sollst, und nicht dem, was du hören möchtest.

29

NIEDRIGE MACHTHABER RISKIEREN JETZT ALLES

Wenn wir uns nicht selbst lieben können, sind wir weit entfernt von unserer Seele und sind in jeder Hinsicht mühelos zu manipulieren. Darum wird durch die niedrigen Mächte die Frequenz von Liebe bekämpft und stattdessen die Energie von Aggression und Angst gefördert, sie sind schließlich selbst in dieser Frequenz. Was immer die Machthaber letztendlich machen, sie haben nicht mehr das große unterstützende Umfeld, weil schon viele niedrige Mächte die Erde verlassen haben. Da schon einige Machthaber die Erde verlassen haben, gibt es nur noch wenige, die auf der ganzen Welt verteilt sind, die Kriege, Steuerabgaben, Politik und das weltliche System steuern. Es gibt aber unzählige Menschen, die durch Traumen die destruktive Schwingung weiterleben und fördern, weil sie nichts anderes kennen als Angst und Aggression. Die wenigen übrig gebliebenen Machthaber wissen genau, dass ihre Tyrannei jetzt ein Ende nimmt. Völlig verwirrt und aus absoluter Verzweiflung heraus versuchen sie, in einem letzten Streben nach Macht alles unter Kontrolle zu halten. Ihr Ziel ist es, die Menschen mit der künstlichen Intelligenz noch mehr in Abhängigkeit zu bringen, um sie weiter für ihre Zwecke benutzen zu können.

Gewisse niedrige außerirdische Wesen, die auf anderen Planeten leben, pflanzen sich auf andere Weise fort als wir und haben dazu eine eigene Technologie entwickelt. Sie vermehren sich durch genetisches Kopieren und bekommen gesteuerte Informationen. Sie durchlaufen keine Entwicklung vom Embryo über das Kind zum

Erwachsenen und sind keine Individuen, sondern sehen alle gleich aus, weil sie geklonte Wesen sind. Die Führer stellen Wesen her, um diese für sich arbeiten zu lassen und Kriege zu führen. Sie pflanzen den geklonten Wesen Chips ein, um sie zu steuern. Diese Wesen haben keine eigene Intelligenz, sondern eine künstliche, und werden durch Hierarchen geleitet und sind deswegen abhängig von der Steuerung. Das bedeutet, dass sie über keinen freien Willen verfügen, sondern sich fernsteuern lassen. Menschen, die an die niedrige Frequenz angebunden sind, haben auch die Idee, geklonte Wesen herzustellen oder Tiere und Menschen Chips einzupflanzen. Die Filmindustrie zeigt den Menschen, wie toll es ist, wenn Hybrid-Kreaturen entwickelt werden, die gegeneinander kämpfen. Sie erreichen damit, dass die Menschen sich an diese Vorstellung gewöhnen und es nicht mehr abwegig finden, wenn genmanipulierte Wesen unter uns sind, die kalt und ohne Emotionen für die niedrigen Mächte arbeiten. Was hinter hohen Mauern zum Beispiel in Alaska geschieht, ist für mich wie der Schauplatz eines der übelsten Horrorfilme und eine Science-Fiction-Fantasie, ähnlich wie in Versuchslaboren wo Tiere auch im Namen der Wissenschaft gequält werden. Im Geheimen werden unter Tarnnamen wie Genforschung oder Biotechnologie DNA-Manipulation vorangetrieben, um im Verborgenen Hybrid-Organismen heranzuzüchten, die für gesteuerte Zwecke eingesetzt werden. Was diese herzlosen Wissenschaftler in der Unterwelt ihrer Genexperimente und Tierversuche ausbrüten, ist eine der hässlichsten Taten. Menschen, die solche Dinge aufklären möchten, werden in den Medien als Verschwörungstheoretiker betitelt, um vom Volk nicht ernst genommen zu werden.

Die niedrigen Mächte möchten roboterähnliche Emigranten auf der Erde entwickeln, um ihre Macht zu verteidigen. Es arbeiten schon genügend durch eine Programmierung herzlos gewordene Menschen für diese Mächtigen. Manche beschließen sich den niedrigsten Mächten zu beugen, ihnen zu gehorchen und zu dienen.

Sie unterwerfen sich dabei selbst und sind sich ihrer Taten nicht bewusst. Durch Herzlosigkeit gibt es Zerstörung auf der Erde. Darum ist es wichtig, dass wir solche negativen Auswüchse verhindern können. Zur Aufklärung: Alles, was lichtvoll und für die Allgemeinheit entstanden ist, muss nie hinter Mauern und auf einem abgeschlossenen Areal versteckt werden. Auf der Erde sollten solche schrecklichen Taten verboten werden. Sämtliche Wissenschaftler, die ohne Liebe, ohne ethische Aspekte arbeiten, sollten nicht für die Wissenschaft tätig sein, weil diese glauben, sie können ganz unverfroren mit dem Leben anderer herumexperimentieren, wie es ihnen gerade passt. Durch ihre Abgestumpftheit haben sie kein Bewusstsein von der Vollkommenheit der Schöpfung, die uns durch ihre Reinheit die Wahrheit zeigt.

Weil viele die Hässlichkeit nicht sehen wollen und gerne wegschauen, ohne einzugreifen, können solche niedrigen Geschehnisse Bestand haben. Wir sollten diese Tatsachen nicht leugnen oder apathisch hinnehmen, denn so erkennen wir viel besser, was von der Lichtseite und was von den niedrigen Mächten herkommt, und durch dieses Erkennen können wir eine Säuberung und Heilung der Erde präziser erreichen. Wir Menschen sind Hüter der Gaia, und darum rufe ich alle auf: Nehmt all euren Mut zusammen und setzt euch für die Heilung der Erde ein, wartet nicht, bis die Retter kommen, denn ihr selbst seid die Retter für eine schönere Welt. So können keine bösen Absichten uns Menschen daran hindern, etwas Wundervolles entstehen zu lassen. Das Alte verschwindet, auch wenn es sich aus Leibeskräften dagegen wehrt. Wenn wir furchtlos in die niedrigen Begebenheiten blicken, auch in unsere eigenen, so können wir sie transformieren und mit einer erhöhten Schwingung emporheben.

Aus allen Schichten des Globus wird über Sichtungen von Raumschiffen berichtet, die momentan sehr aktiv sind. Überall auf der Erde wird in die natürlichen Gegebenheiten eingegriffen, nicht mal das Wetter sollte einem natürlichen Verlauf folgen, sondern auch da werden regelmäßig Flugzeuge eingesetzt, die Chemikalien während des Fluges absondern, um in das Wetter einzugreifen, um unsere Sicht mit dichten Wolken zu vernebeln. Denn momentan sind sehr viele Ufos von Außerirdischen, aber auch fortschrittliche Luftfahrzeuge von der Geheimregierung unterwegs, die am Himmel sichtbar sind. Die Geheimregierung möchte unsere Sicht vernebeln, sodass wir diese Luftfahrzeuge nicht sehen können. Es werden Flugzeuge dafür eingesetzt, die nur dazu da sind, die Chemtrails rasterförmig zu verteilen. Es ist nicht nur ein unbedenklicher Wasserdampf, den wir durch die Striche am Himmel wahrnehmen, sondern es sind Gifte, die lange am Himmel bestehen bleiben. Wasserdampf löst sich schneller wieder auf. Natürlich wird diese Theorie von den Medien wieder in den Topf der Verschwörungstheorien geworfen. Entscheide selbst, was du glauben möchtest.

Aufgrund der Ängste der Geheimregierung wird momentan geplant, dass viele Menschen auf den Mars und den Nefilim *(auch Nibiru genannt, ein Planet, der sich nicht in der Umlaufbahn halten kann und im Weltraum herumkullert)* gebracht werden sollen, um dort für die Mächte zu arbeiten. Die Geheimregierung kann nur noch verwirrte Pläne durchführen, denn die Machthaber wissen, bald kommt alles, was versteckt wird, auch für jene Menschen ans Licht, die sie noch nicht durchschaut haben. Es wird in nächster Zeit vermehrt über einen neuen Planeten und den Mars berichtet, es wird behauptet, dass auf dem Mars (endlich, endlich) Leben entdeckt wurde, um es den Menschen schmackhaft zu machen, in Zukunft dorthin zu reisen. Auf dem Mars leben einige Hybrid-Wesen, es herrscht dort eine künstliche Welt. Die niedrigen Mächte benützen dabei die Erde als eine Art von Tankstelle, um Rohstoffe zu rauben und sie dort hinzuschaffen. Zur Erinnerung: Es gibt unendlich viele Planeten, auf denen es ein harmonisches Leben gibt. Schaut doch nur mal in den Himmel und beobachtet die Sterne, sie strahlen eine wundervolle Magie aus und sind schöner als jedes künstliche

Weihnachtslicht. Aber lieber leben wir Menschen eingesperrt zwischen unseren vier Wänden und scheinen nur noch Interesse an der künstlichen Welt zu haben. Im Äther nehme ich die Gedanken wahr, die in den Köpfen vieler Menschen sind; momentan haben viele Verzweiflung in sich und große Ängste, die sie dazu treiben, den Gedanken zu fassen, die Erde zu verlassen. Solche Menschen sind sehr leicht zu beeinflussen. Außerdem lauern momentan unglaublich viele Gedanken an Selbstmord. Beides sind nur Anzeichen einer Flucht. Doch ihr könnt nicht fliehen, denn ihr nehmt alles, was noch nicht verarbeitet wurde, überallhin mit. Deine Schwingung begleitet dich immer, du kannst nirgends hin flüchten in dem Glauben, dass es am neuen Ort besser sein wird. Das, was du noch nicht geheilt hast, begleitet dich immer, darum wird es am neuen Ort nicht schöner. Weil die meisten Menschen die Erkennung ihres eigenes Seelenzwecks vergessen haben, irren sie verwirrt herum. Die Erde ist ein wundervoller magischer Ort. Erkenne wieder die Schönheit und die Wunder in der Natur; es wäre schade, wenn du durch niedrige Gedanken die Erde als einen unschönen Ort in Erinnerung behalten würdest. Das hat sie nicht verdient, denn sie gibt uns allen einen Platz, um neue Erkenntnisse zu erfahren, um wieder die eigene Liebe zu erreichen.

Du solltet abwägen, ob du an die Realitätswahrnehmung anderer autoritärer Personen glaubst und von dieser Fremdwahrnehmung beeinflusst werden möchtest oder nicht. Bei vielen Menschen ist die eigene Wahrheit noch eingefroren; sie lässt sich aber aufbauen, wenn wieder vermehrt auf die Intuition gehört wird. Jede Absicht eines Menschen verursacht eine Richtung, in die die Energie fließt. Im Positiven wie im Negativen.

Jede niedrige Tat verstärkt diese Frequenz, und deshalb ist es wichtig, dass wir uns auf das Lichtvolle und die Liebe konzentrieren. Die ständige Kontrolle und das Einpflanzen von Chips in Körpern kommt nicht von der Lichtseite und sollte nicht befürwortet werden, auch nicht bei Tieren.

Der Mensch ist ein wunderbares, intelligentes, gütiges, liebevolles, fürsorgliches und mitfühlendes Wesen. Das sind Geschenke, deren wir uns bewusst werden sollten. Wir besitzen etwas Außergewöhnliches, das eine künstliche Intelligenz nie haben wird: die Gefühle und die reine Liebe der Seele. Dies ist nicht programmierbar. Unsere Aufgabe ist es, wieder zu lernen, aus dem liebenden Herzen zu handeln.

Die niedrigen Mächte streuen eine Energie von Angst aus, die sich global verbreiten soll, um dann als scheinbare Retter aufzutreten. Ihre Rettung soll als angeblicher Schutz alles kontrollieren und den Menschen noch mehr Freiheit nehmen. Zum Beispiel versuchen sie, Impfungen durchzusetzen. Sie möchten erreichen, dass die Menschen nur noch mit dieser Impfung gegen ein Virus ins Ausland reisen können. Die Pharmaindustrie übt noch sehr große Macht über die Menschen aus. Ohne das Vorzeigen der Impfung wird uns Menschen künftig das Reisen ins Ausland verweigert. Sämtliche Daten und die Privatsphäre sollen überwacht werden. Menschen, die in Angst sind, können sie mühelos manipulieren. Lass dich nicht in die Irre führen. Erkenne, dass die niedrigen Machthaber bereit sind, alles zu riskieren, um den Tag, an dem sie sich nicht mehr hinter dem Schleier verborgen halten können, hinauszuzögern. Löse dich von allem Destruktiven und Belastenden, um nicht in diesen Sog von Angstgetriebenheit zu gelangen. Bedenke auch, wenn du mit Wut und Anklagen gegen andere vorgehst, dass du auch in diesen Sog von niedrigen Gegebenheiten hineingezogen werden kannst. Befreie dich von allem, was dich abhält, deine reine Existenz zu leben. Strebe den Frieden an. Je kristallklarer dein Inneres ist, desto weniger lässt du dich in fremde niedrige Energie hineinziehen. Da es schon viel mehr Licht auf der Erde gibt, braucht es keine langwierigen Gespräche beim Psychologen, der dir nur noch mehr das Gefühl gibt, dass mit dir etwas nicht stimmt, weil er vielleicht selbst in einem verengten Muster verharrt und aus dieser Perspektive seine Tipps gibt. In kurzer Zeit kannst du jetzt auch die karmischen Verstrickungen auflösen. Sämtliche Energie ist immer in Bewegung, daher stimmt es nicht, dass du karmische Begebenheiten hinnehmen musst und selbst nichts tun kannst. Mit solchen Gedanken nimmst du dir deine Eigenverantwortung. Nach den universellen Gesetzen besitzt jedes Wesen, das einen Funken Licht in sich trägt, einen freien Willen und kann seit Anbeginn seiner Existenz selbst entscheiden welche karmischen Belastungen weitergetragen oder geheilt werden sollen. Nach dem universellen Gesetz ist ein Eingreifen ohne die Zustimmung des anderen nicht gestattet. In dem Sinne trägt jedes Wesen seine eigene Verantwortung, ob es seine Freiheit leben möchte oder ob es sich durch eigene Gedanken kleinhalten lässt. Vielen ist dies nicht bewusst, und sie nehmen eine untergeordnete Rolle vor der Regierung ein. Einer Regierung, die durch Lügen entstanden ist. Wenigen Menschen ist das bewusst, die meisten gehen mit einer Nebelschicht und deshalb eingeschränktem Horizont durch das Leben. Unser künstliches System greift ständig in unsere Willensfreiheit ein, und Menschen, die noch eine Nebelwolke vor ihrem Horizont haben, merken es nicht. Wir Menschen können unsere innere Kraft an der universellen Frequenz anbinden. Wir haben ein Recht dazu, unser eigenes Energiefeld vor Angriffen zu schützen, und wir sollten es sogar! Niemand hat das Recht, ohne deine Zustimmung mit destruktiven Absichten in dein Energiefeld zu treten. Es wurde uns aber nicht beigebracht, wie wir uns vor energetischen Eingriffen schützen können. Im Gegenteil, uns wurde beigebracht, dass es ganz normal ist, unsere Geburts- und Biodaten der Regierung preiszugeben und vieles mehr. Somit geben wir die Macht an die Regierung ab, sie bekommt eine energetische Macht über uns, weil sie unseren Code hat, das heißt unser Geburtsdatum und unsere Geburtsurkunde. Solche Daten sollten eigentlich nur für die Familie sichtbar sein oder für Menschen, die uns wohlgesinnt sind, denn das Geburtsdatum ist unser Zahlencode auf der Erde. Es gibt noch einige Familien, denen es bewusst ist, dass ihr Geburtsdatum heilig ist und sie es nicht an jeden weitergeben sollten. In gewissen Schichten der jüdischen und indischen Kultur haben sie ein wahres Geburtsdatum, das nur die Familie kennt, und ein anderes, dass sie an die Behörde weitergeben. Für sie ist es ein energetischer Schutz, um die Beeinflussung von außen von sich fernzuhalten. Den meisten Menschen ist es gar nicht bewusst, wo überall sie ihre Eigenermächtigung abgeben und sie darum Fremdmächte in ihr Leben einlassen. Erkennen wir nicht, dass jemand übergriffig ist, lassen wir uns manipulieren und beeinflussen. Als Kinder wurde unser freier Wille schon wegtrainiert. Dabei sollten Kinder als eigenständige Seelen erkannt werden, und als Erwachsene haben wir die Aufgabe, zu erkennen, was das Kind für eine Begabung hat, und diese zu fördern. Die Lichtwesen halten sich an das Gesetz des freien Willens und greifen erst ein, wenn sie um Hilfe gebeten werden oder als Ausnahme, um Unfälle zu verhindern. Ein Mensch, der wie ein Schlafwandler durchs Leben geht, wird ständig wie eine Marionette, die an Drahtseilen befestigt ist, durch andere geleitet. Er gibt seinen Willen an die Regierung und andere ab. Zum Glück gibt es immer mehr Menschen, die erkennen, dass sie ihre eigene Traumen aufzulösen haben, und nicht mehr für eine Vorherrschaft einstehen möchten, die Kriege und Angst anstiften. Die Frequenz der Erde hat sich teilweise schon auf die vierte Dimension erhoben, darum sind die weltlichen Geschehnisse und viele Menschen etwas wirr. Doch jeden Tag erwachen mehr Menschen, und das kollektive Bewusstsein steigt. Jeden Tag erkennen immer mehr ihre wahre Natur und richten sich vermehrt nach der Wahrheit, sie wollen nicht mehr länger belogen werden. Je feiner das Bewusstsein ist, desto mehr sehen wir hinter die Fassade und desto mehr bekommen wir Zugang zu den kosmischen Antworten.

30
NEGATIVE MANIPULATION UND AUßERIRDISCHE DIE UNS HELFEN

Die menschliche Gemeinschaft wird in Unklarheit und Desorientierung durch Machthaber gelassen, die die Erde und die Menschen beherrschen, um einen persönlichen Gewinn daraus zu ziehen. Sie versuchen mit allen Mitteln, den Menschen einzureden, dass der Planet Erde der einzige bewohnbare Planet in der umgebenden Galaxie ist und dass es keinen Kontakt zur Außerirdischen gibt. Dabei reisen sie selbst schon längst auf benachbarte Planeten und stehen mit benachbarten Zivilisationen in Verbindung. Sie treffen sich mit niedrigen Zivilisationen, tauschen sich aus und führen Verhandlungen, um auf Kosten der Bewohner und der Erde noch mehr Gewinn zu erzielen. Sie veranstalten einen großen Missbrauch gegenüber der Erde und ihren Bewohnern. Ständig legen sie eine niedrig schwingende Energie über die Erdatmosphäre, und Menschen, die ihre ursprüngliche Reinheit noch nicht erreicht haben und die noch nicht erwacht sind, werden in den niedrig schwingenden Sog hineingezogen. Es werden ständig die Frequenzen von Angst, Missbrauch und Aggression in die Atmosphäre gesendet, und die Menschen, die sich noch nicht von diesen niedrigen Frequenzen befreit haben, werden in diesen Sog hineingeraten und beginnen, die niedrige Energie weiter auszubreiten. Wenn jemand Angst hat, kann ein niedriges Wesen oder eine niedrige Frequenz andocken, und so kann sich die niedrige Energie noch verstärken. Solche Menschen führen dann Handlungen aus, deren zerstörerische Energie sich gegen sie selbst, gegen die Erde und ihre Bewohner richtet. In den Medien werden ständig negative Meldungen verbreitet, um die Menschen auf der niedrigen Frequenz zu halten. Und weil die Menschen wie in einem endlosen Kreislauf in dieser Frequenz gefangen sind, verbreiten sie diese Meldungen weiter und sie werden zu ihren Überzeugungen. Menschen, die im Einklang mit ihrer reinen Seele und mit der universellen Intelligenz in Verbindung sind, lassen sich nicht durch solche Meldungen beirren. Sie kennen die eigene ethische Wahrheit und können sofort unterscheiden, was von der niedrigen Seite herkommt. Menschen, die ihre eigene Wahrheit noch nicht gefunden haben, sind ständig auf der Suche und lassen sich durch die Aussagen anderer manipulieren. Sie glauben eher anderen, die eine überzeugende Meinung mit angeblichen Beweisen verbreiten, statt ihrer inneren Stimme. Die niedrigen Machthaber sind bestens informiert und kontrollieren alles. Sie möchten verhindern, dass sich das menschliche Individuum weiterentwickelt und aufwacht. Die Machthaber wissen: Wenn das Bewusstsein der Menschen wächst, erkennen die Menschen, dass es mehrere friedlich lebende Zivilisationen gibt, die uns seit Beginn unterstützen, weil sie uns lieben und sich wünschen, dass sich die Menschen wieder bewusst an die Galaxie anschließen lassen. Ohne die friedlichen Wesen auf anderen Planeten und Sternen wäre der Planet Erde durch die Besetzung von niedrigen Mächten schon zerstört. Durch ihre unerschöpfliche Unterstützung konnten sie mehrere Atomkriege verhindern und noch vieles mehr. Zu den Haupt-Zivilisationen, die uns dauernd helfen, gehören vor allem die Plejaden, Sirius, Arcturus, Venus und Andromeda – natürlich gibt es noch einige mehr, die unser Verhalten für das Sonnensystem als sehr gefährlich einstufen und deswegen das zerstörerische Verhalten auf der Erde beobachten. Ständig reinigen unsere außerirdischen Helfer die Atmosphäre um den Erdglobus herum und entfernen den großen Schmutz, der von der Erde in die Atmosphäre der Galaxie aufsteigt. Sie leisten im Hintergrund eine Unterstützung, die unsere Heilung ankurbelt; sie verbreiten mit der Unterstützung von Menschen, die für die kosmische Ethik sind, im Inneren der Erde Kristall-

Netzwerke und Goldadern, um uns wieder ungestört an die Galaxie anzuschließen. Um an das kosmische Netz angeschlossen zu sein, braucht die Erde Netzwerke aus Kristall-Energie und sogenannte Goldadern, die im Inneren und außerhalb des Erdkörpers wiederhergestellt werden. Uns wird aber ständig vermittelt, dass alle Außerirdische böse sind und uns ausbeuten. Natürlich gibt es beides, aber wenn alle nur böse wären, so wären unser Sonnensystem und unsere Galaxie längst zerstört. Es gibt unzählige Außerirdische, die ein erhöhtes Bewusstsein haben und für die Verbreitung der Lichtenergie zuständig sind. Ihr Wunsch ist es, wieder mit uns in Kontakt zu sein und sich auszutauschen, wie zu den Zeiten von Lemuria und Atlantis. Seit es Menschen auf der Erde gibt, gab es immer welche, die dafür empfänglich oder auch selbst auf einer höheren Frequenz aus anderen Dimensionen waren und mit anderen Wesen von anderen Sternen und Planeten kommunizieren konnten.

Die Lichtwesen von den Plejaden, Sirius, Arcturus, Andromeda und Venus sind in der Lage, jedem von uns sofort Hilfe zu leisten, wenn wir uns mit ihnen telepathisch in Verbindung setzen und sie aus tiefstem Herzen und reiner Liebe darum bitten. Da sie schon lange auf einer lichtvolleren Ebene leben, ist es ihr größter Wunsch, uns den Weg zu zeigen, wie wir aufsteigen können, um in derselben Freude und Leichtigkeit wie sie zu leben. Mit den Zivilisationen solcher Völker verbinden sich bisher noch nicht viele Menschen, weil durch die Filmindustrie die Außerirdischen als böse Wesen dargestellt werden und viele Menschen deswegen ängstlich reagieren. Es gibt nur wenige Menschen, die tatsächlich mit diesen Zivilisationen kommunizieren können, weil sie sich Menschen anvertrauen, die ihre Informationen wertschätzen und nie für einen egozentrischen Geltungsdrang missbrauchen würden. Die Außerirdischen vertrauen sich Menschen an, die spüren, zu welchem Zeitpunkt sie die erhaltenen Informationen weitergeben können oder bestimmtes Wissen noch geheim halten müssen, um die Menschen nicht zu verwirren. Denn wenn die Menschheit verwirrt und noch nicht dazu bereit ist, gewisse Informationen zu verstehen, handelt sie mit Abwehr und Zerstörung. Da das kollektive Bewusstsein noch zu wenig lichtvoll ist, würden die Menschen das Wissen auf eine beschränkte Weise nutzen, weil sie es noch nicht vollumfänglich verstehen können. Auch die Menschen, die an ein Wissen gelangen, das für die Mehrheit der Menschheit noch nicht zugänglich und verständlich ist, schützen sich, indem sie es noch geheim halten. Weil sie damit rechnen, angegriffen zu werden von solchen, die es erstens verhindern wollen und zweitens nicht verstehen. Als Kind gelangte ich schon an Wissen, das ich zu dieser Zeit oder vor allem in meinem Umfeld nicht verbreiten konnte. Ich spürte, dass ich es noch eine Zeit lang für mich behalten sollte, um mich selbst zu schützen, denn ich hatte zu diesem Zeitpunkt keine Menschen um mich, die ein Verständnis für das kosmische Wissen hatten. Weil ich in der Schule etwas erzählte, das nicht verstanden wurde, gingen die Alarmglocken beim Lehrer los. Und er schickte mich zu einem Schulpsychologen, um mich analysieren zu lassen. Durch meine starke Intuition wusste ich sehr schnell, worüber ich sprechen darf und was ich besser verschweige. Das war häufig sehr anstrengend für mich, weil ich deswegen meine Natürlichkeit vor anderen Menschen nicht ausleben konnte; vielmals musste ich mich verstellen, um überhaupt verstanden zu werden. Unglaublich viele Kinder werden mit Medikamenten ruhiggestellt, weil sie sich nicht an das schulische System anpassen können und von den Erwachsenen nicht verstanden werden. Häufig werden solche auffälligen Kinder durch einen Schulpsychologen beurteilt. Durch solche Urteile bekommt ein Kind das Gefühl, dass mit ihm etwas nicht stimmt, dabei muss dringend etwas am Schulsystem geändert werden, damit die Kinder mit ihren individuellen Begabungen gefördert werden. Ein Kind ist eine eigenständige Seele und sollte mehr gehört und ernst genommen werden.

Übung:

Um die Macht des anderen zu lösen:

Auch du selbst solltest dazu bereit sein, deine sämtliche Macht über andere Menschen zu lösen. Weder du noch andere sollten Macht übereinander ausüben.

- **Die gesamte Macht, die von (Name) ausgeht seit meiner Begegnung mit dieser Seele löst sich jetzt vollständig von mir.**
- **In jedem Moment, in dem ich entmächtigt wurde, bekomme ich jetzt meine eigene Seelen-Macht vollständig und rein wieder zurück.**
- **Ich habe wieder meine vollständige Eigenermächtigung. Alles wird durch die Liebe geheilt.**
- **Auch nehme ich meine Macht von (Name) zurück.**
- **Ich bin im absoluten Vertrauen, dass ich ohne die Macht des (Name) mein Leben mit meiner inneren Kraft mit Leichtigkeit meistern kann.**
- **Unsere gegenseitige Abhängigkeit, die durch Ängste gekoppelt ist, löst sich.**
- **Ich bin bereit, diese Fesseln zu lösen.**
- **Ab jetzt sind wir beide frei, frei, frei.**
- **Glaubenssätze, Glaubensmuster, Programmierungen, die nicht zu mir gehören und mich behindern, fallen jetzt komplett von mir ab.**
- **Sämtliche Vorstellungen, wie ich sein sollte, lösen sich jetzt von mir, denn es sind (deine) fremde(n) Vorstellungen und sie gehören nicht zu mir. Ich bin frei, frei, frei, danke, danke, danke.**

31
LEMURIA DAS BEWUSSTSEIN VON EINHEIT

Ein Bewusstsein von Einheit ist mit allem verbunden bis ins Unendliche, und alles wird korrelativ beeinflusst. Haben wir eine Emotion, so senden wir sie immer auch an das universelle Feld, und sie ist immer wieder abrufbar. Unsere sämtlichen Taten sind im Energiefeld gespeichert, wie in einer Daten-Bibliothek, und das beeinflusst auch andere Planeten. Die Erde kann sich nur erhalten, weil sie verbunden ist mit der Quelle, mit dem Universum. Sie ist im ständigen Austausch mit anderen Planeten und Sternen. Es ist eine Illusion zu glauben, dass es nur auf unserem Planeten Lebewesen gibt. Die Disharmonie, die wir im weltlichen verursachen, hat immer auch eine Auswirkung auf andere Planeten und auf das Universum. Die Erde existierte immer in der Einheit, anders könnte sie gar nicht existieren. Es ist unsere Illusion zu glauben, wir seien getrennt. Nichts kann auf Dauer in Trennung existieren. Menschen, die noch einen Schleier um sich haben, leben ständig in einer Illusion von Getrenntsein. Wenn wir eine Blume pflücken oder einen Stein aufheben, verändern wir die Gesamtheit des Universums, weil alle unsere Taten immer einen Einfluss auf das ganze Feld haben. Nichts kann getrennt werden, weil die Energie immer noch existiert, die Energie kann höchstens im Nachhinein umgewandelt werden. Wenn wir uns von Menschen trennen, sind wir nie ganz getrennt von ihnen, das Energiefeld ist noch vorhanden, wir können es aber bereinigen, um einen reinen Energiefluss zu erreichen und uns von Fremdenenergie zu lösen. Familienmitglieder sind besonders eng miteinander verbunden, sie hängen zusammen wie Teile einer Kette. Geht ein Teil in die Brüche, kann die ganze Kette auseinandergerissen werden. Hat ein Familienmitglied eine Krankheit, so zieht es auch andere mit. Wir werden emotional mitgerissen und können uns körperlich sogar etwas geschwächt fühlen. Wenn die Familienmitglieder blutsverwandt sind, können sie die Heilung eines Einzelnen noch mehr beeinflussen, um den Heilungsprozess zu aktivieren, und das allein auf energetischer Ebene. Selbst wenn sie physisch weit entfernt voneinander sind, können sie sich einander auf energetischer Ebene Unterstützung für die Heilung geben und viele Blockaden in den Familienstrukturen lösen. Um selbst in der inneren Stärke zu bleiben, ist es von großer Wichtigkeit, mit den anderen Familienmitgliedern ins Reine zu kommen. Täglich sende ich meinen Eltern, Geschwistern und meiner Nichte Liebe, Harmonie, Schutz und Heilung zu.

Im Einheitsbewusstsein gibt es kein Konkurrenzdenken. Jeder freut sich über die Freude des anderen. Es gibt im Einheitsbewusstsein kein »besser als...« oder »schlechter als...«. Es wird unter keinen Umständen bewertet, denn das führt zu Trennung. Im Einheitsbewusstsein kommen wir in die Schönheit und die Freude des Seins von allem, was ist. Die Menschen versuchen sich immer mit anderen zu messen und vergleichen sich somit immer mit anderen. Die Lemurier lebten nach ihren Seelenbegabungen und wussten, dass jeder etwas Kostbares mitbringt. Jeder Einzelne ist vollkommen, und jeder Einzelne bringt seine eigenen Begabungen mit, somit ist das Übertreffen von Begabungen des anderen unnötig. Leben wir in der Dualität, sind wir ständig in Trennung von dem, was ist, und können es nicht annehmen, so wie es ist. Unsere Sprache ist ebenfalls auf Trennung aufgebaut, wir benennen alles separat und bewirken dadurch eine permanente Trennung. Sogar die einzelnen Teile unseres Körpers werden durch das Benennen sämtlicher Organe als separat wahrgenommen. Viel Menschen betrachten immer nur einzelne Teile unseres Körpers und ordnen ihre Funktion als isoliert ein. Auch unsere Seele wird durch das separate Benennen als isoliert wahrgenommen. Statt das Gesamte zu betrachten, wird im dreidimensionalen Bewusstsein alles in isolierte Teile zerlegt. Mit der Wahrnehmung von ständigem Separieren bleiben wir in der Trennung, und dies hält unser Leid und unseren Schmerz aufrecht. Äonen von Zeiten leben wir schon so, sodass es als normal betrachtet wird, mit Leid zu leben. Dabei existiert im Ursprung kein Leid, sondern reine Liebe. Es ist jetzt Zeit, wieder das Bewusstsein der Einheit anzunehmen und sich von der ständigen Trennung zu Allem, die emotionalen Dramen aufrechterhaltet vollständig zu befreien. Durch die Trennung schaffen wir ständig Begrenzungen. Unsere Wahrnehmung erweitert sich, wenn wir die Trennung in Einheit umwandeln, und somit steigt unser Bewusstsein. Viele Menschen haben jetzt die Kämpfe satt und möchten wieder in die Leichtigkeit kommen. Auch haben die Menschen genug vom Zurückhalten ihrer eigenen Seelenwünsche und vom ständigen Anpassen an ein System, das mehr den Machthabern dient als der gesamten Menschheit.

In uns allen verbirgt sich ein tiefes Sehnen nach Wahrheit, Harmonie und unserem eigenen Seelen-Potenzial. Wir spüren, dass in uns eine unendliche Kraft wohnt: die tiefste Liebe zu unserer Seele, die unser Lebensmotor ist für die Ewigkeit. Die Liebe öffnet uns alles, um in das Gefühl von freudiger Einheit zu kommen.

Übung:

Übung im Frühling, um in das Gefühl des Einsseins zu kommen:

Setze dich unter einen Baum voller Blüten, der etwas tiefer liegende Äste hat, und schaue, ob es viele Bienen gibt, die die Blüten umfliegen. Es sollte rundherum ruhig sein. Dann beobachte und lausche dem Summen der Bienen. Lausche und beobachte, tue nichts anderes. Wenn du Freude fühlst und

lachen möchtest, dann lache; wenn du dich bewegen möchtest, dann bewege dich; wenn du die Blüten und die Bienen genauer betrachten möchtest, dann mache das. Wenn du an den Blüten riechen möchtest, dann tue das. Wenn du nur unter dem Baum sitzen möchtest, dann setze dich hin, verbinde dich mit den wundersamen Geräuschen und Düften und lausche dem Summen. Wenn du tiefe Liebe und Freude im Herzen verspürst, dann sende das den Bienen, den Blüten und dem Baum. Wenn du Dankbarkeit verspürst, dann sende auch das aus. Auf diese Weise kannst du dich tief mit dem Jetzt verbinden und kommst in das Gefühl von Einheit.

32
SCHAFFE DIR EINEN RAUM DER LIEBE

Du kannst selbst eine Welt erschaffen, in der die Liebe und Harmonie an oberster Stelle steht. Fange zuerst bei dir selbst an, reinige alles, was dich davon abhält, die Herzensliebe zu spüren, besonders auch deine Programmierungen. Fast alle Glaubenssätze kommen von außen und sind konditioniert.

Zuerst entsteht ein schöner Traum, wie eine harmonische Welt aussehen soll, dann kommt dein eigenes tiefes Vertrauen, dass manifestiert wird, und dann wird dein Herztraum manifestiert. Es ist alles schon da, du darfst es nur noch durch deine Liebe in dein Herz hineinziehen. Wir dürfen in Glückseligkeit schweben, auch dann und besonders dann, wenn alle um uns herum in der Frequenz von Wahnsinn, Angst, Panik, Gier und Aggression verhaftet sind. Erlaube dir in Vollkommenheit, Glückseligkeit, Liebe und Freude zu bleiben, auch wenn alle anderen um dich herum in einer niedrigen Schwingung verharren, gleiche dich ihnen nicht an, um von ihnen verstanden zu werden. Menschen, die in einer feinstofflichen Schwingung sind, passen sich häufig in einem Gespräch an andere an, die in einer dichteren Schwingung sind. Sie passen sich an andere an, um verstanden zu werden, um mit ihnen zu kommunizieren. Erkenne deinen Wert, bleibe in deiner Schwingung auch dann, wenn die anderen dich nicht verstehen. Du solltest dich nicht nach den anderen richten, nur um verstanden zu werden. Die anderen haben die Möglichkeit, durch deine hohe Schwingung ihre eigene zu erhöhen. Lass dich nicht mehr in endlose Diskussionen ein, bleibe zentriert in deinem Herzen. Bleibe in deinem Sein. Im

Äußeren gibt es unzählige Unterschiede; richten wir unseren Geist nach innen, erkennen wir bei allen die gleiche Sehnsucht. Wir sehnen uns nach Freude, Glück und Liebe. Die Essenz von allem, was wir suchen, ist reine Liebe und die Einheit, dieses ist frei von Schmerz und Leid. Der Weg zur Einheit wird viel leichter, wenn wir die Liebe als ständigen Begleiter in unserem Herzen tragen.

Mit unserer Fürsorge können wir einen Garten Eden gestalten. Sind wir in unserem Zuhause umgeben von der Frequenz der Liebe, ist es gleichzeitig ein Schutz für uns selbst. Mangelnde Liebe nimmt uns diesen Schutz. Indem wir unser Zuhause liebevoll einrichten, fördern wir die liebevolle Energie. Richte dein Zuhause so ein, dass es dich an die Liebe erinnert. In meiner Wohnung habe ich vor allem Dinge, die Menschen mit Freude aus Handarbeit hergestellt haben; diese Produkte enthalten eine feinere Energie, als wenn etwas lieblos in der Fabrik hergestellt wird. Denn jeder Gegenstand hat eine Art von Bewusstsein und trägt eine Schwingung in sich. Ich selbst habe dann auch viel mehr Freude an diesem Gegenstand und bewundere jede Kreativität, mit der etwas Schönes entstanden ist, und werde immer wieder daran erinnert, wenn ich es benütze oder betrachte. Das verstärkt eine schöne Energie, die von mir kommt und bis zum Hersteller reicht oder zu dem Menschen, der es mir schenkte. Und so wird auch wieder positive Emotion ins Feld gesendet.

Wenn du mit deinen Pflanzen in deinem Garten liebevoll umgehst, verstärkst du die Liebe in Einheit, es entsteht ein Wechselspiel aus Liebe, Freude und Dankbarkeit. In deinem Garten wird die Schwingung von Liebe somit verstärkt. Wenn ich etwas aus meinem Garten ernte, dann bedanke ich mich voller Bewunderung für diese Schöpfung. Du kannst dir selbst ein Paradies in deinem Garten einrichten, in dem auch andere Wesen Platz haben. Wenn du Tiere hast, dann richte auch diesen Bereich nicht nur funktionell ein, sondern gestalte ihn liebevoll. Stelle ein Vogelhaus auf, in das du regelmäßig Nahrung für die Vögel gibst, und es zieht mehr Vögel an, die auch immer eine gewisse Fröhlichkeit ausstrahlen. Das Essen sollten wir nicht nur für uns hamstern, sondern auch den Tieren etwas abgeben. Es macht auch sehr viel Spaß, die Tiere zu füttern, sie dabei zu beobachten und mit ihnen zu kommunizieren. Häufig gebe ich Essensreste für die Tiere in die Natur zurück, natürlich nur wenn es gesunde Nahrung ist. Ungesunde, salzige und sehr süße Nahrung sollten wir ihnen nicht geben, am besten ist unbehandelte Nahrung. In den Städten gibt es dafür genügend Büsche. Wenn ich unterwegs etwas esse, so lege ich die Reste unter diese Büsche, so kann sich ein Tier daran freuen. Meistens sind die Reste am nächsten Tag schon weg.

Dein Licht, deine reinste Liebe

Liebe! Dein Licht zieht automatisch Liebe und Licht an und alles andere darf weichen und den Platz freigeben für das Licht. Du bist umgeben von Lichtwesen, du bist im Austausch mit der höchsten Lichtquelle, und dies geschieht dauerhaft, wenn du die Schwelle der reinsten Liebe erreicht hast. Hast du sie noch nicht erreicht, kann dich das Licht ab und zu aufladen, einmal mehr, einmal weniger. Du solltest deinen Fokus immer auf die Liebe und das Lichtvolle richten, alles andere kann weichen und gelöst werden. Folge der reinen Liebe und dem Licht. Das Licht erleuchtet dir deinen Weg und macht Platz für dich, um kraftvoll hindurchzuschreiten.

33

HERZBEWUSSTSEIN

Die erleuchteten Menschen werden jetzt die anderen noch mehr unterstützen, um in eine lichtvolle Zukunft zu gelangen. Über Tausende von Jahren war die eigene Heilung anstrengend und langwierig; da sich jetzt die dunklen Wolken aufgelöst haben und viele Lichtwesen uns direkt zur Hilfe stehen können, haben wir die Möglichkeit, in kurzer Zeit und mit Leichtigkeit zu heilen. Für eine Heilung brauchen wir keine langwierige Analyse über unsere Vergangenheit mehr. Die Menschen vertrauen auch immer mehr auf die energetische Heilung. Die lichtvolle Atmosphäre, die um uns herum ist, macht es uns nun viel leichter, uns von destruktiven Mustern zu lösen. Jede Seele hat einen freien Willen und kann selbst entscheiden, ob sie mit der schnellen Veränderung und Transformation in eine leichtere Dimension aufsteigen möchte, um mit der Erdfrequenz mitzuschwingen und eine gesamte Heilung zu aktivieren. Die Veränderung wird sich jetzt allen präsentieren, ob sie es wollen oder nicht. Jeder wird mit der Veränderung mitgerissen. Menschen, die lieber weitermachen wie zuvor und Angst haben vor Verlust und Veränderung, werden mit dem Fluss mitgerissen, sie bekommen jetzt die letzte Möglichkeit, alte Muster der dritten Dimension loszulassen. Viele menschliche Seelen sind nur auf der Erde inkarniert, um bei der gesamten Heilung mitzuwirken. Da die Erdatmosphäre höher schwingt, können die Menschen nicht mehr allzu lange ihre sehr eingeschränkten Glaubensmuster aufrechterhalten. Menschen, die auf alten Einschränkungen beharren und ihre alten Glaubensmuster nicht loslassen, haben große Mühe mit der Veränderung. Früher konnten die Menschen ihren Heilungsprozess verschieben, weil die Atmosphäre auf einer niedrigen Frequenz war, und die Menschen, die schon eine gewisse Reinheit mitbrachten, hatten Schwierigkeiten, sich in das eingeschränkte System einzufügen. Dieses künstliche System wird jetzt nicht mehr länger aufrechterhalten bleiben. Eine Heilung kann nicht mehr auf morgen oder auf das nächste Jahr verschoben werden. Der Fluss der Veränderung wartet auf niemanden. Jetzt sollte die erste Priorität sein, sich auf die eigene Heilung zu konzentrieren. Alles andere ist nur eine Ablenkung, um uns vom wahren Ziel fernzuhalten. Weil immer noch viele nicht erkennen, wieso sie hier sind und sogar ignorieren, was für ein Glück sie haben, auf der Erde zu sein, haben die niedrigen Mächte immer noch ihren Einfluss auf das globale Geschehen. Die Menschen, die jetzt ihre wahre Aufgabe erkennen und anfangen, sie im Einklang mit dem Ganzen auszuleben, werden eine noch nie dagewesene Unterstützung von Lichtwesen erfahren. Wir können mit unserer Seele und unserem Körper einen Aufstieg von Licht und Liebe erleben. Viele andere Wesen außerhalb der Erde beobachten gespannt, was für ein einzigartiges Ereignis auf der Erde abläuft.

Unsere Aufgabe auf der Erde sollte jetzt noch mehr auf das Wohl des Gesamten und die Unterstützung der Erde ausgerichtet sein. Wir sollten unseren Horizont erweitern und uns die Frage stellen; Wie kann ich für mich Gutes tun und dem Ganzen dienen? Wie kann ich zur Erhaltung der Erde beitragen? Wie kann ich allen Wesen dienen? Was kann ich tun? Fange an, wieder im Großen zu denken, so verbindest du dich mit der kosmischen Frequenz. Das Universum ist unendlich, darum kann unser Geist auch ins Unendliche wandern. In der Vergangenheit ging es den Menschen eher darum, zu überleben, seine Existenz aufrechtzuerhalten. Aus Existenzängsten heraus entsteht ein kleiner engstirniger Horizont, der uns mit ständigen Begrenzungen einengt. Durch solche Begrenzungen stehen Unmengen von Hindernissen im Wege. Fange an, dich der ursprünglichen Natürlichkeit zu erinnern und den einfachen Gegebenheiten mehr Raum zugeben – wie Kinder. Die Kinder erfreuen sich an kleinen Dingen. Sie beobachten voller Neugier Käfer und andere Tiere, sie bestaunen Sterne und erfreuen sich an Schneeflocken. Die Kinder sind noch im Herzbewusstsein und können sich darum sofort mit Naturwesen in Verbindung setzen. Wenn wir in der Natur sind, öffnet sich unser Herz und der innere Raum weitet sich für die Annahme äußerlicher Einflüsse. Wenn wir uns aber an einem hektischen Ort befinden und uns unwohl fühlen, zieht sich das Herzchakra zusammen. Um ein höheres Herzbewusstsein zu erreichen, ist es wichtig, das eigene Wohlbefinden zu beobachten: Wann fühle ich mich unwohl und wann zieht sich das Herzchakra zusammen, wann weitet es sich aus? Mit welchen Menschen fühle ich mich wohl und kann ich mein Herzchakra öffnen und bei welchen Menschen zieht es sich zusammen? Wenn wir unsere Wahrnehmung mehr auf das Herzbewusstsein lenken und beobachten, wie es sich immer wieder verändert, so können wir unsere Wahrnehmung schon etwas erhöhen. Viele Menschen sind nicht mehr bewusst im Herzen und lassen Dinge über sich ergehen, die ihnen nicht guttun. Um ein erhöhtes Bewusstsein zu erreichen, ist es wichtig, das eigene Wohlbefinden zu beobachten. Dann erkennst du sehr schnell, was dein Herz erfreut und was aus deinem Verstand kommt. Herzbewusstsein wird häufig missverstanden; viele glauben, dass sie immer anderen gegenüber offenem Herzen sein sollen, und wenn sie sich verschließen, zweifeln sie an sich selbst, statt aufrichtig die Situation zu beobachten. Mit solchen Annahmen handeln wir gegen unser tiefstes Inneres. Es gibt Menschen, die sehr hochschwingen, die schon eine sehr reine Frequenz haben; sie brauchen meistens weniger körperliche Nähe und ziehen sich aus Eigenschutz zurück. Sie spüren instinktiv, dass sie ihr tiefstes Inneres, ihr goldiges Herz, vor Fremdenergie schützen möchten. Menschen, die eine sehr feine Wahrnehmung und eine zarte Schwingung haben, bemerken sofort die Stimmung des anderen und der Umgebung. Deswegen distanzieren sie sich. Solche Menschen werden von anderen als kühl oder scheu bewertet. Manchmal ist es nur ein Schutz, um Distanz zu nehmen von fremden Einflüssen, um die zarte Schwingung zu erhalten. Herzbewusstsein heißt nicht, dass wir jeden Bekannten umarmen und Umarmungen über uns ergehen lassen sollen, obwohl wir sie gar nicht möchten. Viele umarmen sich geradezu aus Gewohnheit oder um eigene Bedürfnisse zu stillen. Du musst nicht immer mit offenem Herzen durch die Welt gehen, im Gegenteil: Wenn du dich zu etwas zwingst, handelst du gegen dein tiefstes Inneres. Du kannst selbst bestimmen, wann du dein Herzchakra schließen oder ausbreiten möchtest. Unsere Herzen fangen wieder an, kraftvoll zu strahlen, wenn wir das bewusst wahrnehmen und beobachten. Es wird viel Aufhebens um die Verstandesqualität gemacht, dabei wird die reine Herzfrequenz vergessen und durch eine aktive Ausdehnung des Intellektes ersetzt. Der Verstand dominiert und das Herzbewusstsein wird außer Acht gelassen. Ursprünglich war das Herz die entscheidende, wichtige Kraft und der Verstand konnte seine Fähigkeiten im Dienst des Herzens einbringen. Das Herz ist die große Intelligenz der Seele, nur mit dem reinen Herzen findet die Seele den Zugang zur reinsten Quelle. Das reine Herz bietet die größte, ehrlichste Führung und weist dir immer den Weg zu deinem Höchsten ICH. Wir Menschen ignorieren aber diese wichtige Intelligenz und stellen den Verstand stattdessen in den Dienst des Egos. Der Verstand sollte aber im Dienst des Herzens stehen und diesem untergeordnet sein. Der durch das Ego kontrollierte Verstand ist mit Ängsten, irrigen Konzepten und Werturteilen verwirrt worden und steuert auf diese Art ständig das interne Programm. Weil die Menschen seit langer Zeit die Herzensenergie unterdrücken und der Verstand die Ermächtigung trägt, machen sie immer wieder ähnliche Erfahrungen wie inneren Armut, die zu einem Mangel und bis hin zu körperlichen Beschwerden führen kann. Als der Mensch noch seine ursprüngliche Herzfrequenz hatte, die in reiner Liebe war, strahlte dieses Chakra von der Körpermitte bis zu mehreren Metern weit aus. Wenn die Lemurier mit dem Universum kommunizierten, strahlte ihr Herzchakra ins Unendliche. Sie waren umgeben von wunderschönen Kristallfarben, die in sanften Nuancen strahlten. Der Sinneseindruck der Lemurier war noch so ausgeprägt, dass sie die Aura-Farben noch sahen. Darum konnten sie natürlich auch die Stimmung anderer sofort wahrnehmen. Je nach Stimmung öffnet sich die Ausstrahlung des Herzchakras oder es zieht sich zusammen und es ändern sich auch die Farben. Die Lemurier machten sich einen Spaß daraus und spielten mit ihren Aura-Farben, sie ließen diese Farben so weit ausbreiten, dass sie mit ihrem Strahl den anderen berühren konnten. Mit diesem hohen Sinneseindruck gab es immer ein ehrliches Begegnen, ohne etwas vorzugeben. Zu dieser Zeit war es gar nicht möglich, Masken aufzusetzen, weil dies sofort entlarvt wurde.

Wenn du tief in dich hineinhorchst, kannst du selbst feststellen, ob dein Herz sich zusammenzieht, weil eine Situation für dich unangenehm ist, oder ob deine Ausstrahlung sich vom Herzen ausbreitet, weil du etwas Schönes erlebst und dich wohlfühlst.

Die Zeit für unsere Heilung ist jetzt, sie sollte im jetzigen großen Wandel der Welt nicht aufgeschoben werden. Es gibt nichts Wichtigeres als deine persönliche Heilung. Es ist schon heilend, wenn du nach deinem Herzen gehst und Dinge tust, bei denen dein Herz in Liebe ist und du dich mit Menschen triffst, die du wirklich von Herzen magst, vor denen du dich nicht hinter einer Maske verstecken musst, bei denen du selbst sein kannst. Alles andere ist nur eine Ablenkung, um nicht allein zu sein. Der Verstand und das Ego möchten immer Unterhaltung, und darum suchen wir nach Menschen und Veranstaltungen. Du erreichst aber deine Seele am besten in der Stille. Beobachte dich, wenn du unter Menschen bist, beobachte, wann du dich noch verstellen musst und wann du dich an die anderen anpasst, und beobachte, bei welchen Menschen du sein kannst so wie du bist und eure Energie erhöht wird. Wenn du deine Seele gefunden hast, brauchst du keine Ansammlung von Menschen mehr, du bist allein zufrieden mit dir und dem, was ist. Du fühlst dich freier, wenn du dich von Menschen löst, bei denen du nicht du selbst sein kannst.

Zuerst suchst du nach Freiheit, dann kommst du in das Bewusstsein von SEIN – ICH BIN – und kannst dich auch von der Vorstellung der Freiheit lösen. Im SEIN-Zustand bist du schon frei. Du bist es schon. Im SEIN-Bewusstsein gibt es weder unfrei noch frei.

Es ist wichtig, dein Herz zu öffnen und anzufangen, so zu handeln, wie es die Reinheit deines Herzens wünscht.

Es ist wichtig, zu erkennen, was deinem Herzen guttut und an welchen Frequenzen du dich anbindest und von welcher Frequenz du dich leiten lässt.

Es ist wichtig, auf die eigene Intuition zu hören und gemäß den reinsten Regeln zu handeln.

Übung Herz beobachten:

Achte auf dein Herz, auf die Ausstrahlung, die vom Herzen kommt. Fange an wahrzunehmen, wann es sich zusammenzieht, bei welcher Situation, bei welchen Menschen, ohne zu bewerten. Zieht es sich bei der Arbeit zusammen, oder im Einkaufzentrum, in der Stadt oder bei öffentlichen Anlässen? Oder zieht es sich sogar zusammen, wenn du mit deinem Partner zusammen bist? Dann beobachte, wann dein Herzbereich sich ausbreitet. Wenn du im Wald bist, am Meer oder in den Bergen? Bei deinem Haustier oder bei deinen Kindern? Und bei welchen anderen Menschen? Beobachte dein Herz bewusst, sei es, wenn du unterwegs bist oder zu Hause.

34

CHAKRAS

Die Verbindung der Lemurier fand immer über das Herz und die Seele statt, nicht über den Verstand. Es war mehr ein Aussenden von Gefühlen und Informationen, oder sie sendeten an andere Wesen ein strahlendes Mandala-Bild oder einen energetischen Lichtstrahl weiter. Ihr Handeln hatte immer etwas Spielerisches an sich, wie Kinder, sie trugen noch keine schweren Anhaftungen an ihre Erscheinung. Manchmal passten sie ihre eigene Aura-Ausstrahlung spielerisch an das Wesen an, mit dem sie gerade kommunizierten, um im Austausch von Einheit zu bleiben. Für sie war es eine Leichtigkeit, mit ihrer Imagination ihre Aura-Ausstrahlung an die Umgebung anzupassen und dabei die Farben zu wechseln, da sie die eigene Aura und die des anderen sehen konnten. Es bereitete ihnen großen Spaß, die Aura-Farbenpracht, die sie überall wahrnahmen, spielerisch zu verändern und gegenseitig in Einklang zu bringen. Im Einklang mit der kosmischen Intelligenz und mit ihrer Leichtigkeit haben sie dauernd einen Beitrag geleistet, um die Erde in einer gesunden, heilenden Atmosphäre zu erhalten. Ihre Gedanken setzten sie immer sehr bewusst ein und waren immer verbunden mit der kosmischen Energie, im Gegensatz zu unseren Gedanken, die häufig durch unser Ego und unseren Verstand geleitet werden. Ihre Gedanken nutzten sie eher, um zu visualisieren und zu manifestieren. Ihnen war absolut bewusst, was für eine Kraft ihre Gedanken hatten. In ihren Vorstellungen formten sie gedanklich farbenfrohe Mandalas oder farbige Lichtstrahlen, die immer mal wieder die Farbe wechselten; alles war in Bewegung, nichts stagnierte. So bewegten sie gedanklich die Farbenmuster wie die

Luft, die auch immer in Bewegung ist, wie jede Energiefrequenz, die aus der ursprünglichen Lichtquelle entstanden und auch immer in Bewegung ist. Sie nutzten ihre Vorstellungen von Farbenmustern als eine Art von Segnung, die sie an andere weitersendeten, und gleichzeitig konnten sie ihr Umfeld auf diese Weise reinigen. Um unsere Chakras aufzuladen, verwenden wir immer noch solche Lichtfarben. Die meisten nutzen für die sieben Chakras eine vorgegebene Farbenkombination von Rot, Orange, Gelb, Grün, Blau, Indigo und Violett. Es ist eine Farbenkombination, die schon vor mehreren Tausenden von Jahren vorgegeben wurde und nicht für jeden und für jede Zeit gelten kann. Wenn du auf deinen Körper hörst und deine Chakras ohne den Verstand, sondern mit dem Herzen wahrnimmst, bekommst du eine eigene Farbenkombination, mit der du dich aufladen kannst und die du in diesem Moment brauchen kannst. Die Farben Rot und Orange sind eigentlich zu aggressiv für die unteren beiden Chakras und entsprechen nicht mehr der heutigen Zeitepoche. Sämtlichen Farben der sieben Chakras sind eingesetzt worden, als die Menschen nicht mehr die reine Verbindung zu ihrer Seele hatten und sich schon durch Manipulation beeinflussen ließen. Sie hatten zu dieser Zeit schon ein Hierarchie- Denken angenommen und beteten zu Götterfiguren, die mit manipulativen Frequenzen geladen waren und eine gewisse Autorität ausstrahlten; sie ordneten sich solchen Götterfiguren unter und glaubten nicht mehr an ihre eigene Vollkommenheit. Wenn wir aber in das Goldene Zeitalter mitschwingen möchten, sollten wir uns von solchen Lehren lösen und an unsere eigene Wahrheit glauben. Und bevor unsere Chakras aufgeladen werden, sollten sie immer gereinigt werden. Viele haben Lehren angenommen, die in der Stagnation bleiben, weil sie eine Vorgabe übernehmen, ohne in sich hineinzuhorchen, ob diese Lehre überhaupt zu ihnen passt. Autoritäre Personen, die damals als Meister galten, gaben ihr Wissen weiter, und es hat vielen Menschen geholfen. Diese Meister waren aber nicht mehr in der gleichen ethischen Reinheit wie die Meister von Lemuria und Atlantis. Und das, was ich weitergeben möchte, kommt aus dieser Reinheit. Da die Menschen noch nicht ihre Seelenliebe erreichten und sich deswegen autoritären Menschen unterordnen, übernehmen sie gerne deren Lehren. So übergehen sie sich selbst und verpassen ihren Seelenruf. Es kann eine Zeit lang helfen, Anleitungen von anderen auszuleben, bis du bemerkst, dass du stagnierst; dann solltest du mehr auf dein tiefstes Inneres hören. Wenn du andere Wahrheiten lebst und deinen tiefsten Seelenwunsch übergehst, wirst du länger brauchen, bis du bei dir angekommen bist. Je reiner dein Herz ist, desto mehr Informationen kannst du selbst von der Umgebung und aus der kosmischen Frequenz empfangen und für dich anwenden.

In Lemuria trugen die Menschen **das goldene vereinigte Chakra in sich.** Sie strahlten ein Energiefeld von einem goldenen Kristall-Licht aus.

In meiner Lehre werden den Chakren keine Farben mehr zugeordnet. Da Lichtfarben eine energetische Schwingung haben, können sie sich jederzeit verändern. In der neuen Zeit ist es so, dass sich ein goldenes Licht oder ein goldener Schimmer mit den Chakren vermischt und du deine Zellen damit aufladen kannst. Dein ganzer Körper soll mit goldenem Schimmer aufgeladen werden, um sich an die veränderte Atmosphäre der Erde anzupassen. Es gilt, dieses mit Achtsamkeit zu nähren und auszudehnen. Im neuen Zyklus verändert sich so vieles auf natürliche Weise, und darum ist es hilfreich, sich dem neuen Zyklus anzupassen. Dazu gehört eine energetische Ausdehnung, die Anpassung deiner Zellen, des Biorhythmus, der Chakras, Energiepunkte und vor allem das Reinigen des Wurzelchakras.

Das Chakra-System ist in der Zeit der Dualität entstanden. Vor vielen Jahren mussten viele Menschen, weil sie abgekapselt waren von der universellen Lichtenergie, stundenlang meditieren, um überhaupt ins Herzchakra zu gelangen. Darum wurde eine Lehre entwickelt, wie du meditieren sollst, um deine Energiepunkte zu öffnen. Dennoch war die Liebe in uns die höchste Essenz, und die Menschen suchten immer danach.

Das Wurzelchakra und das Sakral Chakra sollten jetzt gereinigt werden. Trotz all dem Ursprünglichen wie der Urkraft des Lebens, Erdung, Verantwortung und Selbstvertrauen enthält es auch noch die aus der Dualität und dem Kollektiv übernommenen Energien. Sie enthalten die Energie der vergangenen kollektiven Verletzungen und der falschen Überlieferung der Sexualität, zum Teil auch Missbrauch-Energie in sich. Sehr oft reagiert der Mensch, wenn er sich angegriffen fühlt, aus diesen Energien des Wurzelchakras und Sakral Chakras heraus, also aus dem Bereich unterhalb des Bauchnabels.

Mit der Einbettung der Reinigung des Bereiches unterhalb des Bauchnabels verändert sich dieser und kommt wieder in die ursprüngliche Kraft und Reinheit. Energiemuster der Trennung werden aufgelöst und dies seit Anbeginn deiner Zeit hier auf der Erde. Dadurch kommen die eigentlichen positiven Energien der Chakren erst richtig zur Entfaltung. Dann kann der Mensch aus seiner inneren Liebe reagieren. **Durch die neue Energie wird es möglich sein, wieder zu fühlen wie einst in Lemuria.** Dir vorzustellen, wie goldenes Licht in deinen Körper fließt, hilft dir zu deiner Urkraft zu finden, bis du erkennst, wer du bist. Es wird im neuen Chakra-System in jedem Chakra oder auch in deinen Zellen ein goldener Schimmer gebildet, und es entsteht das Gefühl des Anschlusses an die universelle Licht-Energie. Das Gefühl des Verlassens sein, von Einsamkeit, Wut oder Ähnlichem wird immer mehr verschwinden. Das Ziel ist, sich mit dem goldenen Licht, das auf die Erde strömt, zu vereinigen. Das wird einen Zustand eines Erwachungsprozesses bewirken, indem du erfährst, wer du bist. Das goldene Licht nährt sich aus der Verbundenheit mit ALLEM, WAS IST. Die Energien, die es benötigt, fließen mit Leichtigkeit ein. Wir erkennen unsere Urenergie als Lichtwesen ohne Grenzen an. (ICH BIN REINE LIEBE.) Dieses hatten wir in Lemuria, und es ist sehr persönlich und individuell. Es ist dein Erschaffungslicht. So, wie du gekommen bist, wirst du wieder mit deinem Körper zu deinen eigenen Farbenmustern finden, die zu deiner Seele gehören.

Hier ein Beispiel der alten Chakren, die für dich nicht mehr aktuell sind, wenn du auf deine Intuition hörst und dich an die neue Veränderung anpassen möchtest.

Kronenchakra	Spiritualität
Drittes Auge	Wahrnehmung
Kehlchakra	Kommunikation
Herzchakra	Liebe, Heilung
Solarplexus	Weisheit, Macht
Sakralchakra	Kreativität, Kraft
Wurzelchakra	Urvertrauen

Wenn ich auf meine Energiepunkte im Körper meditiere, dann zeigen sich alle Farben. Manchmal erscheinen vor meinem inneren Auge auch Mandalas oder Blumenmuster. Dein ganzer Körper hat Energiepunkte. Es sind nicht nur diese sieben Chakras. Und dein Körper ist energetisch an das Universum und an die Erde angeschlossen. Du kannst dir eine Verbindung vom Wurzelchakra oder deinen Füßen bis zur Erde vorstellen und eine Verbindung von deinem Scheitel bis ins Unendliche.

Rot: Die Farbe Rot ist sehr feurig und steht für Antrieb, sie fördert unsere inneren Triebe. Unser Körper enthält durch unser Blut genügend feuriges Rot. Wir müssen uns nicht aus dem Wurzelchakra in der Meditation noch zusätzlich mit Rot aufladen. Zu viel Rot kann Aggression und Wut fördern.

Orange: Auf der Deutungsebene vereint Orange das kräftige Rot mit dem warmen Gelb. Die Farbe steht für die Leichtigkeit des Seins – es ist die Farbe rauschender Feste, von Freundschaft ebenso wie Neugier, Kreativität, Individualität und Unangepasstheit. Wo Rot eine statische Energiequelle und Gelb ein flüchtiges Licht darstellt, ist Orange greifbar, aber flexibel und quicklebendig.

Der Bauchbereich enthält unsere Emotionen, auch vergangene Emotionen sind dort noch gespeichert. Welche destruktiven Emotionen stecken vor allem im unteren Bauchbereich fest? Existenzangst, eine gewisse Aggression und Missbrauch. Die Farben Rot und Orange wurden für die Chakra-Lehre auch eingesetzt, um die gegenseitige Sexualität leidenschaftlich auszuleben und mit der Energie des Feuers Kämpfe auszutragen. Die Sexualität sollte aber nicht das Leiden fördern. Die feurige Energie des Kampfes und auch die Sexualität wurden damals in der Dualität gefördert, um eigene Bedürfnisse auszuleben, vor allem die männlichen Bedürfnisse, und immer die eigenen Ziele zu verfolgen. Darum wurde in der Meditation das Wurzelchakra mit Rot und das Sakral Chakra mit Orange aufgeladen. Sie kannten es nicht anders. Auch die Frauen haben ihre Ursprünglichkeit vergessen, sie konnten daher ihre weibliche Kraft und Vollkommenheit nicht durchsetzen und übergaben die Lenkung samt Eigenermächtigung den Männern ab. Damals konnten die Menschen nicht anders handeln, weil sie durch ihr Ego gesteuert waren. Sie gaben ihr Wissen weiter und stellten eine Auflistung des Chakras her, um ihre Energiepunkte aufzuladen. Weil viele Menschen kraftlos waren, weil sie sich nicht selbst ausleben konnten, glaubten die damaligen Meister, sie bräuchten im Wurzelchakra und im Sakral Chakra die Farben Rot und Orange, um sich in der Meditation mit Antriebsfeuer aufzuladen, um in den Krieg ziehen, sich durchsetzen und kämpferisch handeln zu können. Sie hatten das Bewusstsein, dass sie sich für alles kämpferisch einsetzen sollten, es fehlte ihnen an Mitgefühl. Sie brachten sich in Verbindung mit Götterfiguren. Das

Göttliche ist aber immer da, überall können wir es finden, darum brauchen wir keine Figuren, die als Götter dargestellt werden anzubeten. Wir sollten uns von diesen Vorstellungen lösen und uns mehr der eigenen Intuition widmen, als nach alten Lehren zu handeln, die uns eher von unserem Wachstum abhalten.

Da im Bauchbereich die festgefahrenen Emotionen gereinigt werden sollen, ist es wichtig, den Bauchbereich mit heilenden sanften Lichtfarben zu übertragen.

Übung:

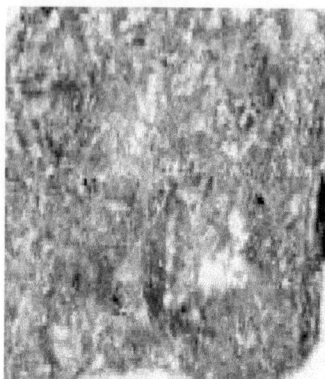

Betrachte diese Farbe und visualisiere, wie dein Bauchbereich sich mit jedem tiefen Atemzug mit der Farbe Silberweiß auffüllt. Stelle dir vor, dass du dich mit der Farbe Silberweiß im Bauchbereich reinigst.

Mit jedem Atemzug nimmt diese Farbe alles mit, was dein Körper nicht mehr braucht, und schwemmt es aus deinem Körper. Du kannst diese Farbe durch das Visualisieren in deinem Bauchbereich lassen oder die Farbe wechseln, z. B. zu Lila. Natürlich kannst du mit Silberweiß auch deinen ganzen Körper durch Visualisieren reinigen. Wenn du bereit dazu bist, lade deinen Bauchbereich mit hellem Lila auf, stelle dir vor, wie

sich dein Bauch mit dieser Farbe auffüllt. Nun kannst du dir vorstellen, wie dein ganzer Körper sich zusätzlich mit Goldstäubchen auflädt.

Lila ist harmonisierend und verbindet dich mit der reinen Liebe, die sich jetzt immer mehr auf der Erde verbreitet. Die lila Energie unterstützt uns im positiven Falle dabei, Begrenzungen aufzulösen und uns mit dem Kosmos eins zu fühlen in einem Bewusstsein der Liebe für jedes Wesen, das existiert und für alles, was geschieht, ohne Angst und Enge, für die Freiheit und bedingungslos.

Die Farbe Hellblau und Mondweiß sind ebenfalls gut geeignet, um den Bauchbereich oder deinen ganzen Körper zu reinigen.

Silber schenkt inneren Frieden und wirkt antibakteriell. Silber löst Hemmungen, stärkt das Selbstbewusstsein und bringt dich der Selbstverwirklichung näher. Es beflügelt die Fantasie sowie die Aufrichtigkeit und beschert Flexibilität im Denken und Handeln. Silber steigert aber auch die Einfühlungskraft gegenüber Mitmenschen und mindert Jähzorn, Grobheit oder Wutanfälle. Auf diese Weise verhilft Silber zu einem gesteigerten inneren Frieden und zu Ausgeglichenheit. Es wirkt sehr reinigend, löst Gifte aus dem Körper und bringt die eigenen Zyklen mit denen der Natur in Einklang.

Betrachte diese Farbe, und es beruhigt dich sofort.

Hellblau wirkt beruhigend und entspannend. Diese Farbe eignet sich, um inneren Frieden zu finden. Blau löst nervös bedingte Verkrampfungen und sorgt für ausgleichende Energie, die unser Organismus benötigt, um in die Balance zu kommen. Es ist die Farbe der Unendlichkeit und Loyalität, und sie lässt die Wahrheit durch ihre Klarheit erkennen. Das Blau verbindet dich mit dem Element Wasser und lässt Festgefahrenes wegfließen.

35

VISION FÜR EINE FRIEDVOLLE WELT

Wir können uns jeden Tag gedanklich vorstellen, wie eine liebevolle Welt aussieht, bis wir es fühlen. Durch unsere Gefühle manifestieren wir eine harmonische Welt. Durch immer mehr Lichtwesen, die uns unterstützen, haben wir zwar feinstoffliche Hilfe, aber das allein hilft uns nicht zur Heilung; es liegt immer an unserer Bereitschaft, selbst etwas zu tun. Und jeder von uns ist wichtig. Jeder kann sich gedanklich vorstellen, wie eine liebevolle Welt aussieht, es fühlen, erträumen und auf eine leichte Weise mithelfen. Zuerst ist eine Vision da, und dann kann es manifestiert werden, anders geht es gar nicht. Die Dinge müssen erst feinstofflich da sein, bevor sie sich im Materiellen manifestieren können. Mit deinen Gedanken sendest du immer etwas ins Feld. Wir haben die Verantwortung, dass wir immer wieder von Neuem etwas Gutes ins Feld senden. Wenn du voller Misstrauen bist und Gedanken sendest, wie schlimm es auf der Erde ist, dann ist das auch ein Manifestieren, und weil viele Menschen destruktive, angsterfüllte Gedanken aussenden, haben wir auch noch viel Unfrieden auf der Erde. Es ist wichtig, den inneren Fokus immer auf das Lichtvolle zu richten. Das Licht gewinnt immer, es braucht aber momentan sehr viel Ausdauer und Vertrauen. Möchte ich eine Heilung, so richte ich mich auf die Heilung. Möchte ich Frieden, so richte ich meinen Fokus auf Frieden auch dann, wenn um mich herum die Menschen im Streit sind. Möchte ich Liebe, so richte ich meinen Fokus auf Liebe und schaffe um mich herum eine Umgebung von Liebe und Frieden. Es ist allein die innere Ausrichtung, die dies beeinflussen kann. Es gibt viele unterschiedliche Arten, für das Lichtvolle tätig zu sein. Die

Kraft des Kollektiven spielt dabei eine große Rolle; wenn viele Gleichgesinnte sich gleichzeitig auf Friedvolles und Schönes ausrichten, entsteht daraus ein unterstützendes Kraftfeld – egal ob auf der feinstofflichen oder der physischen Ebene. Es geht darum, dass sich viele Menschen auf das Lichtvolle und Gute ausrichten, dass sie eine friedvolle Welt möchten. Und jeder kann das auf seine Art und Weise ausdrücken. Es kommt auf die Absicht, die Energie an, die hinter einer Handlung steckt. Selbst wenn du friedlich an einem Ort sitzt und nichts tust, als harmlos nur im Frieden dort zu sitzen, tust du genau aus diesem Grund etwas sehr Großes für den Frieden. Und zur gleichen Zeit setzen sich Menschen physisch durch eine Demonstration irgendwo anders für den Frieden ein. Beide Handlungen sind wichtig für eine Veränderung der Welt.

Wir können also für eine Veränderung zum Positiven auf diesem Planeten tätig sein, indem wir meditieren, indem wir lachen, indem wir mit anderen sprechen, wie eine harmonische Welt aussehen sollte, oder indem wir unseren Willen auf eine friedliche Tat kundtun. Oder auch durch wundervolle Musik oder indem wir etwas aus Liebe herstellen, was andere an Lichtvolles erinnert. Es gibt unzählige Möglichkeiten sich für eine lichtvollere Welt einzusetzen. Der Fokus sollte immer auf das Lichtvolle ausgerichtet sein, auf diese Weise ziehst du mehr Leichtigkeit in dein Leben. Was die Menschen aber zurzeit häufig tun, ist, über ihre Probleme und ihre Unzufriedenheit zu sprechen.

Ursprünglich nahmen die Menschen sich unglaublich viel Zeit zum bewussten Träumen. Auch deine Hoffnung kann manifestiert werden. Statt durch destruktive Gedanken in einem Kreis der Hoffnungslosigkeit zu bleiben, solltest du dich eher auf das Vertrauen und die Hoffnung ausrichten. Jetzt, da die Erde ihre Atmosphäre auf eine Erhöhung ausrichtet, ist es wichtig, mit unserem reinen Herzen und tiefsten Seelenwunsch die Vision der neuen Welt zu manifestieren. Nehme dir Zeit, um dich zurückzuziehen und zu visualisieren, wie eine Welt aussieht, wenn auf der ganzen Erde nur noch Wesen leben, die ihr Glücklichsein ausleben und in Harmonie mit allem sind. Erschaffe dir deine Welt mit deinen Visionen und Träumen. Wie soll es aussehen? Wie lebst du? Was bereitet dir tiefste Herzensfreude? Erlaube dir diese Tagträumerei, die Lemurier träumten häufig, um in ihrem Umfeld die Lichtfrequenz aufrechtzuerhalten. Wenn du deinen Traum kennst, dann kann dich das auch dorthin führen. Uns wurde eingeprägt, dass wir immer etwas tun müssen und getrieben durch unsere Unruhe noch mehr erreichen sollten. Erst wenn Stille eingetreten ist und du dir Zeit nimmst, um in dein tiefstes Inneres zu gehen, kannst du erkennen, was dich glücklich macht und was dein innerster Traum ist. Wenn du der Erde dienen möchtest, dienst du ihr mehr, indem du zu träumen beginnst, wie eine neue Erde aussehen soll, als wenn du nur am Kritisieren bist. Nehme dir täglich bewusst Zeit zu träumen, mit aller Fantasie, allen Sinnen, Gefühlen und Wünschen.

Die Menschen von Lemuria verfügten noch über die Fähigkeit, Wünsche und Träume bewusst zu visualisieren, und ihre Träume manifestierten sich in kürzester Zeit. Wir verfügen immer noch über diese Fähigkeit. Wenn unsere Wünsche frei von egozentrischen Vorstellungen sind und unser Kanal offen ist, um Hinweise zu empfangen, die uns zu unseren Wünschen hinführen, dann werden sie in kürzester Zeit erfüllt. Erträume deine Vision von Harmonie, Freude und Liebe auf eine Weise, in der du sie manifestiert sehen möchtest. Sei gründlich und zögere nicht, all die wunderschönen Details einzufügen, und es wird sich manifestieren. Die Erde bewegt sich vorwärts in eine höhere Dimension, und wir als Bewohner dürfen jetzt mit unseren Gaben, die tief in unserer Seele sind mitwirken. Wir sind Wesen, die über eine Schöpferkraft verfügen, mit der wir eine Paradieswelt gestalten können. Wenn wir alle beginnen, unsere Herzträume zu leben, erleben wir Glückseligkeit. Wir werden uns mit anderen zusammenschließen, die auch in

Freude und Liebe gemeinsam eine wunderschöne Erde gestalten möchten. Wir besitzen unglaublich viel Fantasie, die wiederbelebt werden möchte, um gestalterische Form anzunehmen. Menschen, die ihren Traum leben, können andere motivieren, es auch zu tun. Geleitet durch unseren Verstand verkomplizieren wir alles. Dabei ist es unsere Aufgabe, wieder in die Leichtigkeit zu gelangen.

Bei der Vision gibt es gewisse Dinge zu beachten: Da fast immer auch noch andere Emotionen als Liebe mit im Spiel sind, wie eigene Zweifel, Ängste, destruktive Emotionen oder Unsicherheit, werden diese ebenfalls ausgesendet, und so bildet sich wieder ein stärkeres Feld von destruktiver Energie, weil dieses Aussenden die destruktive Wirkung verstärkt. Dein Aussenden ist dann durchmischt mit destruktiven Emotionen und deiner menschlichen Liebe. Es erreicht daher weniger kraftvoll das lichtvolle Feld, es wird vom destruktiven Feld und unlichten Wesen abgefangen und ins Gegenteil umgewandelt. Selbst dann, wenn die Menschen eine gute Absicht haben. Beim Visualisieren möchten wir aber eine schöne, liebevolle Welt gestalten. Also sollten wir wie überall zuerst bei uns selbst anfangen. Ich halte es für wichtig, bevor wir zu visualisieren beginnen, uns mit der liebevollen Schöpferquelle verbinden, das heißt, uns zuerst in die Ebene von Liebe und Frieden bringen. Wenn du merkst, dass du noch nicht in der Liebe und Leichtigkeit bist, kannst du bei der Meditation etwas betrachten, was du sehr liebst – das kann das Bild eines Tieres, deines Partners, paradiesische Natur sein, usw. Erhöhe deine Stimmung bis deine Schwingung die tiefe Liebe erreicht. Denn senden wir ausschließlich reine Liebe aus, flitzt diese Sendung an der destruktiven Frequenz vorbei und kann dort nicht anhaften. Auch hat Visualisieren die reinste Wirkung, wenn du gerade in einer freudvollen Stimmung bist und es dann bewusst aussendest. Das Spontane hat mehr Wirkung, als wenn du dir vornimmst, täglich um 19 Uhr zu visualisieren, dann aber nicht in der freudvollen Stimmung bist.

Reines klares Wasser: Wenn ich vor einen Bach stehe, dann sende ich dort meine Gedanken für reines Wasser hinein. Ich stelle mir vor, wie alle giftigen Substanzen sich vom Wasser lösen und das ganze Wasser auf der Erde gereinigt wird.

Reine Luft: Ich stelle mir vor, wie die Luft mit dem Wind gesäubert wird und dass es auf der ganzen Erde wieder frische, reine Luft gibt, mit der wir unsere Lungen füllen und unseren Körper nähren können.

Kraftvolle nährende Erde: Ich stelle mir vor, wie der Boden eine gesunde nährende Erde enthält, aus der die Pflanzen wieder kraftvoll wachsen können. Giftige, störende Substanzen entfernen sich.

Tiere und Menschen: Ich stelle mir vor, wie Menschen und Tiere wieder in Freiheit leben können und die Menschen wieder anfangen zu lieben.

36

DIE ERLEUCHTUNG

Viele Menschen, die sich mit Spiritualität befassen, haben das Ziel, die Erleuchtung zu erlangen, und richten sich nach den Aussagen eines spirituellen Lehrers aus. Doch es gibt nicht nur einen Weg, der zur Erleuchtung führt; jeder Mensch geht einen anderen Weg, nämlich seinen eigenen. Niemand kann einem anderen sagen, dass er nur auf eine Weise die Erleuchtung findet. Wenn ein Meister tatsächlich erleuchtet wäre, dann würde er nicht ständig behaupten, er wäre es und die anderen sollten ihm folgen. Viele, die sich Meister nennen, stellen sich gerne auf ein Podest und fühlen sich überlegen von den anderen, sie brauchen durch ihr hohes Ego häufig noch eine Bewunderung der anderen. Jemand, der tatsächlich erleuchtet ist, braucht keine Anerkennung von anderen. Es ist nur der Verstand und das Ego, die nach Erleuchtung streben, darum sollte das Streben nach Erleuchtung losgelassen werden, und sich mehr auf den JETZT Zustand konzentrieren. Das Bewusstsein kann auf noch höhere Ebenen aufsteigen. Es gibt jetzt immer mehr Menschen, die schon erleuchtet auf die Erde kommen, nur um andere zu unterstützen. Ihnen ist schon sehr früh klar, von woher sie kommen und was ihre Aufgabe auf der Erde ist. Sie sind voller Herzensliebe und bringen Licht und Frieden in diese Welt. Sie fallen nicht besonders auf und stellen sich auch nicht in den Mittelpunkt, denn sie handeln nicht aus ihrem Ego, das nach Anerkennung sucht, sie handeln aus Liebe.

Wir haben eine vollkommene Seelenkraft in uns und müssen sie nicht im Außen suchen. Wenn du deine Seele in dir angetroffen hast und deine wahre Liebe spürst, nimmt das Bedürfnis zu suchen ein Ende. Du brauchst keine Seminare mehr zu besuchen oder dem Rat von irgendwelchen selbst ernannten Meistern zu folgen, die selbst in einer begrenzten Konditionierung verhaftet sind und Götterfiguren anbeten. Du brauchst keine Zwischen-Götter, das Göttliche ist in dir. Viele Meister nehmen eine dominante, manipulative Stellung und ihre Schüler eine Unterwürfige Stellung ein. Viele Meister in Aschrams geben ihren Anhängern auch einen neuen Namen. Auf diese Weise üben die Meister eine unbewusste Machtbeeinflussung auf die Anhänger aus. Damit geben die Anhänger die Eigenverantwortung und die Eigenermächtigung an jemand anderen ab. Die Menschen geben gerne die Verantwortung an andere ab, statt sich selbst zu vertrauen.

Hast du deine eigene Liebe zu deiner Seele angenommen, bist du ständig in Verbindung mit der höchsten Quelle, dem Universum. Du lässt dich durch das weltliche Geschehen nicht mehr beeinflussen, du brauchst keine Ablenkungen mehr, du empfindest sie dann eher als störend und möchtest lieber die Zeit für dich nutzen. Du wirst keine Kompromisse mehr eingehen, die dein hohes Bewusstsein herunterziehen. Wenn du deine Herzensliebe die ganze Zeit über spürst, kannst du gewisse Dinge nicht mehr tun, die dich aus der Liebe ziehen. Plötzlich erkennst du, was reine Liebe ist. Denn auch das Gefühl von Liebe wird verwechselt mit: seine eigenen Bedürfnisse zu stillen; die reine Liebe ist ein Ausstrahlen, das aus deinem Inneren kommt.

Wenn du dieses Ziel erreicht hast, lässt du dich nicht mehr durch andere beeinflussen.

Aus der Perspektive des wahren Meisters ist, einen Meister anzubeten und ihm willenlos zu folgen, nicht für eine Erleuchtung geeignet. Es bedeutet eher eine Abhängigkeit. Falsche Götterfiguren, alle Religionen, Dogmen und Lehren, die freie, umfangreiche Kontemplation verwehren, haben nicht deine Freiheit und Souveränität zum Ziel. Sämtliche Menschen, die diese Lehren verbreiteten, waren selbst gefangen in Dogmen und konnten darum keine Lehre von reiner Liebe und Freiheit vermitteln. Viele Menschen, die solche Lehren integriert haben, erkennen noch nicht ihre eigene Wahrheit an und sind noch in dem Schleier der Vernebelung ihrer Sinne und ihrer Intuition gefangen. Viele Übermittlungen von spirituellen Lehren sind von Begrenzungen und Glaubenssätzen durchmischt. Wenn jemand seinen Weg nach diesen Vorgaben richtet, steht er sich daher selbst im Weg, um ein feineres Bewusstsein zu erreichen. Der Weg der Erleuchtung fängt dann an, wenn du erkennst, dass du den Weg selbst gehen kannst, mit deinen eigenen Erkenntnissen. Wir müssen nicht nach den Vorgaben anderer leben, um eine Erleuchtung zu erreichen; die Erleuchtung kommt von selbst, es ist viel leichter, als wir es uns vorstellen. Wir machen uns alles zu kompliziert. Die Erleuchtung tritt vor allem dann ein, wenn wir uns von vorgegebenen Lehren lösen und vermehrt im Sein sind. Im jetzigen Zustand ist es unwichtig, ob wir erleuchtet sind oder nicht. Wenn jemand das Ziel wählt, die Erleuchtung im jetzigen Leben zu erreichen, kann er fanatisch werden und vergessen, im Jetzt zu leben. Wenn jemand immer ein Ziel vor Augen hat, das er erreichen möchte, lebt er nicht im Jetzt, sondern wird angetrieben von der Vergangenheit, um in der Zukunft etwas zu erreichen. Auf diese Weise konnte noch keine Erleuchtung eintreten, weil diese Menschen immer nur ein Ziel vor Augen hatten und deswegen übersahen, dass alles schon da ist. Vor lauter Suche vergisst der Mensch, dass alles schon in unmittelbarer Nähe ist, er sollte nur achtsamer und aufmerksamer durchs Leben gehen. Statt dem Ziel, die Erleuchtung in diesem Leben zu erreichen, möchte ich dich auffordern, lieber der Seele Gaia zu helfen, sich von Ballast zu lösen. Du steigst höher, wenn du das Ziel der Erleuchtung loslässt, anfängst, dich zu lieben, und dich als unterstützende Seele für die Mutter Erde, für Menschen, Tiere, Natur und andere Wesen einbringst. Die Menschen, die das Ziel der Erleuchtung anstreben und dabei verbissen ihren Fokus auf dieses eine Ziel ausrichten, verschließen ihr Herz, weil ihnen nicht bewusst ist, dass die Erleuchtung von allein geschieht und am ehesten dann, wenn das Ziel der Erleuchtung losgelassen wird. Denn immer, wenn jemand auf ein Ziel fokussiert ist, läuft er Gefahr, das, was um ihn herum ist, zu übersehen, weil er wie mit einem Tunnelblick, der nur geradeaus gerichtet ist, durch die Welt läuft.

Viele glauben, dass alle Menschen in früheren Zeiten durch die Erleuchtung den physischen Körper verlassen mussten. Diese Aussage stimmt für mich nicht. Es gab immer Menschen, die erleuchtet auf die Erde kamen und für sich selbst entschieden, wann sie ihren physischen Körper verließen. Dann gab es Menschen, die in ihrem irdischen Leben auf der Erde eine Erleuchtung erreichten, sich aber entschieden, noch in ihrem physischen Körper auf der Erde weiterzuleben. Und dann gibt es immer mehr Menschen auf der Erde, die schon mehr erreicht haben als die Erleuchtung, denn die Erleuchtung ist nicht das Ende des Weges. Diese Menschen wissen, wie sie mit ihrem hohen inneren Leuchten umgehen, und verfügen über ein Wissen, wie sie mit ihrem Geist trotz des physischen Körpers zu dem reinen Licht reisen können. Das hellste Licht, das wir auf der Erde erleben können, kann unser physischer Körper normalerweise nicht ertragen, er würde tatsächlich platzen vor lauter Licht und hoher Energie. Aber es gibt eben Ausnahmen bei Menschen, die über ein Wissen verfügen, wie sie, ohne den physischen Körper zu verlassen, in das Licht reisen können. Sie verfügen über die Fähigkeit, den Körper nicht platzen zu lassen und trotzdem in diesem hohen Licht zu reisen. Sie haben die Fähigkeit, dies selbst zu steuern; sie spüren, wie lange der Körper in Verbindung mit diesem Licht gebracht werden kann, und bringen sich rechtzeitig wieder zurück. Das sind menschliche Seelen, die eine spezielle Hilfe-Aufgabe auf der Erde übernommen haben. Es gibt auch hoch schwingende Wesen, die ihren Körper in kleine Teile auflösen können und so auf Lichtreisen gehen; sie verfügen über die Intuition, wie lange die Reise dauert und wann sie ihren Körper wieder zusammensetzen sollten. Zur Zeit von Lemuria und Atlantis reisten viele weitentwickelte Wesen auf diese Weise zum höheren Licht, ohne dem Körper zu schaden. Sie machten eine Art von Teleportation zum hohen Licht. Ich selbst erlebte es mehrmals, dass mein Körper fast zu platzen schien, wenn ich durch die Meditation eine Lichtreise machte und merke sofort, wann es für den Körper zu viel wird und ich wieder etwas Licht loslassen soll. Es ist wie ein Spiel, wir können in ein hohes Licht eintauchen und dann wieder auf unsere verrückte Welt zurückkehren. Wir sollten alles mit mehr Verspieltheit tun, denn vor allem in der Leichtigkeit finden wir den Zugang zu uns selbst und zu anderen Dimensionen.

Wie wir leben andere Wesen auf anderen Sternen und Planeten auch häufig in einer familiären Gemeinschaft. Es kommt aber genauso häufig vor, dass sie einzeln leben und keine Familie gründen. Wir würden sie als Einzelgänger bezeichnen. Sie selbst fühlen sich nie einzeln oder allein. Erleuchtete Wesen sind in reinster Liebe und leben absolut aus dem Herzen. Sie fühlen sich aus dem Herzen verbunden mit anderen Mitgliedern der Gemeinschaft, ohne dass sie sich physisch treffen müssen. Sie kommunizieren telepathisch. Auch ich treffe meine Familie nicht so häufig, fühle mich aber mit meinen Eltern immer mit dem Herzen verbunden und sende ihnen meine Liebe. Obwohl ich nicht physisch in der Nähe bin, fühle ich mich ihnen trotzdem nahe und erfahre durch mein Hellfühlen und die Seelen-Kommunikation, wie es ihnen geht. Und ich stelle meine Hilfe auf einer energetischen Basis zur Verfügung, wenn sie dies brauchen.

37
ALS LICHTSEELE GEBOREN

Wir Menschen haben das Recht, unsere unschuldige, reine Seele zu entdecken, die ganze Schönheit unserer lichtvollen Seele soll wieder entfacht werden. Die Menschen, die in der jetzigen Zeit inkarnieren, können sich jetzt leichter von sämtlichem Schmerz und allen Traumen lösen, die ihr menschliches Dasein über die Zeit auf der Erde erlebte. Menschen, die schon mit einer lichtvolleren Schwingung zur Welt kamen, tragen universelles Wissen in ihren Herzen, das sie weitergeben können, um mehr Licht in die Welt zu bringen. Weil sie schon auf einer feinstofflicheren Ebene sind, werden sie von ihrer nahen Umgebung, von Familie, Lehrern und Schulkameraden häufig missverstanden oder gar nicht richtig wahrgenommen. Durch ihre erhöhte Schwingung sind sie in einer leichteren Frequenz und werden im wörtlichen Sinne unsichtbar für die anderen. Es gibt von beiden Seiten her keine Resonanz zueinander, wegen der differente Schwingung, die beide mit sich tragen. Es kann sein, dass sie sogar in der eigenen Familie weniger beachtet werden, weil die anderen in einer schwereren Frequenz sind. Das Kind wird darum häufig missverstanden. Dies kann eine Unsicherheit des Kindes hervorrufen und sein Selbstwertgefühl schwächen. Ein Kind, das viel höher schwingt, wird mit einer Grobheit konfrontiert, die seiner Seele unbekannt ist – je nachdem, was für eine Aufgabe diese Seele hat und woher sie kommt. Einer Lichtseele ist die Grobheit, die auf der Erde immer noch existiert, völlig unbekannt, weil eine Lichtseele von einem anderen Stern kommt, auf dem es nur Liebe, Harmonie und Frieden gibt. Es kommen alle Menschen ursprünglich von der Lichtquelle, aber viele sind von der reinen Liebe abgetrennt, darum nenne ich Menschen, die bewusst aus ihrer Seele leben und viel Licht und Liebe ausstrahlen, Lichtseelen. Ein Kind, das keine Unterstützung von seiner nahen Umgebung bekommt, kann in eine energetische Schockstarre versetzt werden, wenn es die grobe Umgebung beobachtet und von den Eltern reingedrängt wird. Für andere ist die Umgebung ganz normal, weil sie karmisch darin verwickelt sind, ihre Wahrnehmung eingeschränkt ist und sie es nicht anders kennen. Aber für eine Lichtseele ist es unbekannt, und sie weiß, dass sie sich aus dem Umfeld lösen sollte. Eine Lichtseele durchschaut schnell die Absichten des Gegenübers; sie sieht, von woher der andere kommt und was für eine Unausgeglichenheit er mit sich trägt. Unbewusst nimmt der andere wahr, dass die Lichtseele seine tiefsten, verborgenen und versteckten Unebenheiten durchschaut, es wird ihm gespiegelt und das kann bei ihm Angriffslust gegen die Lichtseele hervorrufen – je nachdem was der andere in sich trägt. Es ermutigt ihn, die Lichtseele auf irgendeine Weise anzugreifen, sei es verbal oder durch eine Gewalttat. Eine Negativität, die er in sich trägt, steuert ihn, so zu handeln, weil das Spiegeln unangenehm ist. Weil er diese feine Schwingung nicht erträgt, möchte er die friedliche Ausstrahlung zerstören und eine Disharmonie hineinbringen. Eine Lichtseele wird schon sehr früh in ihrer Kindheit mit solchen Angriffen konfrontiert. Menschen, die sich mit der negativeren Energie immer wieder aufladen, werden oft durch diese Energie geleitet und lassen sich wie Marionetten von Eingebungen steuern. Die Geburt von Lichtseelen ist häufig ein kompliziertes Ereignis, weil es für diese Seelen schwierig ist, in eine niedrige Dimension hineingeboren zu werden. Durch den Stress und eine lieblose Entbindung im Krankenhaus erleben die Babys meistens Traumen und brauchen eine gewisse Zeit, um sich davon zu erholen.

Eine Lichtseele merkt sofort, wem sie vertrauen kann und bei wem sie vorsichtig sein und ihr tiefes Wissen nicht weitergeben sollte.

Schnell lernt eine Lichtseele, dass sie ihr kosmisches Wissen anderen noch nicht mitteilen kann, weil sie nicht verstanden oder sogar angegriffen wird, weil es für den anderen fremd ist. Sie erkennt ihre eigenen menschlichen Unebenheiten schnell und arbeitet daran sich zu verbessern. Vielmals erlebt diese Seele eine gewisse Abneigung durch andere Menschen, die sich ständig mit niedriger Energie aufladen. Natürlich kann so eine Lichtseele viel Freude, Liebe und Heilung in die Familie hineinbringen. Ihr Strahlen kann ansteckend und heilend für die ganze Familie sein, und viele Menschen und Tiere fühlen sich von dem lichtvollen Wesen angezogen. Auf jeden Fall wird so eine Seele viele Menschen anziehen: solche, die sich von dem Strahlen angezogen fühlen, solche, die geheilt werden möchten, und solche, die mit der hoch schwingenden Energie nicht umgehen können und sie zu zerstören versuchen. Weil Lichtseelen es nicht gewohnt sind, in einer dreidimensionalen Umgebung zu leben, vergessen sie manchmal, sich zu schützen. Auf ihrem Heimatstern mussten sie nicht so viel Schutz aufbauen und haben es darum nie gelernt. Da sie eher selten einen Seelen-Zugang zu anderen Menschen finden, vertrauen sie vor allem ihren Lichtbegleitern, Naturwesen und Schutzengeln, die sie bewusst wahrnehmen können. Unsere Schutzengel und Lichtwesen, die uns begleiten, lieben uns so sehr, dass sie uns ihren Schutz zur Verfügung stellen, wenn wir es wünschen. Wir sollten wieder lernen, wie wir mit unseren Lichtbegleitern kommunizieren können, und lernen zu erkennen, ob wir wirklich mit ihnen in Kontakt oder ob wir mit einem niedrig schwingenden Astralwesen im Austausch sind. Die Astralwesen machen sich gerne einen Spaß daraus, uns in die Irre zu führen, unser Ego zu umschmeicheln und dann von unserer Energie abzuzapfen. Sie sind regelrecht Meister darin, sich als Lichtwesen auszugeben und uns zu täuschen.

Als Kinder sind die Lichtseelen in der Nacht häufig wach, weil sie in der Ruhe viele Informationen bekommen, auf kosmische Reisen gehen und dort mit anderen Wesen in Kontakt kommen. Leben sie in einem Haus, in dem es niedrige feinstoffliche Wesen gibt, so nehmen sie das bewusst wahr und möchten auch deswegen nicht schlafen, um nicht im Schlaf von der niedrigen Energie angegriffen zu werden. Niedrige Wesen laden sich gerne bei Kindern auf und heften sich im Schlaf an das Kind an.

Kinder, die bereits mit einer reineren Frequenz auf der Erde inkarnierten, haben auch Vorahnungen von zukünftigen Ereignissen, die ihnen helfen, vorzeitige Entschlüsse zu fassen. Sie durchschauen jede Maske und erkennen das Energiefeld des Menschen, entweder spüren sie es oder sie nehmen es auf eine andere Art wahr.

Menschen, die eine sehr feine lichtvolle Schwingung haben, geben ihre Leichtigkeit und erhöhtes Licht weiter und helfen mit ihrer durchleuchteten Seele anderen bei der individuellen Heilung weiter. Ohne aktives Tun solcher Lichtseelen wird die Heilung aktiviert. Nur schon durch ihr Dasein können sie anderen zur Transformation verhelfen, ohne aktiv zu sein, denn sie tragen ein Strahlen in sich, sodass alles um sie herum zur Transformation aufgefordert wird und das Bewusstsein des anderen durch die lichtvolle Schwingung erhöht werden kann. Unser Verstand glaubt, dass wir immer aktiv sein müssen und nur im Tun eine Heilung erreichen können. Das stimmt für mich so nicht. Die größte Heilung findet statt, wenn wir im SEIN sind, dann kann sich alles lösen, was unserer Seele, unserem Körper und dem Energiekörper schadet. Es gibt unzählige Techniken, die eine ultimative Heilung versprechen, und trotzdem spüren die Menschen, dass sie mit der ausgeübten Technik noch keine vollständige Heilung erreichen konnten. Die Lichtseelen sind hauptsächlich im SEIN und mit ihrer Seele und ihrem innersten Licht ständig verbunden. Sie wirken durch ihre Seele. Manchmal genügt schon ein kurzer Augenblick und eine kurze Begegnung, bei der die Lichtseele der anderen Person Licht überträgt. Eine kurze

Begegnung reicht schon aus, um bei dem anderen ein erhöhtes Bewusstsein einzuleiten. Es kommt lediglich auf die Bereitschaft der anderen Person an, ob sie das Licht annimmt oder abwehrt, weil sie noch nicht bereit dazu ist, etwas zu verändern. Der Weg zum Licht bedeutet immer eine Veränderung und ein Lösen von Stagnation. Für diese Veränderung sind aber nicht alle Menschen bereit. Das Licht, das diese Seele von der anderen bekommen hat, bleibt unbewusst oder bewusst in Erinnerung, und es kommt bei ihr an, wenn sie dazu bereit ist. Mit der harmonischen Ausstrahlung der Lichtseele wird sich diese Liebe auf jede Seele übertragen, und es wird allen leichter fallen, in ihrer Umgebung zügig die Reste der negativen Belastungen zu lösen.

38
DIE LIEBEVOLLE UNTERSTÜTZUNG DER LICHTWESEN

Wir sind nie allein. Doch viele Menschen fühlen sich alleingelassen mit ihren Problemen. Dabei gibt es unglaublich viele Wesen, Lichtwesen, Engelwesen, die uns aus reiner Liebe unterstützen. *(Ich bezeichne solche Wesen als Lichtwesen, weil sie vom Licht kommen und für das Licht sind. Natürlich kann man sie noch genauer bezeichnen. Für mich ist nicht die Bezeichnung wichtig, sondern ihre Energie.)* Ihre Liebe ist sogar größer als manche menschliche Liebe, weil sie sich zur Aufgabe gemacht haben, für dich da zu sein. Ihre Liebe zu dir ist unendlich, weil ein Lichtwesen sich mit achtbarer Hingabe zur Verfügung stellt, um dir zu helfen. Darum werde dir bewusst, wie viel Licht und Liebe sich um jeden Einzelnen befindet, vor allem wenn der Austausch zwischen Menschen und den Lichtwesen schon bewusst aktiviert ist. Sind wir mit ihnen im bewussten Austausch von Dankbarkeit und Liebe, wird die Frequenz von Liebe zusätzlich verstärkt. Die Lichtwesen verspüren große Freude und Liebe, wenn wir mit ihnen Kontakt aufnehmen und ihnen unsere Beachtung und Liebe schenken. Wegen unserer eingeschränkten Wahrnehmung brauchen sie unglaublich viel Fantasie, um uns Zeichen zu senden und uns auf den positiven Weg zu leiten. Sie helfen uns zu erwachen und unsere Realität zu durchleuchten, zu verstehen und zu heilen. Mit ihrer Unterstützung helfen sie, unser eingeschränktes Denken aufzulösen, und zeigen uns, dass sich unzählige Möglichkeiten eröffnen, die letzten Endes zur Verbindung der kosmischen Urinformationen führen. Weichen wir vom Weg ab, können sie uns den Weg weisen, um schneller an unsere Seelenaufgabe und unser tiefstes Inneres zu gelangen. Menschen, die eine große Aufgabe auf der Erde haben, verfügen über ein großes Netzwerk an Lichtwesen, die sie unterstützen, weil die niedrigen Wesen oder auch Menschen, die sich mit niedrigen Energien aufladen, manchmal versuchen, die hoch schwingenden Menschen anzugreifen oder herunterzuziehen. Die Lichtwesen begleiten uns ständig. Sie greifen aber nur in Notfällen ein und handeln nie gegen unseren Willen. Denn es ist das oberste universelle Gebot, dass jedes Wesen einen freien Willen hat, der zu akzeptieren ist. Deine persönlichen Lichtbegleiter helfen dir, dein gesamtes System zu reinigen und an die energetischen Abdrücke deiner seelischen Vollkommenheit anzubinden. Sie freuen sich, wenn wir sie um Unterstützung bitten; sofern der Auftrag an sie unserer Unterstützung dient und nicht einen egozentrischen Wunsch verfolgt, sind sie bemüht, uns mit ihren endlosen Fantasien zu helfen. Falls unsere Bitte dem großen Ganzen gilt, werden wir eine sehr starke Kraft von den Lichtwesen als Unterstützung bekommen. Es gibt unzählige Formen, wie sie uns unterstützen können. Du kannst sie bitten, bei deiner energetischen Reinigung zu helfen, um Probleme abzugeben und dich vor Angriffen von anderen Menschen oder Wesenheiten zu schützen, dann können sie unsere Intuition leiten und noch vieles mehr. Es ist ein Segen, sich mit Lichtwesen bewusst in Verbindung zu setzen, denn ihnen können wir mehr vertrauen als gewissen Menschen. Während ich diese Zeilen schreibe, machen sie sich bemerkbar, indem sie wie kleine Blitzsterne um mich herum für einen kurzen magischen Moment aufblitzen.

Um besser mit ihnen in Kontakt zu kommen, sollten wir wieder verspielter werden und unserer kindlichen Fantasie freien Lauf lassen. Auf eine verspielte Weise und mit einem liebenden Herz können wir mit Leichtigkeit mit ihnen in Kontakt treten. Mit unserer Leichtigkeit ziehen wir ganz viele Lichtwesen an. Die Erde wird immer lichtvoller, und die Lichtwesen, die uns von Beginn an unterstützten, können endlich durch die dichte Nebelwolke hindurchdringen. Als Kind nahm ich um die Erdkugel herum dichte, verstrickte, graue Netze wahr, sie sahen ähnlich wie ein dichtes Spinnennetz aus. Ich wusste, dass es Energie-Netze sind, die von den niedrigen Mächten konstruiert wurden. Immer wieder arbeitete ich daran, mittels meiner Fernwahrnehmung diese erdrückende nebelige Frequenz mit meiner Gedankenkraft, mit Visualisierung und Umwandlung der Energie zu durchbrechen. Ich machte es intuitiv, weil ich es für mich Sichtbar war. Kinder, die gedanklich weit weg sind, sollten nicht gestört werden. Für Erwachsene sieht es manchmal aus, als wäre das Kind am Träumen, aber es hat sich vielleicht gerade in diesem Moment mit der feinstofflichen Ebene in Verbindung gesetzt und macht etwas Wichtiges für die Erde. Auch wenn ein Kind (nur) am Tagträumen ist, macht es etwas Großartiges, denn durch die Träumerei kann ein Kind seine Fantasie fördern. Und wir brauchen wieder mehr Menschen, die viel Fantasie haben und etwas Eigenes entwickeln können.

Dank des Wirkens aller Lichtwesen und unserer Unterstützung haben sich diese dichten Netzte aufgelöst. Damals war ich fast schon hoffnungslos; die Dichte, in der ich lebte, nahm mir manchmal fast den Atem. Für mich war es kaum auszuhalten, auch weil ich in meinem Umfeld nie über meine feinstoffliche, universelle Wahrnehmung sprechen konnte. Geschweige denn darüber, was ich in meiner Freizeit tat. Das wäre nicht verstanden worden. Es ist für mich eine unglaubliche Erleichterung und Freude zu sehen, dass die Licht-Frequenz sich wieder anbinden kann und die dichten energetischen, negativ geladenen Netze verschwunden sind. Seit ich auf der Erde bin, wirke ich aus tiefster Liebe zur Seele Gaia, um zu helfen und etwas Liebe hereinzubringen, aber bis jetzt tat ich es vor allem im Stillen und erklärte den wenigsten Menschen, wie ich wirke. Jetzt bin ich unglaublich dankbar zu erkennen, wie viele Lichtwesen den Zugang zur Erde finden und Kontakt mit uns aufnehmen, um uns zu unterstützen. Früher konnten nur wenige diese dichten Netze durchdringen. Der Weg zu uns Menschen war für sie schwierig, weil sie zuerst die destruktive Schwingung überwinden mussten; überall gab es Hindernisse, die ihren Durchlass verhindern wollten.

Ich danke allen Wesen, die aus Liebe uns Menschen helfen, in die Heilung zu kommen, damit wir mit der Erde in eine höhere Dimension aufsteigen können. Die Energie von Liebe breitet sich immer mehr aus. Vor ein paar Jahren war es für mich anstrengend, mit meiner Energiearbeit durchzudringen. Jetzt kann ich mich mit Menschen zusammentun, die das gleiche Ziel verfolgen. Ich habe Menschen und Lichtwesen gefunden, mit denen ich telepathisch kommunizieren kann. Früher konnte ich vor allem mit Tieren sowie wenigen Lichtwesen und Menschen auf diese Weise kommunizieren. Die Kommunikation mit Lichtwesen wurde häufig gestört, der Zugangs-Kanal war nicht so frei wie jetzt.

Bei unserem Aufstieg in eine höhere Dimension ist es wichtig zu erkennen, welche Menschen unterstützend sind und welche dich zu hindern versuchen. Wenn es Menschen in deinem Umfeld gibt, die dich zurückzuhalten versuchen, weil ihr Ego es nicht zulässt, dass du jetzt deine Frequenz erhöhen möchtest, dann löse dich von ihnen oder halte sie auf Distanz, falls du dich von ihnen nicht ganz lösen kannst. Falls es noch Menschen in deinem Umfeld gibt, die dich von deinem inneren Aufstieg zurückzuhalten versuchen, nehme an, was ist, statt in Abwehr zu sein, messe dich nicht mit ihnen, jeder hat seinen eigenen Weg. Annahme ist immer die beste Möglichkeit, um in der Leichtigkeit zu bleiben. Wenn du die Führung deines Egos lösen kannst, kommst du zuerst in die Annahme, was ist, und bleibst in der Selbstliebe, egal ob jemand dich stark kritisiert oder ob jemand dich lobt. Du brauchst dann von anderen keine Anerkennung und Liebe mehr. Am wichtigsten ist, dass du liebevoll zu dir selbst bist. Dein Strahlen bringt dich in eine andere Welt, und du möchtest nicht mehr Zeit verlieren mit Menschen, die noch mehr mit ihren eigenen Problemen konfrontiert werden und düstere Gedanken haben.

Es gibt viele Gemälde von Engelwesen mit Waffen, häufig mit einem Schwert. Es ist den Menschen so stark eingeprägt, dass es Waffen braucht, um sich zu schützen, dies ist aber auch ein Glaubensmuster. Bilder, in denen Engel mit Schwertern gemalt wurden, sind schlicht aus der Fantasie und Eingabe des Malers entstanden. Ein Wesen, das absolut im Licht ist, benützt nie eine Waffe, weil seine reine Lichtenergie viel höher ist. Ein Engelwesen braucht keine Waffe, um zu schützen, es übt den Schutz immer mit seiner reinen, transformativen Energie aus. Ein Wesen, das die innere Kraft noch in sich trägt und über das Wissen verfügt, wie sie eine schwere Frequenz in die Leichtigkeit umwandeln kann, braucht keine äußerliche Waffe, um sich zu schützen. Alles wird in die Frequenz von Frieden, Liebe und Leichtigkeit umgewandelt und die Kraft der reinen Liebe gibt immer einen Schutz.

39

DURCH DAS LOSLASSEN FINDEST DU
DEN WEG ZU DIR

Lasse festgefahrene Vorstellungen, wie unsere Welt funktionieren sollte, los. Veränderungen erfolgen täglich auf diesem Planeten. Weil die Seele Gaia entschieden hat, sich zu reinigen, erfolgt der Wandel sehr schnell, und viele alte Verhaltensmuster, die durch die eingeschränkten Überzeugungen der Menschen lange Zeit erhalten bleiben konnten, werden jetzt aufgelöst. Es ist weise, sich den neuen Möglichkeiten und neuen Varianten zu öffnen und die eigene Fantasie zu nutzen, um mit neuen Ideen mitzuhelfen, was dem großen Ganzen dient, der Erde Gaia und einem selbst. Lass die Frequenz von Lemuria auf dich wirken, erinnere dich daran, wie es sich leben lässt, wenn du an die universelle Kraft angeschlossen bist. Lässt du die Veränderung zu und kämpfst nicht dagegen an, bleibst du selbst auch im Fluss und stagnierst nicht. Diese Zeit ruft in uns eine herausragende Möglichkeit wach, nämlich uns auf wichtigere Dinge zu konzentrieren, auf uns selbst, auf die eigene Veränderung und das Loslassen von alten Überzeugungen und Ballast. Es ist nicht weise, Unmengen von Verpflichtungen und Abmachungen, die dir nicht dienen, weiterhin zu erfüllen. Du tust niemandem einen Gefallen, wenn du Verpflichtungen eingehst, die du widerwillig erledigst. Mache nur Dinge, bei denen dein Herz Freude empfinden kann. Je mehr du tiefe Freude im Herzen spüren kannst, desto mehr lernst du wieder, auf dein Herz zu hören. Statt Verpflichtungen einzugehen, sollten wir wieder auf unser Herz hören und nach dem Herzen entscheiden. Fühlt das Herz Freude oder kommt ein Verpflichtungsgefühl auf? Um ein reines Bewusstsein zu erreichen, sollten wir uns auf unsere Herzebene konzentrieren. Das Herzbewusstsein schwingt höher als das Bewusstsein des Verstandes. Überkommt dich eine tiefe innere Liebe und Freude, breitet sich das Herzchakra aus. Machst du Dinge gegen deinen Willen, zieht sich das Herz zusammen.

Lass das dauernde Streben nach Perfektionismus los, du musst niemandem etwas beweisen. Lass von dem Anerkennungsgefühl los, du brauchst keine Anerkennung durch andere oder durch Menschen, die in der Arbeitswelt anscheinend einen hohen Posten erreicht haben. Wenn du dir selbst Liebe und Anerkennung zollst, brauchst du keine »Likes« von anderen wegen deiner geposteten Bilder und Videos auf den Social Media. Viele streben nach der Anerkennung von außen; es ist aber die falsche Anerkennung, nach der die meisten streben. Möchtest du von anderen Anerkennung, gibst du ihnen die Macht, über dich zu urteilen, und überlässt deswegen deine eigene Macht den anderen. Es ist nützlich, deine eigene Macht bei dir zu behalten oder die Macht über dich zurückzubekommen. Niemand anderes als du selbst darf Macht über dich beanspruchen. Wir wurden erzogen, unsere Macht und somit unsere Verantwortung an andere abzugeben. Auf diese Weise geraten wir in die Abhängigkeit anderer und geben sogar einem von Menschen erschaffenen System mehr Macht, über uns zu entscheiden, als uns selbst. Sind wir mit unserer innerer Lichtseele verbunden, dann suchen wir keine Anerkennung durch andere Menschen. Die größte Anerkennung ist, dass du existierst und aus reiner Liebe bestehen kannst. Hast du den Zustand von Sein erreicht und kannst dich von dem Leitbild, immer etwas tun zu müssen, lösen, so bist du immer du selbst – ob dich andere lieben oder nicht. ICH BIN! Das ist der Sein-Zustand. Es bringt uns in Abhängigkeit, wenn wir Anerkennung und Liebe bei anderen suchen. Haben wir uns selbst zu lieben gelernt und sind verbunden mit unserem höheren ICH, so ist unsere Sucht nach Anerkennung beendet. Um mit dem Fluss des Goldenen Zeitalters mitzuschwingen, sollten wir uns von Regeln lösen, die gegen die kosmischen Gesetze verstoßen. Alte Muster sollten jetzt losgelassen werden, um eine neue Erde zu gestalten. Wie in der Zeitepoche von Lemuria sollten wir Dankbarkeit, Mitgefühl, Verständnis und reiner Liebe wieder mehr Platz geben. Lass ab von täglichen Pflichten, denen du ewig und allein deshalb nachgehst, damit andere Leute dich wertschätzen. Löse dich auch von Menschen, die zu sehr über dich und dein Handeln urteilen, und mache Platz für Menschen, bei denen dein Herz höherschlägt und mit denen du einen wunderbaren Austauscht hast, sodass ihr beide in eine höhere Schwingung steigen könnt. Mache Platz für Menschen, die dich lieben.

Lass das Äußere los und spüre, wer du bist. Mit dem Verstand kannst du dich nicht erfassen, das kannst du nur mit deinem Fühlen aus dem Herzen. Durch die Beobachtung und Ruhe erkennst du deine eigenen Wahrheiten. Deine Seele ist unendlich und unsterblich, darum ist sie dazu fähig eine Wahrheit auszuleben, die mit den Wahrheiten des Universums übereinstimmen. Wenn du das erkennst, hat sich dein Energiefeld schon etwas mehr geöffnet, und du kommst in eine höhere Dimension. Eine Reinheit kommt zum Vorschein, verbunden mit einer leuchtenden Kraft. Die aufgebauten Illusionen fallen nach und nach ab. Die Zeit, die du dir selbst gibst, ist die wichtigste, weil sie dich in deine innere Ordnung zurückführt. In dir ist die stärkste Kraft, das ist die Liebe. Die Liebe möchte, dass du glücklich bist. Das innere Glück stammt aus der Einheit mit dir selbst und mit dem Ganzen. Ist ein Mensch nicht in der Übereinstimmung, kann er nicht glücklich sein; er wird immer mehr im Äußeren suchen, möchte immer noch mehr erlangen und bleibt auf der ewigen Suche. Durch deine Seele, in der die Urfrequenz, die kosmische Urinformation übertragen wird, bekommst du deine Antwort auf alles.

40
UNTERGANG VON LEMURIA

Die Seelen, die sich entschieden haben, Lemuria vor dem Untergang zu verlassen, erlitten den ersten Schmerz durch den Verlust ihres geliebten Ortes und vor allem geliebter Menschen, die sich entschieden, mit Lemuria zu sinken, und dort blieben. Viele Familie, Paare und Freunde wurden dadurch auseinandergerissen. Durch ihre dauerhafte Anbindung an ihrer eigener Lichtseele konnten sie vorausspüren was die Zukunft brachte. Mit einer stark ausgeprägten Intuition wussten sie im Voraus, dass ihre geliebte Heimat untergehen sollte, und konnten sich genügend auf dieses Geschehnis vorbereiten. Sie nahmen alles mit, was sie retten wollten, und lösten sich von dem, was sie zurücklassen mussten. Jeder konnte für sich entscheiden, ob er dieses Paradies verlassen oder mit Lemuria untergehen wollte, weil er sich keinen anderen Ort auf der Erde vorstellen konnte. Einige verließen die Erde, indem sie in eine andere Dimension reisten, um sich auf einem anderen Planten neu anzusiedeln. Sie verschwanden ähnlich wie die Mayas, die auf eine für uns geheimnisvolle Weise vom Erdboden verschwanden. Sie standen energetisch in reinster Liebe Hand in Hand in einem Kreis zusammen und vertrauten auf ihre neuen Reise. Zusammen visualisierten sie, wo sie als nächstes hinreisen sollten. Ihr Zusammenhalt gab ihnen gegenseitig Licht und Stärke in der Beständigkeit. Diese Seelen waren innerlich sehr stabil in einer reinen Schwingung; weil sie keine Zweifel in sich trugen, konnten sie den anderen ihre Unterstützung und ihren Schutz anbieten. Einige von ihnen entschieden sich für einen Ortswechsel und flüchteten vor allem nach Atlantis. Es gab weise Seelen, die mit den anderen mitgingen, um ihnen weiterzuhelfen, denn ihr inneres hohes Licht gab den anderen Zuversicht und die größte Unterstützung. Es war eine große Herausforderung, unter solchen Umständen das innere Leuchten aufrechtzuerhalten und in inniger Liebe zu allem zu bleiben. Dann gab es welche, die nicht an den Untergang glaubten oder die Insel nicht verlassen wollten, und diese wurden mit den Fluten und Erdbeben in die Tiefen des Ozeans gerissen. Viele mussten mit ansehen, wie einer nach dem anderen in den Sog des Untergangs gezogen wurde, wie eine riesige Fläche geradezu vor ihren Augen versank. Sie erlebten das erste Mal Schmerz, Traurigkeit und Schuldgefühle. Das erste Mal glaubten sie, geliebte Seelen verloren zu haben, und fanden es ungerecht. Natürlich wussten sie, dass die anderen Seelen nur örtlich entfernt und nicht gestorben waren, und trotzdem war es für sie schmerzhaft, mit anzusehen, wie ihre Liebsten mit den Fluten mitgerissen wurden. Durch eine riesige Erdspalte riss es ganze Dörfer in die Tiefe. Die geballte Naturkraft des Ozeans spülte ganze Berge weg. Die weisen Seelen unter ihnen verbreiteten immer noch ihr Licht, um die anderen mit ihrer Verbreitung von Lichtfrequenz auf einer Schwingung von Liebe zu halten. Mit der Glückseligkeit der Seele verbreiteten sie ihr Strahlen für die anderen, um sie zu trösten und um die Liebe und den Frieden zu erhalten. Es gibt Seelen, bei denen die Glückseligkeit so hoch ist, dass nichts ihre Stimmung herunterzuziehen vermag. Sie sangen gemeinsam ein wundervolles Lied. Sie wussten, die Frequenz von Lemuria lebt weiter im energetischen Feld und wird dadurch in Erinnerung bleiben.

41
ANBINDUNG AN DIE UNIVERSELLEN REINEN KRÄFTE

Wenn dir bewusst wird, dass du eine Seele voller Liebe bist und es immer mehr auslebst, dann kannst du dich mit all deinen Körperteilen mit der universellen reinen Kraft in Einklang bringen. Du erreichst überall Informationen – und nicht nur über das Kronenchakra oder das dritte Auge –, die uns durch den Glauben von älteren Kulturen und jahrtausendalten Glaubenssätzen vermittelt wurden. Diese Vermittlungen konnten bestimmt vielen Menschen in früheren Epochen helfen, aber heute sollten wir uns auch von diesen Glaubenssätzen lösen, denn es sind Glaubensmuster, die dich in der dritten Dimension halten und dich somit einschränken. Überall findest du Liebe und das Lichtvolle, du kannst dich mit sämtlichen Körperteilen und mit deiner Aura, also deiner Ausstrahlung verbinden. Du kannst sogar Informationen durch deine Füße bekommen. Wenn du glaubst, du müsstest die Information von oben, aus Richtung Himmel bekommen, kannst du dich im Prinzip auch auf den Rücken legen und deine Füße hochstrecken und so eine Information empfangen, die dein Herz und deinen Geist erreicht. Du kannst auch deine Hände öffnen und bereit sein, auf diese Weise deine Verbindung zum Universum zu empfangen, oder du kannst in dein Herz gehen und dort mit deinem höheren ICH kommunizieren. Viele in der Esoterikszene arbeiten darauf hin, ihre Chakren zu öffnen, und vertreten die Ansicht, wenn sie das Kronenchakra geöffnet haben, dass sie sich dann mit dem Göttlichen verbinden können. Wenn du versuchst, durch Verbissenheit ein Ziel zu erreichen, verpasst du, was im JETZT um dich herum ist, und nimmst nicht wahr, dass die reine universelle Lichtquelle schon da ist. Du bist schon Liebe, alles ist schon vorhanden. Je mehr du dich von den Lehren anderer lösen kannst, desto mehr findest du deine eigenen Weisheiten. Somit findest du eine direkte Verbindung zur universellen Lichtquelle, zu deinem höheren ICH. Du bist dann mehr im SEIN. Deine Handlungen erfolgen dann mehr aus deinem inneren Input, aus der Gegenwart. Mit deinem SEIN-Zustand bringst deine Taten nach aussen, die deine Wahrheiten ausdrücken. Du kannst alle deine Sinne benützen und auf diese Weise die lichtvolle Quelle erfahren. Erinnere dich daran: Die Quelle, der Kosmos ist grenzenlos. Es ist leichter für uns, eine Verbindung aufzubauen, wenn wir auch das Grenzenlose anstreben. Es gibt nicht nur eine Regel, wie du dich mit der lichtvollen Quelle in Einklang bringst und dich führen lassen kannst, es gibt dafür unzählige Arten. Wichtig ist nur, dass es aus dem Herzen, aus deiner Seele kommt, dann wird alles spielerisch und leicht. Du kannst auch einen Kopfstand machen und dir vorstellen, dass du die Information vom Himmel durch die Füße fließen lassen kannst und sie dich erreicht. Hauptsache, du hast Freude wie ein Kind und bist losgelöst von all dem Wissen, das nicht du bist. Wenn du noch mit fremdem Wissen vollgestopft bist, das nicht zu dir gehört, hindert es dich, dein reines Herz zu erreichen. Loslassen ist jetzt wichtiger denn je, um aufzusteigen. Was bist du ohne Wissen? Nichts und doch alles, du BIST SEELE. Was bist du mit Wissen? Das fremde Wissen füttert deinen Verstand und du lebst nach Glaubensmustern, die nicht zu dir gehören; du findest mehr Vertrauen zu fremdem Wissen, statt dass du dir selbst vertraust. Bevor ich dieses Buch schrieb, löste ich mich von Wissen, das ich durch Bücher und andere Menschen erfahren hatte. Eine Zeit lang fühlte ich eine Leere, bis ich wieder mehr Zugang zu meinem eigenen Wissens-Kanal fand. Vorher fühlte ich mich überfüllt mit Wissen, das nicht zu meiner Seele passte, denn meine Seele bringt kosmisches und Naturwissen mit, das der Erde helfen kann, um eine neue Welt zu erschaffen. Für mich ist das, was aus meiner Seele kommt, wichtiger; lieber verbinde ich mich mit meinem höheren ICH, meinen Lichtbegleitern, meinem Innersten oder dem reinsten Licht, um selbst Antworten zu empfangen, statt sie durch Bücher und Videos zu erfahren. Ich liebe es, wenn ich in einen Zustand von Leere komme, bei der ich nur noch im SEIN bin.

Wenn du schon eine gewisse lichtvolle Frequenz erreicht hast, musst du nichts mehr von außen dafür tun. Du bist schon Liebe. Alle niedrigen Energien haben von dir abgelassen. Dein Körper und dein ganzes eigenes System strahlt eine hohe lichtvolle Frequenz aus. Das Licht von Liebe schützt dich und was nicht in das Energiefeld von reinster Liebe gehört wird transformiert und bröckelt von deinem Energiefeld ab. Weil du schon reinste Liebe und das Licht in dir trägst, handelst du dann auch immer mehr aus der Liebe heraus. Deine Schwingung hat sich dann erhöht. Eine Meditation ist dazu da, um deine Mitte zu finden, du tust dann noch etwas, um ein Ziel zu erreichen. Im SEIN-Zustand hast du die Mitte gefunden und hast kein Ziel mehr vor Augen; deine Intuition lässt dich führen, die Führung deiner Gedanken lassen los. Meditation heißt: nachdenken, die Mitte finden, in die Stille kommen. Viele meditieren im Tun, weil sie etwas erreichen möchten, weil sie ein Ziel vor Augen haben, sie erreichen dabei selten den SEIN Zustand. Die beste Art der Meditation ist, ziellos sich dem hinzugeben, was ist, loszulassen, was zu sein scheint und sich selbst zu spüren.

Der wesentliche Unterschied zwischen Verstand, Ego und Seele ist, dass der Verstand die Liebe zu erklären versucht, sie aber nicht erfassen kann, weil Liebe eine Schwingung ist; und das Ego kennt die reine, grenzenlose Liebe nicht. Nur die Seele schöpft ganz aus der inneren Quelle. Angebunden an unsere Seele und die unendliche Liebe können wir unsere Gefühle und Gedanken benützen, ohne uns mit ihnen zu identifizieren; wir bleiben frei, es gibt keine Anhaftungen unserer Gedanken, sondern sie fließen über unseren Gedankenkörper hinaus in die Ferne und werden wieder losgelassen. Deine neue Realität wird wundervoll, wenn dir bewusst wird, dass du selbst die Liebe bist, nach der du dich jahrelang sehntest.

42
DEINE SEELE IST LIEBE

Unsere Seele ist in ihrem Kern reine Liebe. Wenn wir auf der Erde inkarnieren, kann es geschehen, dass wir durch Schocks und Traumen von unserer wahren Essenz der Liebe abgetrennt werden. Sind wir von der Liebe getrennt, trennen wir uns auch von der Verbindung zu unserer Seele. Die Seele ist ewig und feinstofflich und kann durch ihre Unsterblichkeit in einen Körper inkarnieren. Dann teilt sich die Seele in Körper und Geist auf. Ihr Bewusstsein geht also auch in den Körper, sodass unser Körper ein eigenständiges Bewusstsein hat. Wenn wir inkarniert sind, haben wir also das Körperbewusstsein und das Geistbewusstsein. Die Seele ist der Teil von uns, der ganz am Anfang aus der Lichtquelle kam. Die Seele ist somit ein Teil von dem Licht der Quelle und besteht darum aus der gleichen reinen Liebe. Unsere Seele trägt den lichtvollen Funken und das Bewusstsein, das mit der Quelle verbunden ist, in sich. Wenn Menschen erwachen, kommen sie immer tiefer in die Verbindung zu ihrer Seele und weil ihre Seele aus reinster Liebe besteht nähern sie sich ihrer Eigenliebe wieder an.

Die Welt, in der wir aktuell leben, ist größtenteils darauf ausgerichtet, uns von unserer Seele fernzuhalten. Durch unser Tun, das nicht aus dem Herzen kommt, halten wir uns von der Seele fern. Ich sehe es so: Wenn wir ohne Liebe sind und ohne Liebe handeln, stehen wir mit unseren Gedanken, unserem Emotionalkörper und unserem Körperbewusstsein wie neben der Seele und nehmen sie nicht mehr wahr. Durch sämtliche schädliche Stoffe, die du über die Nahrung, Kosmetikprodukte, und Medikamente aufnimmst, handelst du lieblos dir gegenüber. Dein Körper wünscht sich eine liebevolle Pflege und Beachtung durch Natürlichkeit. Er ist dein Tempel und gibt dir Kraft, wenn ihm lebendige Kraft zugeführt wird. Viele nehmen aber eine Nahrung auf, die tote Energie beinhaltet. Fleisch und unnatürliche Stoffe in der Nahrung enthalten diese unlebendige Energie, die dir deine eigene Energie nimmt.

Die Menschen waren ursprünglich als schöne Wesen dazu da, die Erde und alles, was auf ihr lebt, zu behüten und zu pflegen. Wir haben Schöpferkraft in uns und tragen auch diese ursprüngliche Schönheit noch immer in uns. Es ist wichtig, selbst zu fühlen, dass in jedem von uns eine strahlende Seele von vollkommener Liebe ist. Wir vergessen es häufig, weil wir uns von dem äußeren Leben beeinflussen lassen. Das Wichtigste für unseren Aufenthalt auf der Erde ist, dass wir wieder lernen, zu lieben, unsere Seele wieder wahrzunehmen und auch danach zu handeln. Die reine Liebe unserer Seele ist in Ewigkeit, sie ist unendlich. In uns Menschen lebt eine strahlende Seele, in jedem Menschen strahlt ein Licht, das absolute Fülle und reine Liebe ist. Es ist ein Licht, das mit der kosmischen Quelle verbunden ist. Erinnere dich daran, dass du Liebe bist, dass du Glückseligkeit bist, es ist alles schon in dir. Seit Tausenden von Jahren leben wir in einer Welt, die sehr nach außen gerichtet ist, darum haben wir vergessen, dass wir die Liebe und Glückseligkeit nur in unserem Inneren finden können. Wenn wir nach der Glückseligkeit im Außen suchen, brauchen wir äußerliche Ereignisse, die uns in glückliche Stimmung versetzen. Die tiefe andauernde Glückseligkeit kannst du aber nur in deinem Inneren erfahren, darum ist die Stille wichtig; es ist eine Frequenz, die sich von deinem Inneren nach außen ausbreitet. Du kannst die Liebe und Glückseligkeit als eine Form von Energie und Farbenmuster betrachten, so kannst du sie besser annehmen als nur durch das Wort Liebe. Nimm also die Energie von Liebe wahr und führe sie in dein Herz. In der Stille und durch das Spüren erreichst du diese Frequenz. Du bist Liebe, du bist Licht, du bist Glückseligkeit, es ist alles schon vorhanden. Wenn du das spürst, beginnt für dich eine neue Epoche, in der du deine Seele anerkennst und beginnst, den Raum der Ewigkeit in dir wahrzunehmen. Deine Seele ist Liebe und somit kannst du eigene Grenzen, Einschränkungen und Blockaden aufheben. Durch unser gelebtes System bleibt die äußerliche Begrenzung bestehen. Du bist Liebe, du existierst aus der Frequenz von Liebe; wenn du das spürst, erkennst du dich als Seele an, die aus Licht und Liebe besteht. Du kommst ursprünglich von Licht und Liebe. Liebe ist die höchste Frequenz, und du kannst dich mit ihr ins Unendliche ausbreiten, bis sich die Liebe auflöst in strahlendes Licht. Das ist dann eine unbeschreiblich hohe Frequenz, die weder in Worte gefasst werden kann noch unser physischer Körper lange tragen kann.

Mit der äußeren Apperzeption nimmst du zwar die äußere Erscheinung wahr, du siehst deinen Körper und andere Körper, du nimmst die Welt wahr und siehst deine Aufgaben, die du in der äußeren Welt aufgenommen hast. Das ist vergänglich, das sind Aufgaben und äußerliche Erscheinungen. Deine Seele ist Unsterblich und auf einer ewigen Reise nicht nur auf der Erde, sondern im gesamten Universum. Deine Gedanken richten sich häufig nach einem strukturierten Plan: »Um diese Zeit muss ich jenes und dieses tun, das möchte ich bis dann erreichen. « Dies ist ein Rhythmus voller Einschränkungen, weil deine Gedanken von den äusserlichen, weltlichen Ereignissen abhängig sind. Doch darüber hinaus gibt es noch viel mehr, was ins unendliche Universum reicht. Und das Ewige kann dein Verstand nicht mehr erfassen. Du bist zwar in einem menschlichen Körper verbunden mit Aufgaben, aber du bist eine Seele. Und deine Seele nimmt dein Leben anders wahr, als du es als Mensch betrachtest. Mit deinem Verstand und Ego misst du nach äußeren Maßstäben, aber deine Seele braucht dieses Werten nicht, deine Seele will die Liebe leben. Das ist auch ein Grund, warum du hier auf der Erde bist, um die Ebene von reiner Liebe in dir zu gestatten und zu leben. In der Dichte der Materie, in der Welt der Illusionen hast du die Möglichkeit, die reine Liebe zu lernen. In den höheren Dimensionen kannst du die Liebe nicht mehr lernen; du bist es schon, es ist für dich eine Selbstverständlichkeit. Alles was nicht die Schwingung von Liebe hat bröckelt immer mehr ab, die Liebe ist die kraftvollste Stärke, die alles wieder zum Leuchten bringen kann. Betrachte alles Leben auf der Erde mit der Liebe deines Herzens. Jede Pflanze ist Liebe, ihre Farben und Muster strahlen die Liebe zu dir aus. Sie schenken dir die wahre Liebe und du schenkst sie zurück, indem du ihre Energie aufnimmst, und ihnen deine Liebe zurückgibst. Wenn du die Liebe als Energie betrachtest, kannst du spielerisch damit umgehen. Unzählige psychologische Aussagen besagen, dass du dich lieben musst, es gibt unzählige Tipps, die beschreiben, wie du dich lieben kannst – sie alle beruhen aber auf Äußerlichkeit. »Du sollst deine Schwächen lieben. « Diese Schwächen kommen aber von deinem Ego. Es ist aufrichtiger deine Seele und dein Menschsein zu spüren und zu lieben als sich mit dem Ego auseinandersetzten. DU stehst dir am nächsten. Du musst die anderen nicht lieben, wenn du es noch nicht kannst. Du musst eine Person nicht lieben, die dir Unrecht antut; du darfst nur dich selbst lieben, und aus diesem Energiefeld entsteht automatisch eine Schwingung aus Liebe, die du noch verstärken kannst, wenn du einen Menschen oder ein anderes Wesen innig liebst. Die Liebe kommt aber von innen, und du schenkst dem anderen einen Anteil davon, ohne dich zu verlieren, weil alles ja schon in dir wohnt. Zusammen könnt ihr eure Liebe ausbreiten, dann wird das Energiefeld um euch herum noch größer. Wie zu Zeiten von Lemuria. Erkenne, dass deine Seele Liebe ist, und du dies ausstrahlst; damit verlierst du immer mehr deine vergängliche Liebe, die reine Liebe bleibt ewig. In deiner reinen Liebe darfst du so sein, wie du bist, du darfst deine Gefühle noch haben, du liebst es. Wenn die Liebe durch den Verstand analysiert wird, bist du ständig am Kritisieren. Mit dem Urteilen fällst du aus der Liebe. Die meisten verwechseln die reine Liebe mit äußerer Liebe. Das ist aber noch keine reine Liebe, es ist ein Ruf nach Liebe. Manchmal kommen äußere Ereignisse auf dich zu, du nimmst nur die äußeren Ereignisse wahr, vergisst deine Lichtseele und bindest dich darum an die äußeren Geschehnisse, dann kommst du in eine Illusion von

Abgrenzung. Du bist hier inkarniert, um deine Grenzen zu überwinden. Grenzen, die nur in deinen Vorstellungen existieren, sind äußere, auferlegte Programmierungen; diese gewinnen Macht über dich und dein Leben. Du lässt dich durch Äußerlichkeit führen, deine Emotionen werden ständig durch die Medien beeinflusst. Wenn du dein wahres Sein lebst und dich nicht mehr durch äußere Gegebenheiten ablenken lässt, kannst du dich aus der Abhängigkeit befreien. Du merkst dann immer mehr, wenn dich etwas von außen beeinflusst, und dir wird vieles unwichtig. Du möchtest fast keine Medien mehr schauen, weil es dir deine Zeit nimmt und du diese Zeit lieber dir selbst schenkst. Du triffst dich vermehrt mit Menschen, mit denen ein Energie-Austausch von Liebe und Freude möglich ist. Verwechsle diese Liebe zu anderen Menschen aber nicht mit der Liebe als Besitzeigentum. Die Gefühle von Besitzen wollen dürfen da sein, erkenne aber den Unterschied. Wehre deine Emotionen nicht ab, weil sie in unserer Gesellschaft nicht anerkannt sind. Das Leben ist richtig, so wie es ist. Glaube nicht, es sei falsch oder hinderlich, das äußere Leben über das seelische Leben zu stellen, denn das bindet dich auch und macht dich unglücklich. Jedes Urteil bindet dich an das Verurteilte und macht dich unfrei. Deine Aufgabe liegt im Wesentlichen darin, zu spüren, wer du bist, und dazu hast du ein ganzes Leben lang Zeit. Spüre es heraus – damit meine ich nicht deine Gedankenwelt und nicht das, was du mit dem Verstand aufgenommen, gelesen oder von jemand anderem gehört hast. Es spricht dein innerer Führer zu dir, das ist deine Seele, dein wahres Selbst. Das ist deiner Wahrheit am nächsten. Fange an zu spüren. Das Fühlen wurde uns ausgetrieben, um uns mit Äußerlichkeiten besser beeinflussen zu können. Fange an zu spüren, fühle was in dir vorgeht und verwende wieder all deine Sinne. Es ist das schönste Geschenk, die eigene Seele zu spüren, und jedes Mal, wenn du deine Seele lebst, bekommst du Leichtigkeit und Gelöstheit, aber auch wieder Energie für dieses Leben. Es ist wichtig, in die innere Kraft zu kommen, um in einer Welt voller äußerlicher Beschränkungen zu leben. Erinnere dich, wer du bist, und du wirst frei – und dann löst sich die Freiheit auf in nichts und alles, in Unendlichkeit. Das wahre Glück hat nichts mit dem Äußeren zu tun. Es ist in dir und es ist in dem Moment wahrnehmbar, wenn du an nichts Äußeres mehr denkst, an nichts gebunden bist, durch nichts abgelenkt bist. Das ist der Augenblick, in dem du wirklich Glückseligkeit erlebst. Ein glücklicher Mensch lässt sich von nichts mehr aufhalten und ablenken, was sein inneres Glück stören kann. In dir ist eine Seele und die ist zu erkennen, um aus ihr heraus zu leben. Je näher du deiner Seele bist, desto glücklicher bist du. Und es ist ganz gleich, wie du lebst und wo es dich hinführt, entscheidend ist, dass du deine Seele wahrnimmst und niemals aufhörst, dir selbst am nächsten zu sein. Denn die Nähe zu dir selbst ist das größte Heilmittel. Jegliche Entfernung von deiner Seele zieht die Gedankenwelt der Illusionen in dein Leben. Wenn Menschen nach vorgegebenen Mustern leben, nehme ich vor ihrem Herzen eine Mauer wahr. Sie holen ihre Informationen aus den Backsteinen, die eine Mauer vor ihrem Herzen bilden. Es sind aber nicht seelische Informationen, die aus dem Herzen kommen, sondern fremde Überzeugungen. Es sind Mauern von Illusionen, lauter Backsteine aus Illusionen, die den Zugang zum Herzen versperren. Sobald du deinen inneren Kern anfängst zu lieben und auf dein Innerstes hörst, löst sich die Mauer immer mehr auf. In dir ist die stärkste Energie, du kannst dich selbst mit deiner inneren Energie aufladen und brauchst keine Energie von außen. Weil viele nicht auf ihre eigene Existenz-Energie vertrauen, suchen sie Energie im Äußeren, sie laden sich regelrecht durch andere Menschen auf und geraten dadurch in eine Abhängigkeit. Achte darauf, wann du konsumierst, denn in diesem Moment baust du Illusionen auf. Jegliche Bereiche können von Konsum eingefärbt sein. Gespräche, weil du Unterhaltung brauchst, andere Menschen, weil du dich sonst einsam fühlst. Wenn du TV- und YouTube-Beiträge anschaust, hörst du in diesem Moment jemand anderem zu und stellst dich in den Hintergrund. Du nimmst somit eine andere Wahrheit auf, die eine Illusion von deiner Wahrheit ist. Du nimmst im Konsum ungefiltert Informationen von der äußeren Welt auf, denn dein Inneres nimmt in diesem Moment ahnungslos auf und akzeptiert den Überfluss an Informationen, die nichts mit deinem Inneren zu tun haben. Deine wahre Liebe zu dir selbst möchte gar nicht so viele fremde Informationen und Muster von einer durch Menschen aufgebauten Illusion.

Wenn du mehr das äußere Leben lebst als das innere, machst du dich abhängig und lebst in der Trennung von deiner Seele, deiner eigenen Frequenz von Liebe und Glückseligkeit. Das führt zu Traurigkeit und Ängsten, du leidest durch diese Isolation durch Trennung. Wenn du in dich kehrst, dann gehst du zuerst durch deinen Gedankenkörper; erst wenn du dich nicht mehr durch deine Gedanken definierst, hast du dein Inneres erreicht. In deinem Gedankenkörper sind all deine Gedanken, Überlegungen, Sichtweisen und Konzepte – all das, was du für richtig oder falsch hältst. Der Gedankenkörper umhüllt dich wie ein durchsichtiger Mantel. Bei diesen vielen Gedanken regiert der Verstand, den Gedankenkörper definiert er als sein eigenes ICH. Es ist aber ein ICH, das auf einer Illusion beruht, somit verlieren solche Menschen an Lebenskraft. Wer hingegen seinem Seelenruf folgt, dem fließt immer ausreichend Lebensenergie zu. Deine Aura ist nichts anderes als ein Energiekörper; sie besteht aus Energie, die sie ausstrahlt, und ist eigentlich das gesamte Bild dessen, was in dir vorgeht. Die Aura ist im Grunde alles, was von dir ausgeht. Im Inneren deines Herzens besitzt du die Glückseligkeit, Liebe und Reinheit, die du durch deinen Energiekörper, die Aura, aussenden kannst. Bist du in Stille, kannst du deinen physischen Körper bis zu deiner Aura mit Frieden, Glückseligkeit und Liebe aufladen und auch reinigen. Doch die meisten Menschen kümmern sich nicht darum, ihren Energiekörper zu reinigen, mit Lichtenergie aufzuladen und dann zum Ausdruck zu bringen. Die meisten Menschen leben mit einem Energiekörper, der nach außen gerichtet ist und sich auf das äußere, allgemeine Wohl bezieht. Das heißt, dass die Mehrheit der Menschen Energie von außen aufnimmt und nach innen führt, statt von innen auszustrahlen. Das ist auch eine Art von Konsum. Doch in deinem Inneren befinden sich Potenziale, die sich durch deinen Energiekörper nach außen ausbreiten dürfen. Je höher und reiner deine Kraft ist, desto mehr bist du mit deinem Energiekörper aufgeladen und es tun sich Kräfte auf, die für unseren Verstand unvorstellbar sind. Mit einem starken Energiekörper ziehst du andere an, die auch auf der Ebene von Leichtigkeit schwingen. Wenn du deinen Energiekörper bewusst wahrnimmst, kannst du mit ihm spielen. Du kannst dich vom Herzen aus mit deinem Energiekörper z. B. mit den Bäumen in Verbindung setzen. Das gibt dir wiederum Freude. Nutze aber deine Verspieltheit, mache es aus deiner Leichtigkeit heraus. Wir nehmen immer alles viel zu ernst, dabei sollten wir alles als ein Spiel betrachten, ein Lebensspiel. Fühle die Kraft deiner Aura und fühle, wie es sich anfühlt, wenn du dich nicht nur geistig mit einer wundervollen Blume verbindest, sondern auch mit deinem Energiekörper. Dein Verstand wird verwirrt sein, und es kommt dir vielleicht der Gedanke: Was mache ich hier für einen Blödsinn? Ja, dann ist es für den Verstand ein Blödsinn, lache darüber, nimm es mit Humor. Dein Energiekörper ist immer bei dir, er ist deine Quelle, die immer vom Inneren kommt mit der du sehr viel mehr machen kannst. Aber da die Aufmerksamkeit der Menschen vor allem auf äußere Ereignisse gerichtet ist, wird die eigene innere Kraft nicht wahrgenommen.

Nehme wahr, was von innen kommt und was von außen kommt, beobachte dich mehr. Von außen kommt vieles. Fange an zu beobachten, wie die äußere Welt Einfluss auf dich nimmt, um deinen Emotionskörper zu stimulieren, und was dies mit deiner Energie macht. Auf diese Weise erkennst du, dass es auch eine innere Welt gibt, und lernst sie wieder bewusst wahrzunehmen und zum Ausdruck zu bringen. Als Kind hattest du noch den Zugang zu deinem Inneren, es war alles noch gut und du warst unbekümmert. Erinnere dich daran, wie es war. In dir gibt es etwas, das sagt, ich bin immer da. Es ist deine Seele, die zu dir spricht, und über das menschliche Gefühl weit hinausreicht, du fühlst dich in diesem Moment beschützt, und dein Energiekörper fängt an, von innen nach außen zu strahlen. Je häufiger du deinem Inneren deine Aufmerksamkeit schenkst, desto mehr kannst du auf deine eigenen Weisungen und Führungen hören. Das Kostbarste ist, die Verbindung mit sich selbst und die eigene Seele, die aus reinster Liebe ist, zu spüren. Mit dem Einklang deiner Seele lösen sich die Probleme von selbst auf, denn es gibt eigentlich keine Probleme; die meisten Probleme, die wir haben, resultieren aus der Trennung von unserem Inneren.

Spüre, was aus deinem Inneren kommt. Und lerne, wie es dich führt und dir Weisungen gibt, denn es ist in der Tat so, dass die innere Herzensführung dir deutliche Hinweise zu deinem Seelen-Potenzial schenkt. Die Seele, dein Inneres, ist immer in Harmonie, Liebe und Glückseligkeit. Und daher möchte sie dir diese Ordnung immer zutragen. Bist du achtsam und hörst du deinem Inneren zu, dann beginnst du, deine innere Harmonie und Liebe immer mehr wahrzunehmen, und dein ganzes Leben wird sich auf wundervolle Weise verändern.

All das, was dich zu deiner Seele führt, erreichst du immer wenn du deinem Inneren deine Aufmerksamkeit schenkst, und du deine Liebe zum Ausdruck bringst. In Hast und unter Zeitdruck kannst du nicht dein Inneres erreichen. Die Besinnlichkeit führt dich zu deiner Seele, und je mehr du deiner Seele begegnest, desto mehr Energie bekommst du. Die erhöhte Kraft ruft in deinem Energiekörper neue Aspekte und Potenziale hervor, von denen du nicht wusstest, dass sie in dir schlummern. Nehme dir viel Zeit für deine Stille, und du wirst immer mehr Impulse empfangen, die dich auf deinem Weg leiten. Am Anfang gibt es viele störende Gedanken, aber wenn du trotzdem dein Innerstes wahrnehmen kannst, erreichst du mehr Klarheit.

Alles Licht ist durch die reine Liebe schon um dich herum und zieht noch mehr Licht an. Du bist dann wie selbstverständlich im Vertrauen, dass dir mit dem reinsten Licht alles zugeführt wird, was du brauchst. Denn du weißt, es ist alles schon da.

43
DANKSAGUNG

Ich möchte mich bei allen bedanken, die mich auf dem Lebensweg begleiteten und unterstützt haben. Auch ein Dankeschön an alle mit denen ich eine kurze Begegnung hatte, und sie mir zu neuen Einsichten führten. Ich bedanke mich bei meiner eigenen Seele, die mich führt, von Innen anleitet mit Mut, Kraft und Liebe meine Unterstützung für die Freiheit der neuen Erde anzubieten. Ich bedanke mich aus tiefster Herzensliebe für alle Seelen, die neue Wellen von Freude, Liebe, Leichtigkeit und Licht auf die Erde bringen.

ÜBER DIE AUTORIN

Clarissa Widmer wurde mit einem stark erweiterten Bewusstsein geboren, das sie aufrechterhalten konnte. Sie hat eine sehr feine, klare Wahrnehmung, die bis in das Feinstoffliche reicht und darüber hinaus geht. Sie hat sich entschieden ihr Dasein als Botschafterin der neuen Erde zur Verfügung zu stellen. Sie gehört zu den evolutionären Menschen, und hat die Gabe alles was besteht aus der kosmischen Sichtweise zu betrachten und übermittelt es den Menschen, um alte Glaubensmuster und Programmierungen auf eine verspielte Weise aufzulösen. Sie überzeugt mit einer feinen Ethik, offensichtliche tiefe Weisheiten, die sie der Welt weitergibt. Ihre Vision ist es, Menschen wieder in ihre wahre Essenz zu verbinden und dabei die Heilung zu unterstützen, um eine liebevolle und wertschätzende Beziehung zu sich selbst und zum großen Ganzen zu entwickeln, sowie sein Potenzial auszuleben.

Sie ist Gründerin von: Der Lemurischen Heilmethode, bietet Seminare, energetische Heilung, Naturwissen und Soundhealing an.

Webseite: www.clara-art.ch

YouTube Kanal: @clara9art